Knaur.

Knaur.

Im Knaur Taschenbuch Verlag sind bereits
folgende Bücher von Oliver Kuhn erschienen:
Endlich Raucher
BGB
Alles, was ein Mann wissen muss

Über den Autor:
Oliver Kuhn ist fünfunddreißig Jahre alt und Chefreporter beim *Playboy*. Er wurde von den berühmtesten Verführungskünstlern der Welt persönlich ausgebildet. Oliver Kuhn hat die Deutsche Journalistenschule in München besucht und ist Autor mehrerer Bücher.

Oliver Kuhn

Der perfekte Verführer

Wie Sie garantiert jede Frau erobern

Unter Mitarbeit von Dietlind Tornieporth
und Robert Bednarek

Knaur Taschenbuch Verlag

Besuchen Sie uns im Internet:
www.knaur.de

Originalausgabe Mai 2007
Copyright © 2007 bei Knaur Taschenbuch.
Ein Unternehmen der Droemerschen Verlagsanstalt
Th. Knaur Nachf. GmbH & Co. KG, München
Alle Rechte vorbehalten. Das Werk darf – auch teilweise –
nur mit Genehmigung des Verlages wiedergegeben werden.
Umschlaggestaltung: ZERO Werbeagentur, München
Satz: Adobe InDesign im Verlag
Druck und Bindung: CPI – Clausen & Bosse, Leck
Printed in Germany
ISBN 978-3-426-77987-3

14   13   12   11   10

Inhalt

Einleitung

Ich glaube, Surfen hilft, um das Problem mit den Frauen zu verstehen. Als ich das erste Mal mit einem Brett ins Meer gegangen bin, um auf einer Welle zu reiten, bin ich fast verzweifelt. Ich habe mich lange Zeit nicht an die wirklich großen Brecher herangetraut. Als ich dann endlich losgepaddelt bin, war ich ein bisschen zu spät gestartet. Ich wurde von der Kraft der Welle überrascht. Sie war kraftvoll und wahnsinnig brutal, sie hat mich herumgeschleudert, als wäre ich ein Stück Treibholz. Ich war froh, mit dem Leben davonzukommen.

Dennoch haben mich die Wellen fasziniert. Ich konnte nicht von ihnen lassen und bin jeden Morgen wiedergekommen mit meinem Brett. Immer und immer wieder habe ich Wasser geschluckt und fürchterlich unter der Kraft der Wellen gelitten. Wellenreiten sieht so einfach aus – und ist so kompliziert. Eine Welle ähnelt der anderen, und doch ist jede einzigartig. Letztlich habe ich es nur durch Ausdauer, Hartnäckigkeit und meine Motivation gelernt. Durch meine unsterbliche Liebe zum Meer.

Ich habe gelernt, wie faszinierend es ist, wenn man das richtige Timing hat.

Ich habe gelernt, dass ich keine Angst vor der Welle haben muss, weil sie keine Angst vor mir hat.

Ich habe gelernt, wie unglaublich das Gefühl ist, wenn ich die Kraft der Welle nutze. Wenn ich auf der Welle surfe und sie mich bis an den Strand schiebt.

Ich liebe das Gefühl, dass die Welle nur für mich da ist. Sie wurde geboren irgendwo in den Weiten des Ozeans, nur um mich zu bewegen.

*

Dieses Buch wird Ihr Leben mehr verändern als jedes andere Buch, das Sie bisher gelesen haben. Männer, die schöne Frauen verführen können, sind glückliche Männer. Und Glück ist das, wonach alle streben.

Das sagen zumindest all jene, die in Lust und Genuss den höchsten Daseinszweck sehen. Aus Sicht der Evolution ist das einzig Relevante im Leben eines Menschen die Fortpflanzung. Die Natur hat es glücklicherweise so angelegt, dass die Anbahnung der Fortpflanzung und der Akt selbst durchaus glücklich machen können.

Bei Pfauen und den meisten anderen Tieren ist es einfach, einen Partner kennenzulernen: Ein strahlender Pfauenschwanz, ein bisschen Balzen, ein großes Revier, fertig ist die Laube. Biologen haben in aufwendigen Forschungsprojekten das Liebesleben bestimmter Vögel untersucht. Das Brunftlied der Vogelmännchen wirkt auf die Vogelweibchen wie eine Droge. Bestimmte Lieder und bestimmte Reize führen bei allen Vogelweibchen zu dem unbedingten Verlangen, sich mit dem Vogelmännchen zu paaren. Wie wäre es, wenn wir auch so ein Lied kennen würden?

Beim Menschen ist das Balzverhalten jedoch ungleich komplexer. Hier ist es nicht der Pfauenschwanz, der die Weibchen beeindruckt, sondern der menschliche Geist. »Die Fähigkeiten des menschlichen Hirns sind Werkzeuge zur Partnerwerbung«, schrieb Geoffrey Miller in seinem Buch *Die sexuelle Evolution*. Vor allem deshalb hat unsere Gesellschaft so etwas wie Kultur, Musik, Humor, Moral, Literatur und Religion hervorgebracht.

Oder brauchen wir Humor, um zu überleben? Wozu brauchen wir Kultur, wenn wir nicht einmal mehr ein Kaninchen jagen können? Warum haben wir viel mehr Wörter und eine viel komplexere Sprache, als zum Überleben nötig wäre? Der Kampf ums Dasein kann das alles nicht erklären. All diese Fähigkeiten haben nur eine Aufgabe: das andere Geschlecht zu beeindrucken. Am Anfang unserer Zivilisation steht das Flirten.

Die Kunst der Verführung

Dies ist kein Buch mit billigen Anmachsprüchen oder simplen Flirttips. Es ist kein Buch mit lauter Machotechniken und Tips, wie man Frauen am besten anquatschen, vollquatschen und ins Bett quatschen kann.

Dieses Buch ist eine tiefgründige Beschäftigung mit zwischenmenschlicher Kommunikation. Es enthält eine präzise Analyse der emotionalen Annäherung der beiden Geschlechter. Es ist nicht nur für Männer geschrieben, die Frauen kennenlernen und erobern wollen, sondern es wendet sich an alle, die besser und emotionaler kommunizieren wollen. Es ist aber auch ein sehr machtvolles Instrument, um die Aufmerksamkeit von Frauen auf sich zu lenken.

Wenn Sie dieses Buch gelesen haben, dann wissen Sie im Prinzip alles, was man braucht, um jede Welle zu reiten. Dennoch kann man das Surfen erst im Meer lernen. Ich bin seit fünfzehn Jahren Wellenreiter. Die Theorie habe ich an einem Nachmittag gelernt, aber fünfzehn Jahre waren nötig, bis ich den richtigen Bewegungsablauf mit dem richtigen Timing verinnerlicht habe.

Und dann kommen doch immer wieder Wellen, die mich einfach mit sich reißen.

Es ist nicht einfach, ein erfolgreicher Verführer zu werden. In vielen Fällen widerspricht das dazu nötige Verhalten der natürlichen Intuition des Mannes und den Konditionierungen unseres Elternhauses. Wir müssen uns verändern, um der Mann zu werden, den Frauen lieben. Und wir Männer ändern uns nicht gerne.

Vielleicht doch lieber Single?

Wenn es so schwierig ist, zum perfekten Verführer zu werden, warum lassen wir es dann nicht einfach? Warum bleiben wir nicht lieber Single?

Ganz einfach. Die meisten Singles sind unzufrieden. Professor Franz Neyer, Entwicklungspsychologe an der Universität Vechta, sagt: »Der junge Single bis etwa dreißig wirkt emotional eher labil, sozial gehemmt und zurückhaltend, und sein Selbstwertgefühl ist nicht besonders hoch.« Warum? Weil er nicht genügend Frauen kennenlernt.

Umfragen haben ergeben, dass Sex für männliche Singles sehr unterschiedlich verteilt ist. Die Mehrheit der Männer lernt nur wenige Frauen kennen. Sie treffen wenige Frauen, verabreden sich mit wenigen Frauen und schlafen mit wenigen Frauen. Doch es gibt eine kleine Gruppe von Männern, die exponentiell mehr Frauen treffen. Diese Männer lernen spielend leicht Frauen kennen, sie verabreden sich mit vielen Frauen, und sie haben Sex mit vielen unterschiedlichen Frauen. Und das oft nur Stunden, nachdem sie die Frauen kennengelernt haben.

Jeder Mann kann selbst entscheiden, zu welcher der beiden Gruppen er gehören möchte.

Jeder Mann kann ein Verführer werden. Unabhängig von seinem Aussehen und seinem Beruf. Unabhängig von seinem Einkommen und seiner Herkunft. Ich möchte, dass Sie mir persönlich versprechen, all die Strategien und Techniken, die ich auf den folgenden Seiten mit Ihnen teilen werde, auch wirklich auszuprobieren. Sonst brauchen Sie dieses Buch erst gar nicht zu lesen.

Erfahrungsbericht:
Mein Training beim besten Verführungskünstler der Welt

Eines Abends am Computer landete ich auf den Seiten einer verschworenen Internetgemeinde: der »Pickup Artists« – der Künstler der Verführung oder kurz »PUA«. Das sind Männer, die an Techniken feilen, um jede Frau ins Bett zu kriegen. Minutiös analysieren sie ihre Aufreißversuche. Sie schmieden Strategien, um einen Dreier einzufädeln, und experimentieren mit Hypnosetechniken, bei denen Frauen auf Zuruf einen Orgasmus bekommen. Einer ihrer Gurus heißt Mystery. Selbst Rockstar Daniel Ryan, Gitarrist der Band The Thrills, konnte nur staunen, als er ihm in einer Bar zuschaute: »Mystery hatte ein Mädchen in vielleicht fünf Minuten auf der Toilette, während ihre Freundin brav an der Bar wartete. Es war faszinierend.«

Die Verführungskünstler sind eine schlagkräftige Armee, die nur ein Ziel verfolgt: die Invasion des anderen Geschlechts. Zehntausende Frauen wurden schon mit modernen Flirtstrategien erobert. »Letzten Monat hatte ich zweiundzwanzig Frauen im Bett«, berichtete einer namens Godstyle.

Mein Vater hat mir zwar gezeigt, wie man Auto fährt und ein Glas Bier ohne Absetzen austrinkt. Aber wie ich Frauen verzaubere, hat er mir nicht verraten. Die Kunst der Verführung ist ein Geheimwissen, das Frauenhelden gemeinhin mit ins Grab nehmen.

Mystery ist vierunddreißig Jahre alt und fast zwei Meter groß. »Er allein hat die Techniken und Sprüche ersonnen, die Männer überall auf der Welt anwenden, um Frauen aufzureißen«, rühmt die *New York Times*. Richtig bekannt wurde er aber erst durch seinen Freund Neil Strauss. Der schrieb ein Buch über ihn und seine Gemeinde: *Die perfekte Masche. Bekenntnisse eines Aufreißers.* Selbst Tom Cruise rief an und wollte alles über seine Manipulationstricks lernen.

Mystery heißt eigentlich Erik von Markovik. Erst mit einundzwanzig Jahren hat er seine Jungfräulichkeit verloren, an die Cousine seines Nachbarn. Er arbeitete als Illusionskünstler in Torontos Nachtclubs, nebenbei lernte er, die Herzen der Frauen zu verzaubern. Strategisch analysierte er Erfolge und Körbe. Wenn er weder Date noch Sex bekam, machte er dafür nicht das Mädchen verantwortlich, sondern sich selbst. Er suchte nach dem kleinen Fehler, der alles kaputtgemacht hatte.

Mystery ist der Albert Einstein des Abschleppens. Seine Lehre lautet: Jeder Mann kann Frauen verzaubern, unabhängig von seiner äußerlichen Attraktivität. Im Internet schreibt einer seiner Schüler begeistert: »Mystery saugt Frauen regelrecht in seine Realität, und das Unglaubliche ist: Man kann die Technik von ihm lernen.« Mystery gibt Workshops (mittlerweile nicht mehr). Nur zwölf Studenten dürfen teilnehmen. Drei Tage lang lernen sie tagsüber Theorie und ziehen nachts durch die Clubs. Ich melde mich an und buche einen Flug nach Philadelphia.

Ein gelb tapezierter Konferenzraum mit Kristalleuchtern im ersten Stock eines kleinen Hotels. Mystery trägt eine Art Taucheranzug mit roten Reflektoren, ein Piratentuch auf dem Kopf, schwarz lackierte Fingernägel, einen Aufkleber mit rotem Lippenstiftabdruck auf dem Hals und einen Plastikigel als Rucksack. Er sieht aus wie ein Science-fiction-Held. Der Meister ist schlecht gelaunt. Seine Freundin Anya hat ihn vor ein paar Tagen verlassen. Sie ist ein Model der Unterwäschekampagne von Victoria's Secret. »Ich habe sie in zwei Minuten während eines Bootcamps aufgerissen«, sagt er. Es ist schwierig für eine Frau, mit dem größten Casanova der Welt zusammenzuleben.

Mystery glaubt an Darwins Theorie. Liebe ist für ihn nichts anderes als der evolutionäre Impuls, den ein Mann und eine Frau empfinden, um ihren biologischen Zweck zu erfüllen: zu überleben und sich zu vermehren. Auf dieser Hypothese basiert sein

System. Es ist der kontrollierte Prozess vom Ansprechen über das Herstellen von Vertrauen bis zur Verführung. Jedes Detail hat er optimiert.

Eine hübsche fünfundzwanzigjährige Frau ist in ihrem Leben vielleicht fünftausendmal angequatscht worden. Immer dasselbe: »Ich heiße Oliver. Ich finde dich süß. Darf ich dich auf ein Getränk einladen?« Das ist die Masche der netten Jungs. Sie ist zum Scheitern verurteilt. Nette Jungs preschen vor, bevor sie genügend Anziehungskraft aufgebaut haben.

Anziehungskraft ist aber kein Zufall. Sie ist das Resultat eines unterbewusst ablaufenden Bewertungssystems. Kaum eine Frau kann sich dem entziehen. Nur: Wie bewerten Frauen Männer? Nach dem Aussehen? Klar. Doch der Fortpflanzungswert bestimmt die Bewertung nur zu 20 Prozent. Viel wichtiger ist der Überlebenswert. Frauen suchen jemanden, der sie beschützt. Das ist im Zweifel der Führer der Gruppe – das Alphatier. Bei den Menschenaffen nimmt das dominante Alphamännchen jedes Weibchen, wann immer es will. Wir müssen beweisen, dass wir die Führer sind.

Frauen haben keine Ahnung, warum sie einen Mann attraktiv finden. Sie reflektieren ihre Auswahl nicht. Es ist wie bei Witzen. Wir lachen oder wir lachen nicht – aber wir fragen uns nicht, warum wir lachen.

Mystery hat festgestellt, dass schöne Frauen fast immer in Gruppen unterwegs sind – mit Freunden oder Freundinnen. Wir müssen sie also in diesen Gruppen ansprechen und dann isolieren. Mystery erklärt uns, wie er die Frauen mit irgendeiner Nichtigkeit anquatscht, wie er vorgibt, gleich wegzumüssen, wie er sich mit den weniger hübschen Frauen in der Gruppe anfreundet (er nennt sie »Hindernisse«) und die Schönste der Runde (sein »Opfer«) neckt und missachtet. Erst danach baut er eine emotionale Beziehung zu dem Mädchen auf und schließlich eine physische.

Das klingt einleuchtend. Aber ob das auch funktioniert? Nach ein paar Stunden im Klassenraum gehen wir endlich los, um den König der Aufreißer bei seiner Kunst zu beobachten.

Der Laden heißt Blue Martini und ist einer der besseren Clubs von Philadelphia. Der dicke Türsteher wundert sich über den Science-fiction-Held und seine Gefolgschaft. »Ein PUA muss die Ausnahme von der Regel sein«, sagt Mystery. »Wenn du aussiehst wie ein Rockstar, dann kommen auch die Groupies.«

Wir gehen in den Club und missachten all die schönen Mädchen. »Es muss klar sein, dass wir die faszinierendste Gruppe im Club sind«, predigt Mystery. Die Leute gaffen uns an, nicht wir sie.

Er zeigt nach links. Da vorn stehen zwei hübsche Blondinen. Doch die schönste Frau des Clubs lehnt mit zwei Typen rechts an der Bar. »Ich gehe zu den zwei Mädels, nehme sie links und rechts an meinen Arm und gehe zu der Dreiergruppe an der Bar. Dann schnappe ich mir die Traumfrau.«

Es dauert keine drei Sekunden, und Mystery marschiert davon. Das ist seine wichtigste Regel: Du hast nur drei Sekunden Zeit, dann musst du loslegen. Sonst kommt die analytische Lähmung. Frauen spüren die Angst, da sind sie wie Hunde. »Es ist leichter, ins kalte Wasser zu springen, als langsam hineinzusteigen.«

Er geht durch den Raum und spricht die Blondinen scheinbar im Vorbeigehen an: »Hey, Mädels, ich muss gleich weiter, ich brauch aber eine weibliche Meinung. Mein Freund hebt die Fotos von seiner Exfreundin in einer Schuhkiste unterm Bett auf. Jetzt hat seine neue Freundin die Bilder entdeckt und ist total ausgerastet ...«

Ich konnte nicht hören, was genau Mystery den Blondinen erzählte, aber ich wusste, dass es die »Eifersüchtige-Freundin-Masche« war.

Mystery kennt jedes einzelne Wort seiner Geschichte auswendig, weil er schon Hunderte Mädchen so angesprochen hat. »Die Kunst«, sagt er, »liegt darin, dass die Masche so klingt, als ob du es das erste Mal in deinem Leben sagst.«

Die Mädchen lachen. Mystery nimmt die Hand einer der Blondinen. »Das ist aber ein schöner Ring!«

Parallel zu seiner verbalen Masche läuft immer auch noch eine andere Ebene ab: die Eskalation der Berührungen. Er versucht, die Mädchen immer intensiver zu berühren. Wenn er spürt, dass sie sich unwohl fühlen, schubst er ihre Hand zuerst weg. Das ist der Schlüssel zur physischen Zuspitzung: zwei Schritte vorwärts, ein Schritt zurück.

Er liest einer der Frauen aus der Hand, macht ein paar Psychospiele. »Seid ihr beste Freundinnen? Ich teste das mal. Nehmt ihr das gleiche Shampoo?« Die beiden Mädchen schauen sich an.

Noch bevor sie antworten können, sagt Mystery: »Ihr habt den Test bestanden. Beste Freundinnen schauen sich erst mal gegenseitig an, bevor sie antworten.« Die Mädchen fühlen sich bestätigt, unterhalten, verstanden.

Seien wir ehrlich: Männer scheren sich einen Dreck um eine weibliche Meinung. Mystery gibt ihnen, was sie sich wünschen.

»Schließ die Augen und denk an den schönsten Tag in deinem Leben …«, säuselt Mystery. Er versucht, im nächsten Schritt große Gefühle zu wecken, und schenkt den Frauen dabei scheinbar tiefe Erkenntnisse.

Eines vergessen Männer oft: Nur die Interessen der Frauen sollten das Niveau und den Inhalt der Anmache bestimmen.

Die Blondinen jedenfalls hängen an Mysterys Lippen, er nimmt sie links und rechts an den Arm, spaziert durch den Raum und lässt sie auf halbem Weg stehen. Die Traumfrau hat ihn kommen sehen. Die Blondinen waren der Indikator für seinen sozialen Status. Das war ihre Aufgabe. Sie sind ein Bauernopfer. Langsam verstehe ich: Es ist ein Strategiespiel. Schach mit lebenden Figuren.

Er geht zu der Dreiergruppe, redet mit den beiden Männern. Er schlägt ein Spiel vor: »Ich lege dir eine Münze in die Hand. Wenn du die Hand schneller schließen kannst, als ich die Münze aus deiner Hand nehme, zahle ich dir ein Bier. Wenn ich schneller bin, zahlst du.«

Das Spiel ist ein billiger Trick. Der Typ kann nicht gewinnen. Mystery nimmt ihm die Münze ab. Jetzt ist er das Alphamännchen. Trotzdem bringt er die Männer zum Lachen: »Nimm die Männer für dich ein, dann kriegst du auch die Frauen.«

Mystery bewertet Frauen auf einer Skala von 0 bis 10. Ein Club besteht für ihn nur aus Zahlen. Supermodels sind 10. Die Traumfrau, die hinter Mystery steht, ist eine 9,5.

»Sind die Nägel echt?« fragt er lapidar. Eine ritualisierte Aggression, die das Selbstwertgefühl der Frau erschüttern soll. Legendär ist die abfällige Bemerkung, mit der ein Mystery-Schüler Paris Hilton aufgabelte. »Du siehst aus wie Britney Spears«, sagte er und legte nach: »Aber das liegt wahrscheinlich nur an deinen Zähnen.« Sie gab ihm ihre Telefonnummer.

Die Wirkung des Neckens ist unglaublich. Es läuft um so besser, je hübscher das Mädchen ist, denn diese Frauen sind selten mit desinteressierten Männern konfrontiert.

Die brünette Traumfrau sagt entgeistert: »Du bist gemein. Die Nägel sind nicht echt.«

»Schön sind sie trotzdem«, meint Mystery. Dann führt er sie an einen Tisch. Nach vielleicht zwanzig Minuten blickt sie ihn an wie ein bettelnder Hund.

»Würdest du mich gern küssen?« fragt er. Bei ja oder vielleicht küsst er sie.

Die Brünette sagt: »Ich küsse keine fremden Männer in Clubs.«

Mystery antwortet: »Ich habe nicht gesagt, dass ich es dir erlaubt hätte. Es sah nur so aus, als ob du solche Gedanken hättest.«

Wenig später scheint es so, als wolle ihn die Brünette unbedingt küssen. Ein paar Minuten später tut sie es.

Ich argwöhne, dass die Mädchen womöglich Statistinnen sind und alles nur inszeniert ist. Doch wir ziehen durch unzählige Clubs. Mystery landet bei jeder. Er ist das größte Wunder, seit Moses das Rote Meer geteilt hat. Es ist nicht nur die Tatsache, dass er die Mädchen verführt – es ist die unendliche Leichtigkeit, mit der er es tut.

Mystery hat jedes Wort der Flirts schon Hunderte Male gesprochen. Er ist ein sozialer Roboter. Keine Geste ist ein Zufall. In der Formel 1 des Flirtens gibt es keinen Spielraum für Improvisation. Die Frauen wissen das nicht. Für sie ist er einfach nur der lustigste und interessanteste Mann, den sie seit langem getroffen haben. Er erzählt Geschichten, in die er unterschwellige Informationen eingebaut hat: Er hat Familiensinn, er ist stark, aber auch verletzlich. Er ist reich, aber auch großzügig, er ist begehrt, aber auch eine treue Seele. Wenn man eine interessante Sache erzählt, sagt Mystery, dann denkt die Frau: Er erzählt interessante Dinge. Aber wenn man ganz viele interessante Sachen sagt, denkt sie irgendwann: Dieser Mann *ist* interessant.

Jetzt dürfen auch wir Studenten ran. Da ist der New Yorker Dokumentarfilmer Tom, der süchtig nach Flirten ist. »Ich spreche jede Frau an. Ich habe sicher schon fünfzehnhundert Aufrissversuche hinter mir«, klagt er. Sein Sexleben ist ausgefüllt, aber eben nicht mit Supermodels. Durch Mysterys Hilfe will er ein wahrer Künstler der Verführung werden. Fred ist neunundzwanzig Jahre alt und noch Jungfrau. Er will es endlich wagen, Frauen anzusprechen.

Wie Hyänen stürzen sich Mysterys Vasallen auf die Frauen: »Ich muss gleich weg, aber ich brauch eine weibliche Meinung: Lügen eigentlich Frauen mehr oder Männer?« – »Wusstet ihr, dass Fische ertrinken können?« – »Die Katze meines Nachbarn ist die Reinkarnation von Mahatma Gandhi …«

Die Mädchen bekommen zu hören, dass sie Krähenfüße und falsche Haare haben oder ihre Nase wackelt, wenn sie lachen. Überall stehen Männer und lesen den Mädchen aus der Hand, und sie alle sagen – egal, wie die Handlinien aussehen: »Du hast eine besondere Beziehung zu deiner Mutter. Aber Ärger mit deinem Vater.« Und alle Frauen nicken überrascht.

Für viele Männer ist es der wichtigste Schritt, sich überhaupt zu trauen, Frauen anzusprechen. Davor schrecken die meisten zurück. Analytische Lähmung. Angst. Sie ist biologisch verankert. »Wir hatten nicht genug Zeit, uns daran zu gewöhnen, dass so viele Menschen auf der Erde leben«, sagt Mystery. Vor ein paar hundert Jahren haben wir noch in so kleinen Gruppen gewohnt, dass es nur wenige Frauen zur Auswahl gab. Da war es noch eine Katastrophe, wenn wir versagt haben.

Mir hilft diese Erklärung nicht weiter. Ich wandere herum auf der Suche nach einem Opfer.

»Wer wandert, hat einen niedrigen sozialen Status«, schimpft Mystery. »Leute, die ihr Bier mit angewinkeltem Arm auf Brusthöhe halten, sind Verlierer«, fügt er an und schiebt eine Bierflasche runter auf Hüfthöhe. PUAs trinken keinen Alkohol, weil es den strategischen Umgang erschwert.

Spontan spreche ich zwei Frauen an: »Hey, Mädels, wer lügt mehr: Männer oder Frauen?« frage ich. Ganz lässig. Im Vorbeigehen. Sie sehen mich an, als ob ich eine ansteckende Krankheit hätte, sagen herablassend: »Männer!« und drehen sich wieder weg. Ich stehe da wie der Trottel des Clubs.

Ein Korb ist nicht schlimm, denke ich mir. Es ist nichts weiter als eine Übung – ein kleiner Schritt auf meinem Weg zum größten deutschen Verführungskünstler. Mystery tröstet mich: »Du musst weiterreden. Sprich lauter. Lehne dich nicht zu den Frauen. Sie sollen zu dir kommen, weil sie interessiert sind. Sag sofort, dass du gleich weitermusst.«

Der Erfolg hängt an so vielen Details.

Bei einer kleinen, hübschen Rothaarigen nehme ich allen Mut zusammen: »Ich habe eine wichtige Frage. Es geht um mein Leben. Soll man erst Zähneputzen und dann Zahnseide benutzen oder erst Zahnseide benutzen und dann Zähneputzen?«

Sie lächelt mich an, etwas verstört. Nach einer Weile fragt sie: »Kaufst du mir einen Drink?« Auf diese Frage, habe ich gelernt, muss ich antworten: »Ist das dein bester Anmachspruch?« Frauen respektieren Männer nicht, die ihnen Getränke bezahlen.

Die Rothaarige schaut mich verschüchtert an. »Wie heißt du?« fragt sie. Ein Verführungskünstler stellt sich nie selbst vor. Er wartet, bis sie fragt. Das ist ein Signal ihres Interesses. Und wenn sie wissen will, wie alt ich bin, lasse ich sie schätzen. Egal, wie alt mich die Frau schätzt, ich sage: »Genau.« Sie will, dass ich so alt bin, wie sie mich schätzt. Das gilt auch fürs Sternzeichen. Catherine will, dass ich ein Steinbock bin. Also bin ich Steinbock. Mystery erklärt: »Das ist keine Lüge, das ist Flirten.«

Verführungskünstler verwenden nur Maschen, die garantieren, dass sie im Gespräch die Oberhand behalten. Sie wollen die totale Kontrolle der Gedanken. Mystery etwa fragt die Mädchen mitten im Gespräch beiläufig, ob sie spontan sind. Alle Mädchen antworten mit »Ja«. Irgendwann kommt er darauf zurück: Wenn es darum geht, ob sie spontan genug sind, um mit ihm noch woanders hinzugehen.

Ich habe es bei der Rothaarigen wieder verbummelt. Ich habe sie wieder nicht geneckt und nicht gesagt, dass ich gleich wegmuss. Zwei Schritte nach vorn und keinen zurück. Es fällt mir so schwer, meine Instinkte zu unterdrücken.

Fred hingegen ist glücklich. Er ist ein ziemlich unattraktiver Typ mit Topffrisur. Dennoch steht er triumphierend mit der Telefonnummer einer Traumfrau da. Sie ist eine 8. Er hat sie zum Abschied geküsst. »Ich wünschte, ich hätte das schon gelernt, als ich noch ein Teenager war«, sagt er.

»Willst du mit mir tanzen?«, fragt Mitschüler Henry ein mittelmäßiges Mädchen (eine 6).

Sie: »Nein!«

Er: »Dann kommt Sex wohl nicht in Frage, oder?«

Beide lachen.

Sie werden die Nacht zusammen verbringen. Sie ist ein leichtes Opfer.

»Man kann ein Schachspiel in vier Zügen gewinnen. Aber nicht gegen Kasparow«, sagt Mystery. Wirkliche Traumfrauen gehen nicht direkt vom Club ins Bett.

Frauen benötigen gemeinhin sieben Stunden, um sich vertraut genug zu fühlen, um mit einem Mann zu schlafen. Das ist ein ziemlich exakter Erfahrungswert, der sich auch auf mehrere Tage verteilen kann. Selbst Mystery gelingt es selten, diese Zeitspanne zu unterbieten. »Ich arbeite natürlich daran, dass ich es in drei Minuten schaffe. Es wird um so einfacher, an je mehr unterschiedlichen Orten man gemeinsam gewesen ist. Dann fühlt sich die Zeit länger an.«

Flirten ist wie ein Videospiel. Du musst in das neunte Level kommen: Sex. Aber du hast nur ein Leben. Wenn du es einmal versaust, bekommst du keine zweite Chance.

Viel später, wir sind inzwischen in einem Szeneclub namens Denim, entdecke ich meine Traumfrau. Sie ist groß, blond, sexy. Mindestens eine 9. Sie steht mit einer großen Gruppe an der Bar.

»Wir leben nur achtundzwanzigtausend Tage«, pflegt Mystery in solchen Momenten zu sagen.

Ich mache den Münztrick mit einem der Typen in ihrer Nähe. Ich schnappe ihm die Münze aus der flachen Hand und ignoriere die Traumfrau gnadenlos. Sie mich leider auch.

»Ein Mann hat mir gerade einen Gin Tonic ausgegeben. Jetzt fühle ich mich schuldig«, sage ich. Ich mag diesen Spruch.

Sie fragt verwirrt: »Warum?«

Ich: »Vielleicht will er mich nur ins Bett kriegen. Ich muss weiter. Du bist hübsch, aber nicht mein Typ.«

Habe ich das gerade zu der blonden Göttin gesagt? Mein Herz schmerzt. Normalerweise wäre ich ohnmächtig umgefallen, wenn sie mich angesprochen hätte.

Mystery sagt: »Um eine Frau zu bekommen, muss man riskieren, sie zu verlieren.«

Ich sage zu ihr: »Denk dir eine Zahl von eins bis vier.«

Ich tue so, als ob ich mich konzentriere, und sage: »Drei.«

Sie nickt erstaunt.

Dann sage ich: »Denk dir eine Zahl von eins bis zehn.«

»Sieben«, sage ich.

Jetzt flippt sie aus. »Woher weißt du das?« kreischt sie.

»Ich kann deine Gedanken lesen.«

Tatsächlich habe ich einfach nur Glück gehabt. Die meisten Frauen sagen drei und sieben. So einfach ist das Spiel.

Ich zwinge mich, sie zu ärgern: »Du hast ein großartiges Lächeln. Aber ich suche nach einer Frau mit Persönlichkeit.«

Sie kann nicht glauben, was ich über sie weiß.

»Du bist ein offenes Buch für mich. Ich lese gern in dir.«

Sie: »Das macht mir ein bisschen angst.«

Ich blicke tief in ihre Augen, dann wandert mein Blick zu ihren Lippen.

Jamie, meine Traumfrau, schenkt mir den Hundeblick.

Ich bin ein Jedi-Ritter. Die Macht ist mit mir. Ich bin der Mann, bei dem die anderen Männer jubeln, wenn er verheiratet ist.

Am nächsten Abend erzähle ich wieder dieselben Geschichten. Wieder kreischt eine Frau, als ich sage: »Du denkst dir die Zahl sieben.«

Verführung ist eine schmutzige Kunst. Die Seele verrottet. Die Moral ist der Schutzschild der Ahnungslosen. Wer Gott gesehen hat, braucht keinen Papst mehr.

»Ich habe moralische Probleme, ich will so sein, wie ich wirklich bin«, klagt Mitstudent Frank.

Aber dann ist er ein Langweiler. Jeder Verführungskünstler muss seine Identität opfern. Will ich das?

Ich stehe erst am Anfang. Ich muss noch so viel lernen: Wie bekommt man zwei Frauen für einen Dreier ins Bett? Wie funktionieren die zweifelhaften Methoden des Neurolinguistischen Programmierens (NLP)? Werde ich je so gut sein wie der Hypnotherapeut Steve Piccus, der Frauen dazu bringt, ihm Geld dafür zu zahlen, dass sie ihm einen blasen?

*

Nach meinem Erweckungserlebnis mit Mystery habe ich die Verführungskunst studiert. Ich habe alles gelesen, was mir im Umgang mit Frauen helfen könnte. Darunter waren Bücher wie:

- David de Angelo: *Double Your Dating*
- Wayne Elise (Juggler): *How to Meet and Connect with Women*
- Mystery: *The Venusian Arts Handbook* (deutsch: *Wie Sie jede Frau rumkriegen, egal wie Sie aussehen*)
- Matthias Pöhm: *Nicht auf den Mund gefallen* (Rhetorik)
- Steve Andreas / Charles Faulkner: *Praxiskurs NLP*
- Melvin Helitzer: *Comedy Writing Secrets* (Humor)
- David J. Lieberman: *Macht macht Spaß* (Beeinflussung)
- Dale Carnegie: *Wie man Freunde gewinnt*
- Daniel Goleman: *Soziale Intelligenz*
- Anthony Robbins: *Grenzenlose Energie. Das Power-Prinzip* (Motivation)

- Anthony Robbins: *Das Prinzip des geistigen Erfolgs*
- Robin Baker: *Krieg der Spermien*
- Helen Fisher: *Warum wir lieben ... und wie wir besser lieben können*
- Bas Kast: *Die Liebe und wie sich Leidenschaft erklärt*
- Robert Greene: *Die 24 Gesetze der Verführung*
- *Tony Clink: So kriegen Sie jede Frau rum*

Außerdem habe ich Rhetorikschulungen und einen Hypnosekurs besucht, ich habe tanzen gelernt und zaubern. Ich habe Schauspielunterricht genommen und Yoga-Kurse. Ich habe die besten Tricks und Techniken von Gurus wie Steve Piccus oder Juggler gelernt. Ich war tage- und nächtelang gemeinsam mit Meistern der Verführung wie Daniel »Badboy« Nessek oder Robert Bednarek unterwegs. Ich habe versucht, mich so gut wie irgend möglich auszubilden. Ich will alles Wissen der Verführung in mir versammeln, um zum perfekten Verführer zu werden.

1 Grundlagen –
Die Wissenschaft von der Verführungskunst

Jeder ist auf der Suche. Die Sehnsucht nach Zweisamkeit ist Teil unserer Natur. Das erste Handbuch für perfekte Verführer hat der römische Dichter Ovid (43 v. Chr. – 17 n. Chr.) verfasst. Vor ziemlich genau 2008 Jahren. Es hieß *Ars Amatoria*, übersetzt: Liebeskunst. Schon seine These war: Liebe ist eine Technik, die man lernen kann.

Das brachte dem armen Ovid einigen Ärger: Der sittenstrenge Augustus, dem viel an Ehe und Familie lag, verbannte Ovid an einen kleinen Ort am Schwarzen Meer. Offenbar war die Zeit noch nicht bereit für die Lehren dieses ersten Verführungskünstlers.

Schon Ovid wandte sich zunächst an die innere Haltung: »Ernstlich durchdringe dein Herz die Zuversicht, du könntest alle fangen. Dann fängst du sie auch.« Er hatte auch ein paar gute Tips auf Lager, wie man sein Aussehen optimieren kann: »Aus dem Nasenloch steh niemals ein Haar hervor.« Und damit hat er zweifelsfrei recht – bis heute.

Die Flirtstudie

Die amerikanische Anthropologin Margaret Mead war vielleicht die erste moderne Wissenschaftlerin, die sich mit dem Thema Flirten beschäftigte. Während des Zweiten Weltkriegs, als Hunderttausende Amerikaner in England stationiert waren, untersuchte sie das Verhältnis von amerikanischen Soldaten und englischen Mädchen. Mead war ein erstaunliches Phänomen aufgefallen: Die Mädchen empfanden die Soldaten als ziemlich aufdringlich, während die Soldaten davon berichteten, dass die Mädchen vergleichsweise leicht zu haben waren.

In ihrer Untersuchung hatte Margaret Mead dreißig Einzelstufen herausgearbeitet, die in der Regel während der Interaktion beider Seiten durchlaufen wurden. Diese Eskalationsstufen wurden jedoch extrem unterschiedlich bewertet: »Während die Männer schnell versuchten, die Mädchen zu küssen, wurde dieser Schritt von der anderen Seite als völlig unangemessen empfunden, da er auf ihrer ›Eskalationsleiter‹ erst an 25. Stelle erfolgen konnte.« Bei den Männern hingegen stand das Küssen schon an fünfter Stelle. Hatten die Mädchen jedoch dem Küssen erst einmal zugestimmt, waren die letzten fünf Stufen dann auch kein allzu großes Hindernis mehr.

Seither hat sich eigentlich nicht viel verändert: Männer haben immer noch Schwierigkeiten, sich in das andere Geschlecht hineinzuversetzen und die Wahrnehmung der Frau zu antizipieren. Wir müssen uns dafür sensibilisieren, unser Kommunikationsverhalten der Frau gegenüber zu optimieren. Die Verführungskünstler haben dafür detaillierte Strategien entwickelt.

Die Entwicklung der modernen Verführungskunst

Die Anfänge der Pickup-Künstler gehen zurück auf Eric Webers Buch *How to Pick Up Girls* aus dem Jahr 1970 (deutscher Titel: *Wie angelt man sich ein Mädchen?*). Weber war der Urvater Abraham, der erste Theoretiker der Gemeinde, ein schüchterner Typ, der in den siebziger Jahren mit einem Kassettenrekorder durch New York latschte und wildfremden Frauen Fragen stellte wie diese: »Was muss ich tun, um dich aufzureißen?« Weber fand allerdings niemanden, der sein Buch herausbringen wollte, und veröffentlichte es schließlich im Eigenverlag. Pech für die Verlage, denn das Buch hat sich mittlerweile über drei Millionen Mal verkauft. Dabei waren Webers Ratschläge nicht gerade bahnbrechend. Im Grunde riet er, dass man möglichst viele Frauen ansprechen soll. Er hatte sich aber auch schon Gedanken darüber gemacht, wie man eine Frau in einen Zustand versetzt, in dem sie sich nach Sex sehnt. Sein Buch begründete das Genre der modernen Verführungskunst.

Dann dauerte es einige Jahre, bis ein Autor die blühende amerikanische Flirtliteratur komplett umkrempelte. Der Mann hieß Ross Jeffries und sein Werk vollmundig *How to Get the Women You Desire into Bed: A Down and Dirty Guide to Dating and Seduction for the Man Who's Fed Up with Being Mr. Nice Guy*. Um das Titelversprechen seines »skrupellosen Verführungsratgebers für Männer, die es leid sind, immer nur der nette Kerl zu sein«, einzulösen und »die Frauen, die man haben will, ins Bett zu kriegen«, hatte Jeffries Webers frühe Strategien der emotionalen Beeinflussung weiterentwickelt und die Technik der »Speed Seduction« entwickelt. Seine Methoden waren so machtvoll, dass er auf der Titelseite des Buches vorsichtshalber eine Warnung anbrachte: »Einige der Techniken in diesem Buch können zu juristischen Problemen oder strafrechtlicher Verfolgung führen. Sie benutzen dieses Buch auf eigenes Risiko.«

Jeffries ist ein Schüler des Mitbegründers des Neurolinguistischen Programmierens (NLP), Richard Bandler. Er war der erste, der die NLP-Techniken zur Betörung von Frauen einsetzte. Jeffries arbeitete mit Trancewörtern, hypnotischen Mustern und unterbewussten Kommandos und brachte damit einen völlig neuen Ansatz in die Kommunikation der Geschlechter. Keck behauptet er: »Speed seduction wird das Rendezvous ersetzen. Rendezvous sind etwas für Frauen, mit denen man schon geschlafen hat.« Das mag man glauben oder nicht, aber der enorme Erfolg seiner Methoden ist unbestreitbar.

Jeffries orientiert sich an dem wunderbaren Zitat Voltaires: »Gib mir zehn Minuten, um mein hässliches Gesicht wegzuquatschen, und ich werde die Königin von Frankreich verführen.« Richtig: Das Wort ist bis heute die mächtigste Waffe der Verführung.

Jeffries' Einfluss war so groß, dass insbesondere unter amerikanischen Verführungskünstlern das Ausgehen, um schöne Frauen aufzureißen, noch heute »sargen« genannt wird. Jeffries hatte den Begriff geprägt, weil sein Kater Sarge ein echter Casanova war. Übrigens war Jeffries auch das Vorbild für die Rolle des Flirtgurus, den Tom Cruise in dem Film *Magnolia* spielt.

Bewegung kam in die Aufreißergemeinde, als Lewis de Payne 1994 das Forum »alt.seduction.fast« begründete (www-gatago. com/alt/seduction/fast/) und Männer aus aller Welt damit begannen, sich per Internet über Verführungsstrategien auszutauschen. Damit wurde ein gigantischer globaler Versuchsaufbau gestartet, eine geheime Uni, an der Zigtausende Männer studieren, die gleichzeitig Lehrer und Schüler sind. Sie alle vereint der Glaube, dass Männer mittels bestimmter Techniken und Strategien ihre Chancen beim anderen Geschlecht signifikant erhöhen, und sie alle haben sich einem einzigen Ziel verschrieben: der perfekten Verführung.

Die Verführungskünstler entwickelten für ihre innovativen Methoden und Konzepte eine eigene Terminologie mit Begriffen wie AFC (»average frustrated chump«) für einen in Frauenfragen inkompetenten Mann oder AMOG (»alpha male other guy«) für einen konkurrierenden Mann, der den Flirt stört. Die meisten der Techniken, die sie für sich nutzbar gemacht haben, sind unterschiedlichsten wissenschaftlichen Disziplinen wie der Psychologie, der Kommunikationswissenschaft oder der Soziologie entlehnt.

Die Verführungskünstler folgen in der Regel einer standardisierten Vorgehensweise. Besonderes Augenmerk wird auf das richtige Ansprechen gelegt. Hier gibt es eine ganze Reihe unterschiedlicher Strategien (direkt, indirekt oder situationsbezogen), mit denen man die Aufmerksamkeit von Frauen erregen und sie in ein Gespräch verwickeln kann. Manche Flirtkünstler haben einen geradezu sportlichen Ehrgeiz entwickelt und sprechen bis zu 125 Frauen an einem Tag an.

Hat man die Frau erst einmal angesprochen, folgt die Entwicklung eines präzise strukturierten Gesprächs. Ziel ist es, das Interesse der Frau zu wecken und ein hohes Maß an Attraktivität aufzubauen. Den entscheidenden Moment, an dem sich eine Frau an einem weiteren Kennenlernen interessiert zeigt, hat der amerikanische Verführungskünstler Neil »Style« Strauss als »hook point« (*to hook*, engl.: fangen, angeln) bezeichnet.

Daran schließt sich der Aufbau einer emotionalen Beziehung an. Denn nur, wenn man die Frau in eine besondere Gefühlslage versetzt hat, wird sie ein sexuelles Interesse an ihrem Gesprächspartner entwickeln. Viele der dabei verwendeten Strategien haben ihre Wurzeln in NLP- und Hypnosetechniken – und das heißt, die Fähigkeit, eine Frau in die gewünschte Gefühlslage zu versetzen, ist lernbar! Zu diesen Strategien und Techniken gehören unter anderem neckende Bemerkungen, gezielte, aber scheinbar zufällige Berührungen, eingeübte Gesprächsstrategien und suggestive Gesprächselemente, mit deren Hilfe man die Gefühle der Frau steuern kann. Es geht aber auch um praktische Tips und Hilfestellungen, etwa wie man männliche Konkurrenz in einer Gruppe abschütteln oder eine Gruppe mit mehreren Frauen ansprechen kann.

Die nächste Generation der Verführungskünstler wandte sich weitgehend von den komplizierten Mustern des NLP ab. Der Flirtstratege David DeAngelo beispielsweise ersann das »Cocky & Funny«-Konzept, eine Strategie, die auf einer Mischung aus anzüglichem Humor und überheblich-arrogantem Auftreten basiert. Der kanadische Zauberkünstler Mystery wiederum zeigte, wie man Frauen mit zahlreichen Tricks erobern kann. Mittlerweile gibt es weltweit Hunderte Verführungsgurus wie Juggler, Badboy, Tyler Durden oder Zan.

*

Der einzige bekannte Verführungskünstler in Deutschland heißt Robert Bednarek. Er entwickelte für das Internetportal www.DieperfekteMasche.de Seminare und deutschsprachige Lehr-DVDs, in denen er die besten Techniken der Welt zusammentrug. Die Struktur dieses Buches orientiert sich an seinen Seminaren für Verführungskünstler, bei denen er zuerst die innere Haltung verändert und dann immer komplexer werdende Gesprächstechniken trainiert.

Dieses Buch basiert auf den wichtigsten Erkenntnissen der Community der Verführungskünstler und ihrer Gurus. Ich habe viele der im amerikanischen Kulturraum entstandenen Techniken in Deutschland getestet und an deutsche Bedingungen und Verhältnisse angepasst. So ist ein machtvoller Cocktail entstanden, zu dessen Komposition von allem nur das Beste verwendet wurde. Schließlich habe ich meine eigene Philosophie der Verführung entwickelt, gewissermaßen die Synthese aller erfolgversprechenden Strategien.

Erfahrungsbericht:
Hundert Frauen in drei Tagen

Wer, zum Teufel, war noch mal Sonja? Die brünette Bankerin mit den langen Wimpern? Die blonde Anwaltsgehilfin? Oder das ungarische Au-pair-Mädchen mit der versauten Ausstrahlung? Ich habe all die Zettel mit den Telefonnummern etwas zu achtlos in meine Tasche geworfen.

Bei Mystery und den anderen habe ich die Techniken und Strategien gelernt, mit denen man jede Frau ins Bett bekommt. »Du musst hundert Frauen pro Woche ansprechen«, hatte mir Erik mit auf den Weg gegeben. Nur so könne ich ein Frauenflüsterer von Weltrang werden. »In Ordnung«, sagte ich. Und ich beschloss, ein Experiment zu machen: Drei Tage lang würde ich jede gut aussehende Frau ansprechen, die mir über den Weg lief.

Ich kenne alle Flirtsprüche, die gesamte Klaviatur der Betörung. Ich kenne die Stimme, die Frauen verrückt macht, verborgene Pfade der Frauenpsyche und magische Worte, die erotische Energien freisetzen. Ich bin ein verdammter Sexgott. Zumindest in der Theorie. Aber jetzt gilt es, dieses Wissen erfolgreich umzusetzen.

Ich sitze auf einer Bank in einer Münchner U-Bahn-Station und trage einen rosafarbenen Schal mit türkisen Bommeln, mit dem ich aussehe wie ein Schwuler, der sich einen Duschvorhang umgehängt hat. »Du musst auffallen, um jeden Preis«, hatte Mystery mir geraten. Kein Problem. Selbst Rentner und Hausfrauen sehen mich mitleidig an.

*

Der erste Tag meines Experiments. Funktionieren die Tricks tatsächlich? Wie viele Frauen werden mir ihre Telefonnummer geben?

Himmel! Ich würde lieber nackt durch ein Minenfeld in Bagdad laufen, als Frauen im Neonlicht des Münchner Untergrunds anzubaggern.

Aber es gibt kein Zurück.

»Meine Schwester hat gesagt, dass ich mit dem Schal aussehe wie ein Schwuler, der sich einen Duschvorhang umgehängt hat. Findest du das auch?« sage ich.

Sie lacht und sagt: »Stimmt. Grässliches Ding.«

Ich erzähle ihr, dass mir meine Großmutter den Schal geschenkt hat und ich ihn ihr zu Ehren trage. Dann kommt die Falle: »Als ich mit meiner Schwester Kaffee trinken war, wollte sie sich nicht mal mit mir an den Tisch setzen, wenn ich den Schal trage. Würdest du auch darauf bestehen, dass ich ihn abnehme, wenn wir Kaffee trinken gehen?«

Sie: »Mir wäre das egal.«

Ich: »Toll, dann trage ich ihn. Gib mir deine Telefonnummer, ich ruf dich an, dann gehen wir Kaffee trinken.«

Sie: »Meinst du wirklich? – Na gut.«

Treffer. Versenkt.

Ich spreche neunzehn Frauen mit der Rosa-Schal-Masche an. Neun geben mir ihre Nummer. Eine gute Quote.

Erstes Fazit: Der Schaltrick funktioniert tatsächlich. Es ist letztlich egal, ob die Mädels den Schal mögen oder nicht. er ist ein auffälliges Kleidungsstück und senkt die Anmachschwelle.

Um weniger gehemmt zu sein, habe ich jedes Wort auswendig gelernt und bei meinen Arbeitskolleginnen trainiert. Wer auf der Straße ganz spontan erscheinen will, muss ein Naturtalent sein, oder er muss trainieren.

*

Zweiter Tag. Heute versuche ich direkte Anmachen, bei denen ich meine Absichten nicht verhehle. Total erfolglos, aber lustig: »Wenn ich dich nach Sex fragen würde, würdest du mir dann dieselbe Antwort geben wie auf diese Frage?« Eine junge Blondine hat geantwortet: »Ja, klar.« Aber sie hat den Witz der Frage offensichtlich nicht verstanden. Fünf Versuche, null Telefonnummern.

Am erfolgreichsten bin ich noch mit dem simplen Spruch: »Du gefällst mir. Ich würde dich gern näher kennenlernen.« Sechzehn Versuche, sechs Telefonnummern.

Bei der indirekten Ansprache komme ich durch die Hintertür und muss mich erst später als potentieller Liebhaber qualifizieren. Die direkte Anmache basiert auf der Annahme, dass ich für das Mädchen genauso anziehend bin wie sie für mich. Wichtige Erkenntnis: Mein Verhalten und meine Körpersprache müssen immer klarmachen, dass ich mich als genauso attraktiv einschätze wie sie. Nur bei extrem schönen Frauen verspüre ich noch Hemmungen. Ich ringe um meine »Ich bin dein Hauptpreis«-Ausstrahlung.

Die Flirtgurus empfehlen zur Steigerung des Selbstwertgefühls »abwertende Komplimente« gegenüber Frauen. Zu einer traumhaften Paris-Hilton-Doppelgängerin sage ich: »Es gibt etwas an dir, das mir gefällt. Aber ich weiß nicht, was. Vielleicht deine positive Ausstrahlung.«

Sie ist wunderbar verunsichert und antwortet: »Das war ein nettes Kompliment.«

Wir verabreden uns für den Abend in einem Café.

Eine kurzhaarige Schönheit frage ich: »Was unterscheidet dich von all den anderen schönen Frauen dieser Welt?«

Sie antwortet: »Das musst du schon selbst herausfinden.«

»Gern«, sage ich, »gib mir deine Telefonnummer.«

Ich habe allerhand Varianten ausprobiert, wie ich am erfolgreichsten nach der Telefonnummer einer Frau frage. Das beste ist, nicht zu fragen, sondern gleich zu fordern: »Gib mir deine Nummer, ich ruf dich an.«

Zunehmend bin ich mit einem Problem konfrontiert, mit dem ich nicht gerechnet hatte: Ich finde keine gutaussehenden Frauen. Wenn man in aller Ruhe nach anmutigen Damen sucht, sind sie plötzlich verschwunden. Wie ein hungriger Löwe streife ich durch grazienarme U-Bahn-Stationen und entfraute Abteile. Ist Schönheit nur eine Illusion der Eile?

Die richtige Uhrzeit zum Flirten ist schwer zu finden. Morgens sind die Frauen müde, manche nahe der Bewusstlosigkeit. Mittags sind sie in Eile, um rechtzeitig zurück zur Arbeit zu kommen. Nachmittags trifft man nur auf Arbeitslose, Au-pair-Mädchen und spröde Studentinnen. Der frühe Abend ist die beste Flirtzeit.

Ich habe noch immer Herzklopfen und feuchte Hände – auch jetzt, als ich die sechzigste Frau anspreche. Unser Nervensystem versucht uns vor peinlichen Situationen zu schützen. Flirt-Altmeister Ross Jeffries empfiehlt für solche Fälle eine Abhärtungstherapie. Er selbst ging tagelang in McDonald's-Filialen und bestellte eine Pizza oder Sushi. »Desensibilisierung von Peinlichkeit«, nennt Jeffries das. Wir wurden von unseren Lehrern, Eltern und Freunden darauf konditioniert, nicht gegen soziale Erwünschtheit zu verstoßen. Es ist sehr mühsam, diese Hemmungen abzuschleifen.

Ich experimentiere mit einer Anmache von Jeffries, die leicht ins Peinliche kippen kann. Im Vorbeigehen sage ich: »Ich möchte mich bei dir bedanken.«

Sie: »Warum?«

Ich: »Kennst du das Gefühl, wenn du morgens aufstehst, es ist kalt, und du fühlst dich verloren? Aber dann stößt du auf jemanden, der so ein bezauberndes Lächeln hat, dass du dich geborgen fühlst. Ich möchte mich bei dir bedanken, dass du meinen Tag gerettet hast.«

Zweimal geht die Anmache total in die Hose. Eine junge Blondine sagt »Bitte« und geht weiter, eine Brünette schüttelt den Kopf und sagt: »Nein, danke.«

Die Masche ist riskant. Entweder sie versagt total, oder sie trifft mitten ins Herz (meistens bei esoterisch veranlagten Frauen).

»Du bist so romantisch«, seufzt ein junges Hippiemädchen.

Eine ältere Rothaarige fragt: »Darf ich dich auf einen Kaffee einladen?« (Ich habe geantwortet: »Keine Zeit, ich muss heute noch zehn Frauen ansprechen.«)

Die Danke-Masche wirkt am besten, wenn man sehr arrogant auftritt. Zwölf Versuche, vier Telefonnummern.

Welchen Spruch ich als Öffner verwende, ist mir zunehmend egal. Ich trainiere die Optimierung der nächsten Schritte und versuche, Körpersprache und Stimme der Mädchen zu spiegeln, das gibt ihnen ein vertrautes Gefühl. Gehetzte Frauen sind zugänglicher, wenn man selbst sehr dynamisch wirkt. Die Verführungsprofis sagen: Man kann die Gedanken der Frauen nicht ändern, sondern nur ihre Laune.

Ich versuche, mich auf einer emotionalen Ebene mit ihnen zu verbinden. Das geht am besten mit gefühlsbetonten Fragen: »Was war das Schönste, das du in der letzten Zeit erlebt hast? Dein größter Traum? Was magst du an Männern?« Fragen eben, die eigentlich kein Mann stellt. Wir dürfen nicht vergessen: Sex ist ein körperliches Bedürfnis für Männer und ein emotionales für Frauen.

In den Kaffeepausen versuche ich es mit einem Spiel. Ich male ein Tic-Tac-Toe-Spielfeld auf ein Blatt Papier und mache ein erstes Kreuz in eins der Kästchen. Dann sehe ich mich nach einer hübschen Frau um und lasse ihr das Tic-Tac-Toe-Spiel für einen Euro Trinkgeld vom Kellner an ihren Tisch bringen. Die Frauen fahnden sofort nach dem Absender. Manche schicken den Kellner zurück, andere kommen persönlich. In vier von sieben Fällen kommen wir ins Gespräch.

»Du kannst nicht mehr gewinnen«, sagt eine süße Grundschullehrerin. Sie strahlt mich an, als ich beim zweiten Spiel keine Kreuze mehr male, sondern Herzen. Drei Telefonnummern.

*

Ich habe an drei Tagen hundert Frauen angesprochen, davon etwa die Hälfte nach ihrer Nummer gefragt und zweiundzwanzig Telefonnummern bekommen. Erkenntnis: Flirten ist ein Kampf gegen sich selbst.

Bei Frau Nummer 88 wurde mir auf einmal klar, dass ich bislang nur auf einer zarten Woge der Verführung geritten war. Ich hockte in der U-Bahn, und plötzlich kam die Monsterwelle über mich. Die Mutter aller Anmachen. Der Killerflirt. Eine Geste, der keine Frau widerstehen kann. Und das kam so: Ich saß einer umwerfenden Frau mit lockigem dunkelbraunem Haar gegenüber und versuchte die Schal-Masche. Sie hieß Emma und lächelte bezaubernd. Ich war noch mitten in meiner Geschichte, als die U-Bahn an der Station hielt, an der ich unbedingt aussteigen musste. Verzweifelte Situation. Was sollte ich nur tun?

Ich bin aufgestanden, habe ihr beim Hinausgehen mein Handy in die Hand gedrückt und gesagt: »Ich ruf dich an.«

Das war's. Die beste Anmache, die es gibt. Das Handy ist ein intimer Geheimnisträger mit all meinen Nummern, SMS-Nachrichten und Fotos. Viele Männer verbergen es vor ihrer Ehefrau. Ich gebe es einer Fremden. Was für ein Vertrauensbeweis.

Eine Stunde später rufe ich mein eigenes Handy an.

»Du bist verrückt. Wie kannst du mir nach so kurzer Zeit schon so vertrauen?« fragt Emma ins Telefon.

Ich wusste, dass sie sich unsterblich in mich verliebt hat.

Diese Masche könnte ich perfektionieren. Ich könnte ein günstiges Prepaid-Handy verwenden, auf dem ein paar SMS gespeichert sind: Die Exfreundin könnte sich darin etwa für die gemeinsame Zeit bedanken und schreiben, dass sie nie wieder so guten Sex hatte.

Als ich mich dann mit Emma getroffen habe, fielen mir die Worte des Verführungsvordenkers Elvis Preston King ein. »Hütet euch vor Oxytocin«, bleut er seinen Schülern ein. »Das ist ein teuflisches Zeug, das in deinem Hirn ausgeschüttet wird und dafür sorgt, dass du eine Frau liebst. Nur eine einzige Frau.«

2 Vorstufen – Die Verwandlung zum Verführungskünstler

Der Weg des Verführungskünstlers ist nicht immer einfach. Meine Freunde haben nicht verstanden, warum ich nicht mehr mit ihnen den ganzen Abend an der Bar rumstehen und mich besaufen will, um anschließend gemeinsam über Frauen zu lästern.

Der Weg des Verführungskünstlers ist von Neid gepflastert. Es ist ein Weg, den man voller Leidenschaft gehen muss. Wer wirklich gut werden will, muss sich dieser Sache voll und ganz verschreiben, denn es ist sehr schwer, die erlernten Verhaltensmuster zu verändern. Die Verwandlung zum Verführungskünstler lässt keinen Bereich des Lebens unberührt.

Was Sie von diesem Buch erwarten können

Männer investieren viel Zeit in ihre berufliche Karriere. Sie besuchen Seminare, um Führungsqualitäten zu trainieren, sie lernen Fremdsprachen und bilden sich in Abendkursen weiter. Doch für einen der zentralsten Bereiche ihres Lebens, der mehr noch als der Beruf für Glück und Zufriedenheit verantwortlich ist, engagieren sie sich nicht oder nur sehr dilettantisch: für ihr Liebesleben oder, allgemeiner, die Beziehung zwischen Mann und Frau. Dabei bringt die genaue Betrachtung und Erforschung dieser Beziehung auf jeden Fall zumindest eines: einen großen Vorteil gegenüber all jenen Männern, die sich damit nicht beschäftigt haben.

Um es von vornherein ganz klar zu sagen: Es reicht nicht, dieses Buch nur zu lesen. Sie müssen Ihr gesamtes Leben ändern.

Einiges an diesem Buch, besonders das Thema innere Haltung,

hat eine nachhaltige Änderung Ihres bisherigen Verhaltens zur Folge. Sie werden das nicht gerne tun, weil Sie dafür Ihre Komfortzone verlassen und Dinge tun müssen, mit denen Sie sich zunächst nicht wohl fühlen. Dennoch: Wenn Sie den Weg zum Verführungskünstler gehen wollen, müssen Sie bereit sein, grundlegende, teilweise sehr schmerzhafte Schritte zu tun. Nur wenige Männer sind bereit, diese Schritte zu gehen.

Dieses Buch ist für all jene geschrieben, die Profis im sozialen Umgang werden wollen, für Männer, die vom Verführer zum Künstler werden wollen. Es geht darum, die Kunst der idealen Kommunikation zwischen Mann und Frau zu erlernen. Es geht um die Kunst, ein Mann zu werden, der auf Frauen wie ein Magnet wirkt. Diese Unterscheidung ist mir sehr wichtig: Die Techniken sind Handwerk. Aber der kreative Einsatz, der spontane, intelligente und geistreiche Umgang mit Frauen, ist so magisch wie das Lächeln der Mona Lisa.

Viele Männer verändern sich, wenn sie der Gemeinschaft der Verführungskünstler beitreten. Sie lernen Anmachsprüche und Geschichten auswendig, sie werden zu sozialen Robotern, die darauf programmiert sind, Frauen ins Bett zu bekommen. Sie erzählen wunderbare Geschichten, bezaubern die Frauen mit Psychospielen und verbinden sich fast hypnotisch mit ihnen. Doch wenn ihnen der auswendig gelernte Stoff ausgeht, fällt ihre Persönlichkeit in sich zusammen wie ein Kartenhaus im Wind.

Neil Strauss hat einmal gesagt: »Das Licht ist da, wo dich die Gemeinschaft von deinem Panzer befreit, deine sozialen Fähigkeiten in all deinen Lebensbereichen verbessert, dich mit größerem Selbstvertrauen durch die Welt gehen lässt, dich zum Herrn deiner Realität macht, deine körperliche Gestalt verbessert, deinen Freundes- und Bekanntenkreis vergrößert, du mehr Frauen kennenlernst und sie dich somit letztendlich zu einer glücklicheren Person macht.« Die Dunkelheit lauert da, wo man andere Menschen imitiert, die emotionale Bindung zu anderen verliert und das Aufreißen von Frauen zum einzigen Lebensinhalt wird.

Wir folgen dem Licht.

1. Schritt: Die innere Haltung verändern

Das männliche Rollenbild

Wir sind die erste Generation von Männern, die sich zum Pinkeln auf die Toilette setzt. In unserer Altersgruppe haben die Väter die Erziehung der Kinder meist den Müttern überlassen, um sich besser auf ihre berufliche Karriere konzentrieren zu können. Viele von uns sind sogar ganz ohne Vater aufgewachsen, weil die Trennungsrate in der Generation unserer Eltern besonders hoch war. Wir sind von unseren Müttern erzogen worden und haben oft kein männliches Rollenbild vorgelebt bekommen.

Die engere Umwelt, in der wir aufgewachsen sind, war von weiblichen Moralvorstellungen geprägt. Wir durften nicht kämpfen auf dem Spielplatz. Wir durften nicht brüllen, nicht fluchen und nicht spucken. Wir durften eigentlich nie Mann sein. Es gab in meinem Leben keinen Moment, an dem mir bewusst wurde, dass ich zum Mann geworden bin. Ich bin groß, aber nie erwachsen geworden.

Die Rollenbilder, die wir gelernt haben, sind für das Verführen von Frauen nur bedingt brauchbar. Die meisten Väter geben die Kunst der Verführung nicht an ihre Kinder weiter. Viele flirten ohnehin auf armseligem Niveau. Und die Strategie »netter Junge«, die uns unsere Mütter mit auf den Weg gegeben haben, klappt erstaunlich schlecht. Wir verhalten uns nach dem Prinzip der sozialen Erwünschtheit. Wir vermeiden peinliche Momente, wir vermeiden Zurückweisung, wir vermeiden Ungewohntes. Wir sind Vermeider.

Wie unser Verhalten geprägt ist

Nur der kleinere Teil unserer Eigenschaften wird durch die Gene bestimmt. Weite Teile unseres Verhaltens haben wir erlernt. Von den Eltern, von Lehrern, von Freunden, aus dem Fernsehen. Manches bewusst, vieles unbewusst. Wir haben selbst dazu beigetragen, indem wir anderen erlaubt haben, unser Leben zu kontrollieren.

Diesen erlernten Teil unseres Verhaltens können wir verändern. Durch unseren Willen. Plötzlich. Von einem Tag auf den anderen. Schüchternheit etwa ist eine soziale Limitierung. Eine Hemmung, kein Charakterzug.

Den Satz »Ich bin halt so« erlaube ich mir nur, wenn ich dem Mann an der Rezeption erklären will, warum in der Nacht davor beim Dreier das Bett zusammengebrochen ist.

Selbstbewusstsein ist der Schlüssel. Je größer das eigene Selbstbewusstsein wird, um so offener, positiver und motivierter werden wir. Wir müssen lernen, uns selbst und unseren Fähigkeiten zu vertrauen. Wir können mit jeder Situation klarkommen, wir müssen nur die eigenen Verhaltensmuster und Angewohnheiten verändern.

Doch das ist gar nicht so einfach. In jeder Situation vergleicht unser Hirn unterbewusst das, was wir gerade erleben, mit zurückliegenden Ereignissen. Womöglich mit negativen: So eine große Blondine mit kurzem Rock habe ich doch schon einmal angesprochen und einen Korb bekommen. Das Hirn schlägt Alarm. Stress. Nervosität.

Was ich in so einem Moment tue? Ich zähle von drei auf null runter. Ich verändere meine Körpersprache auf dominanter, erfolgreicher Superstar. Ich kann jede Frau kriegen. Ich bin gut drauf. Es ist mir egal, ob ich einen Korb bekomme. Ich lebe nur achtundzwanzigtausend Tage.

Viele Situationen sind in unserem Kopf bereits mit Gefühlen verknüpft. Wichtig ist, sich nur auf die positiven zu konzentrieren.

Ich lache. Die Mundwinkel sind die Schalter zu meinen positiven Gefühlen. Ich muss versuchen, mir die Ängste zu nehmen. Gefühle sind Energiefelder im Körper. Ich habe gelernt, meine Gefühle zu orten und sie bewusst zu bewegen. Die Angst war in der Mitte meines Bauchs, ich konnte sie genau spüren. Dann habe ich die Angst gepackt und weggeschmissen. Raus aus meinem Körper. Das war eine gute Erfahrung.

Ich glaube nicht an Esoterik, ich hasse jedes Gequatsche über Seele und Astrologie und Energiefelder. Aber ich glaube, dass sich viele Männer zuwenig mit ihrem Körper beschäftigen. Deshalb fehlt ihnen das physische Bewusstsein.

Es gibt eine Diskussion in der Psychologie, ob wir unser Denken und unsere Gefühle bewusst beeinflussen können. Manche Wissenschaftler verneinen das. Andere sagen, dass wir unser Denken sehr wohl verändern können, weil wir unsere Umwelt nicht nur wahrnehmen, sondern interpretieren. Alles, was ich sehe, ist weder gut noch schlecht, sondern wird erst von mir bewertet.

Ich kann mich noch gut an den buddhistischen Mönch erinnern, den ich an der Grenze von Israel nach Jordanien getroffen habe. Wir mussten zehn Stunden warten. Die anderen Wartenden waren kurz vor dem Durchdrehen. Mittendrin stand der Mönch und lächelte milde. »Ich bin so froh, dass wir uns endlich mal ein bisschen entspannen können«, sagte er, während ein paar Leute die Grenzer am liebsten gelyncht hätten. »Probleme entstehen nur in unserem Kopf«, sagte der Mönch. »Allein die innere Einstellung ist für unser Denken und Fühlen verantwortlich.«

Wie soll ich eine Frau davon überzeugen, dass ich ein Supertyp bin, wenn ich nicht selbst davon überzeugt bin? Ich muss mich selbst lieben. Das ist der Ausgangspunkt jedes erfolgreichen Flirts. Am Anfang des Flirts muss immer die Analyse meiner Denkweisen und Verhaltensmuster stehen. Dann muss ich die Glaubenssätze verändern, die mein Verhalten einengen. Erst dann kann ich lernen, mein Verhalten zu ändern und eine Rolle einzunehmen, die ich frei wähle.

Die Analyse meiner Denk- und Verhaltensweisen

Warum bin ich, wie ich bin? Was limitiert mein Verhalten? Offenbar sind das die Kernfragen. Das Dumme ist nur: Ich denke nicht gern über mich selbst nach. Ich mag nicht stundenlang über meine Persönlichkeit grübeln.

Aber es hilft nichts. Wenn ich zum perfekten Verführer werden will, muss ich mir anschauen, was mich bisher daran gehindert hat. Ich habe sechs Fragen gefunden, die mich dem Kern der Sache ein bisschen näher gebracht haben:

- Von wem versuche ich Aufmerksamkeit und Anerkennung zu bekommen?
- Warum suche ich diese Aufmerksamkeit und Anerkennung?
- Wovor laufe ich die ganze Zeit weg?
- Was an meiner Persönlichkeit stammt von mir selbst?
- Was habe ich nur von anderen übernommen?
- Was davon würde ich gerne ablegen?

Ich muss mich selbst beobachten und kennenlernen, um mich ändern zu können. Ich möchte meine Werte bewusst wählen. Ich möchte meinen eigenen Weg finden. Ich möchte wählen, mit welcher Frau ich zusammenlebe. Ich möchte die persönliche Verantwortung für mich, meine Gedanken und meine Handlungen übernehmen. Ich kenne meine Unsicherheiten und Schwächen, und ich mache gerne Witze darüber, wenn ich Frauen treffe. Ich will mein Leben kontrollieren. Ich will den Flirt kontrollieren. Ich will lernen, wie ich von einem Punkt zum nächsten komme. Ich möchte wissen, was die Wirkung ist und was die Ursache. Ich bin der Kapitän meines Lebens.

Frauen sind nicht der Mittelpunkt meines Universums, sondern allenfalls eine nette Sternengruppe an dessen Ende. Ich möchte keinen Stern suchen, um den ich kreisen kann. Ich will die Sonne sein.

Lange Zeit habe ich mein Handeln danach ausgerichtet, was Frauen von mir zu erwarten schienen. Ich habe die Macht über mein Leben an Frauen abgegeben, um Bestätigung zu bekommen. Ich möchte meine Macht aber behalten. Doch dazu musste ich erst lernen, aus mir selbst heraus glücklich zu sein und mich nicht von der Anerkennung anderer abhängig zu machen.

Das eigene Denken beeinflussen

Monatelang habe ich Karate trainiert, und dann kam der Tag, an dem ich zum ersten Mal ein Brett durchschlagen sollte. Es war ein dickes Brett aus hartem Holz. Es lag zwischen zwei Ziegelsteinen. Unerbittlich. Je länger ich es angeschaut habe, um so dicker und härter erschien es mir. Zwar hatte ich den Bewegungsablauf immer und immer wieder geübt. Doch es ging nicht nur um die Technik. Mein Meister hatte zu mir gesagt: »Wenn du auch nur eine Sekunde daran zweifelst, dann wirst du dir die Hand brechen. Du musst das Brett schon vorher in Gedanken durchschlagen haben. Dein Körper ist nur ein Abbild deines Geistes. Du musst deine Aufmerksamkeit auf den Moment nach dem Schlag fokussieren.«

So ist das auch mit den Frauen. Wenn man auch nur eine Sekunde an seinem Erfolg zweifelt, wird man scheitern. Der Mann ist das Raubtier auf der Jagd nach seiner Beute. Warum sollte er Angst haben? Hat ein Gepard Angst vor einer Antilope? Schleicht er stundenlang um sein Opfer herum, um dann tatenlos abzuhauen? Nein.

Der Gepard ist ruhig und konzentriert. Er beobachtet die Umgebung, er identifiziert das leichteste Opfer, er fokussiert seine Beute. Und dann schlägt er zu.

Die eigenen Glaubenssätze ändern

In seinem Buch *Der neue Prometheus* beschreibt Robert Anton Wilson, dass das menschliche Hirn wie durch zwei unterschiedliche Persönlichkeiten geprägt ist: eine denkende und eine beweisende. Der Denker ist flexibel, er kann alles mögliche denken. Etwa, dass sich die Erde um die Sonne dreht oder dass Frauen nicht gerne Sex haben. Der Beweisende versucht zu beweisen, dass der Denker recht hat. Er sammelt selektiv solche Informationen, die die Thesen des Denkers bestätigen. Wenn wir also etwas nur überzeugend genug denken, dann werden wir auch genügend Beweise dafür finden, dass es stimmt.

Wir nehmen die Realität so wahr, dass sie unsere Glaubenssätze untermauert. Dieses Phänomen heißt »kognitive Dissonanz« und prägt unsere Wahrnehmung. Deshalb kommt es ganz entscheidend darauf an, dass wir die richtigen Glaubenssätze auswählen.

Welche Glaubenssätze schränken meine Denkweise und Verhaltensmuster ein? Ich habe sie auf einen Zettel geschrieben und Beweise dafür gesucht, dass diese Glaubenssätze falsch sind.

Und dann habe ich Glaubenssätze notiert, die mir dabei helfen, meine Ziele zu erreichen.

Ziele definieren

Mir hat geholfen, mir klarzumachen, was ich genau möchte. Will ich die große Liebe finden? Die Frau fürs Leben? Sex mit schönen Frauen? Sex mit mehreren Frauen?

Dann habe ich mir das Ziel gesetzt. Ich habe mir klargemacht, warum ich dieses Ziel verfolge.

Dann habe ich mir überlegt, was mich alles von diesem Ziel abhält: Ich fühlte mich nicht attraktiv. Ich hatte Angst vor dem Ansprechen. Ich habe Ausreden gesucht, warum eine Frau keinen Gefallen an mir finden könnte.

Und dies sind seither meine Glaubenssätze:

- Es gibt keine Frau, so schön sie auch sein mag, die ich nicht verführen kann.
- Ich genieße mein Leben.
- Mein persönliches Glück steht im Vordergrund.
- Ich brauche keine Frau, um glücklich zu werden. Aber sie braucht mich für ihr Glück.
- Jede Interaktion mit einer Frau verbessert mein Know-how im Umgang mit Frauen.
- Jeder Korb hilft mir, beim nächsten Mal besser zu werden.
- Ich gehe aus, um Spaß zu haben, und nicht, um eine Frau zu finden.
- Ich habe eine lustvolle, spielerische Haltung, die sich besonders durch eines auszeichnet: Ich bin durch und durch positiv. Ich bin ein Glücksritter auf seinem Kreuzzug, und nichts kann mich von meinem Weg abbringen.
- Ich mache Frauen glücklich, indem ich ihnen die Gelegenheit gebe, mich glücklich zu machen.
- Alles, was ich tun will, werde ich tun.

Wir sollten unsere eigene Komfortzone radikal und schlagartig verändern, anstatt uns Schritt für Schritt dem Ziel zu nähern. »Wer vom Fünfmeterbrett springen möchte, der sollte nicht mit dem Dreimeterbrett anfangen, sondern gleich vom Zehnmeterbrett springen«, rät Robert Bednarek.

Wenn wir die schönsten Frauen unserer Stadt wollen, müssen wir an Supermodels trainieren. Es bringt nichts, sich langsam heranzutasten und sich erst mal an die weniger attraktiven Frauen heranzumachen. Nur wenn wir gleich aufs Ganze gehen, weiten wir unsere Komfortzone aus. Nur so verfallen wir nicht in Schreckstarre vor großen Herausforderungen, sondern machen sie zu normalen, ganz alltäglichen Aufgaben.

Verhaltensmuster ändern

Im Grunde geht es um vier Schlüsselsätze:

- Ich achte darauf, was ich denke. Es wird zu dem, was ich sage.
- Ich achte darauf, was ich sage. Es wird zu dem, was ich tue.
- Ich achte darauf, was ich tue. Es formt meinen Charakter.
- Ich achte auf meinen Charakter. Er bestimmt mein Schicksal.

Wenn ich mir nun meiner eigenen Denkweisen und Verhaltensmuster bewusst geworden bin, die dahinterliegenden Glaubenssätze verändert und mir neue Ziele gesetzt habe, dann muss ich mich auf die folgenden vier Punkte konzentrieren, um mein Verhalten grundsätzlich zu ändern:

1. Peinlichkeit überwinden

In meiner Kindheit haben mir meine Eltern nur eines beigebracht: Ich durfte auf keinen, auf absolut gar keinen Fall etwas Peinliches tun. Ich durfte nicht laut sein, nicht auffallen, andere Leute nicht stören, nicht aus der Masse herausstechen.

Die tiefsitzende Angst vor der Peinlichkeit ist es aber auch, die Männer davon abhält, mit fremden Frauen ins Gespräch zu kommen. Verführungsaltmeister Ross Jeffries empfiehlt hier die bereits erwähnte Desensibilisierung. Für ihn selbst bestand sie darin, ein paar Tage lang hintereinander in verschiedenen McDonald's-Restaurants Sushi oder Pizza zu bestellen. Ich habe meinen rosa Schal. Welches Mittel wählen Sie?

Wer sich über einen längeren Zeitraum hinweg in dauerhafter Peinlichkeit bewegt hat, merkt, dass das Gefühl von Peinlichkeit vor allem im eigenen Kopf entsteht.

2. Kommunikativ sein

Ich rede mit dem Taxifahrer über Politik, mit der Oma an der Ampel über Gesundheit, mit der dicken, alten Eisverkäuferin über schöne Urlaubsziele. Das war nicht immer so. Ich habe lange gebraucht, bis ich mit fremden Menschen unverkrampft sprechen konnte.

Es gibt die Theorie, dass man jeden Menschen in der westlichen Welt über fünf Ecken kennt. Ich finde das wunderbar, denn mit jedem Menschen, den ich kenne, vergrößert sich mein Zugriff auf andere Frauen exponentiell. Ich freunde mich auch gerne mit Frauen an, die verheiratet sind oder sonst kein Interesse an einer Affäre haben, weil sie mein soziales Netzwerk erweitern. Ich bin gerne unterwegs, ich gehe gerne auf private Partys und Hochzeiten, weil das die ideale Gelegenheit ist, um Frauen kennenzulernen. Es gibt keine verlorene Kommunikation.

3. Sympathie ausstrahlen

Dale Carnegie hat schon 1936 einige sehr kluge Ratschläge erteilt, wie man ganz allgemein fremde Menschen für sich gewinnen und

Sympathie ausstrahlen kann. Er nennt dazu acht grundlegende Aspekte:

- Ich zeige aufrichtiges Interesse.
- Ich lache.
- Ich spreche mein Gegenüber mit Namen an.
- Ich höre gut zu.
- Ich rede über Dinge, die andere interessieren.
- Ich gebe meinem Gesprächspartner das Gefühl, er sei wichtig für mich.
- Ich versuche, die Welt durch die Augen des anderen zu sehen.
- Ich sympathisiere mit dessen Interessen und Ideen.

4. Sich gut verkaufen

Letztlich ist das Flirten ein Geschäft. Es gelten die Gesetze des Marktes. Ich bin ein Produkt. Ich will mich verkaufen. Was würde ein erfolgreicher Verkäufer tun?

Sagt er: »Das ist unser Modell Oliver. Möchten Sie ihn kaufen?«

Oder sagt er: »Das ist unser Modell Oliver. Alle wollen ihn haben. Aber leider steht er derzeit nicht zum Verkauf. Sie können sich aber auf einer Warteliste eintragen. Aber allzuviel Hoffnung möchte ich Ihnen nicht machen.«

Der wichtigste Aspekt des Verkaufens liegt darin, dass ein Bedürfnis für das Produkt geschaffen wird, und zwar indem wir die Vorstellungskraft des Käufers anregen. Der Käufer, oder in diesem Fall die Käuferin, muss glauben, das sich ihr Leben zum Positiven verändert, wenn sie das Produkt kauft.

Kaufentscheidungen entstehen meist im Affekt und sind immer emotional. Die Frau wird die Kaufentscheidung letztlich für sich selbst treffen, ohne dass man sie dazu drängen könnte.

Eine neue Rolle annehmen

Die Rolle des Verführungskünstlers kann auch schützen. So habe ich zum Beispiel die Körbe, die ich bekommen habe, nicht persönlich genommen, sondern als Teil meiner Erforschung der Frauen im Rahmen der Ausbildung zum Verführungskünstler gesehen. Anfangs habe ich eine Rolle gespielt, um den Mut aufzubringen, Frauen anzusprechen. Irgendwann sind der Verführungskünstler und ich miteinander verschmolzen, und ich bin eines Morgens als Verführungskünstler aufgewacht. Im Bett einer Blondine, die sagte, so etwas sei ihr im Leben noch nie passiert: Ich hätte sie verzaubert.

Haben Sie den Film *Borat* gesehen? Das ist ein extrem lustiger Film. Und er ist aus gesprächspsychologischer Sicht sehr interessant. Borat alias Sacha Baron Cohen hat seine amerikanischen Gesprächspartner dazu gebracht, ihre verborgenen und eigentlich tabuisierten Anschauungen preiszugeben, weil er so unheimlich naiv und offen gefragt hat. Er hat die Spannung, die er durch seine Naivität aufgebaut hat, immer weiter und weiter ansteigen lassen. Er hat vor einem vollbesetzten Stadion die amerikanische Nationalhymne verarscht. Wie er das geschafft hat? Er hat die Rolle des Borat angenommen. Er ist völlig in diesem Charakter aufgegangen. Als Sacha Baron Cohen hätte er das sicher nicht gewagt.

Wenn ich die Rolle des Verführungskünstlers einnehme, ist alles ganz einfach: Die Ängste und das verkrampfte Gefühl verschwinden. Ich kann den Flirt kontrollieren. Meine innere Haltung ist auf einmal eine leichte und spielerische. Der Flirt ist nur ein Spiel.

Man muss weit zurückgehen in der Entwicklungsgeschichte, ganz weit zurück, bis zu den Affen. Bei den Menschenaffen wählt das dominierende Affenmännchen das Weibchen aus. Er sucht sich aus der Gruppe ein Weibchen aus und begattet sie. Erst wenn das Alphamännchen fertig ist, dürfen die anderen an Sex denken.

Affenforscher berichten, dass Alphamännchen nicht nur aufgrund ihrer körperlichen Dominanz, sondern auch durch ihre entspannte Art bei den Weibchen gut ankommen. Die anderen Schimpansen reagieren mit Unterwerfungsgesten wie Verneigungen und Hechelgrunzen.

Bonobos, unsere nächsten tierischen Verwandten, haben ein Dutzend Mal am Tag Sex. Sie tun es in allen Stellungen, oral, mit den Händen, kopfüber hängend. Drei Viertel des Sexes dienen nicht der Reproduktion, sondern dem Vergnügen und der Entspannung.

Nur ein Phänomen konnten die Primatenforscher nicht ergründen, weil es interessanterweise ein rein menschliches ist: das Verlieben. Aber im Zweifel würden auch die menschlichen Weibchen dasselbe Männchen wählen: den dominanten Führer der Gruppe.

Viele Bücher, die sich mit dem Kennenlernen beschäftigen, stilisieren die Frau als unerreichbares Wesen und ersinnen Strategien, diese Unerreichbarkeit aufzubrechen. Ich glaube, dass solche Strategien von einer falschen Einschätzung des Status von Mann und Frau geprägt sind. Ich glaube, dass Männer sich den Frauen aus einer Position nähern sollten, die sich evolutionsmäßig am Geschlechterverständnis der Menschenaffen orientiert: Ich Tarzan. Du Jane.

Das Verhalten des dominanten Führers der Gruppe sollte uns als grundlegende Orientierung im Umgang mit dem anderen Geschlecht dienen. Ich bin derjenige, der auswählt. Ich demonstriere ein uneingeschränkt führendes Verhalten. Beim Flirt. Im Gespräch. Immer. Ohne dabei großspurig zu wirken oder schlechte Manieren an den Tag zu legen.

Doch wie kann ich Dominanz beweisen? Folgende vier Grundsätze des dominanten Verhaltens im Umgang mit Frauen habe ich verinnerlicht:

1. Ich gebe den Ton an

Es ist ein feiner Unterschied zwischen Bitte und Befehl. Jeder Befehl kann so betont werden, dass er auch als Bitte funktioniert. Ein Satz wie »Gib mir bitte mal die Butter« ist ein Befehl.

Mir ist das anfangs auch sehr schwergefallen. Ich wurde von meiner Mutter so konditioniert, dass eine demütige Haltung mit guter Erziehung gleichgesetzt wurde. Wir entschuldigen uns für selbstverständliche Bedürfnisse, wir lassen uns von inkompetenten Aushilfsbedienungen in Cafés oder Clubs regelrecht demütigen.

Viele halten solch ein passiv-gehorsames Verhalten für den Gegenpol des dominanten Prolls. Dies ist einer der Gründe, weshalb gerade Intellektuelle Probleme haben, Frauen kennenzulernen. In die Seminare von Robert Bednareks Flirtakademie »Die perfekte Masche« kommen oft gerade die gut ausgebildeten, feinsinnigen Männer. Sie berichten, dass sie immer wieder Frauen kennenlernen, die nach ein paar Dates sagen: »Lass uns lieber Freunde bleiben.« Wenn man in dieses Schema fällt, dann fehlt es fast immer am konsistenten Alphaverhalten.

2. Ich habe eine eigene Meinung

Der Alphamann hat zu allem eine Meinung, die sich nicht an der Meinung der anderen orientiert. Ich schere mich nicht darum, was andere denken. Das bedeutet aber nicht, dass ich immer anderer Meinung sein muss. Die eigene Meinung ist einfach unabhängig von gruppendynamischen Prozessen.

Es ist sehr dominant, in einer großen Gruppe einen Irrtum einzugestehen, sich zu entschuldigen oder auf die eigene Dummheit, Torheit oder Inkompetenz zu verweisen. Sätze hingegen, die mit »oder?« oder »was meinst du?« enden, heischen nach Bestätigung.

3. Ich bin der Anführer

Ich wähle den Tisch. Ich bin der Ansprechpartner für den Ober. Die Frau sagt mir, was sie möchte, und ich bestelle für sie.

Männer, die versuchen, ihr Verhalten am Konzept der Emanzipation der Frau zu orientieren, sind weniger erfolgreich als natürlich dominante Männer. Ich habe eine Anspruchshaltung nicht nur an meine Partnerin, sondern auch an den Service in einem Lokal. Alphamännchen treten sehr bestimmend und eindeutig auf, wenn es um die eigenen Vorstellungen geht. Dennoch bin ich immer höflich und verbindlich.

4. Ich zeige keine Eifersucht

Eifersucht ist kein dominantes Verhalten. Sie ist das Resultat von schwachem Selbstwertgefühl. Jeder eifersüchtige Kommentar teilt der Frau unterschwellig mit, dass ich keinen Respekt verdiene.

Ein Beispiel: Ich unterhalte mich mit einer Frau und muss auf die Toilette. Als ich wieder zurückkomme, unterhält sie sich mit einem anderen Mann. Viele Männer machen dann den Fehler, dass sie sich danebenstellen und warten, bis die Frau sich wieder ihnen zuwendet, oder sie keifen: »Bist du jetzt endlich fertig!« Im schlimmsten Fall reden sie den Typen blöd an. Damit signalisieren sie der Frau nur, dass sie den anderen Mann als Kontrahenten ansehen und Angst haben, sie zu verlieren.

Ich verhalte mich anders: Als Alphamann ist es mein Job, den anderen in meiner Gruppe willkommen zu heißen. »Das ist bezaubernd, dass du dich um meine Freundin gekümmert hast, während ich auf dem Klo war. Wie heißt du?«

2. Schritt: Die Körpersprache einsetzen

Der Körper als Instrument

Ich habe Schauspielunterricht genommen. Dabei werden alle Aspekte des Körperbewusstseins trainiert, weshalb Schauspielunterricht neben Tanzunterricht und Yogastunden zur Grundausbildung eines Verführungskünstlers zählt. Der eigene Körper ist das Instrument, auf dem ich spiele. Meine Waffe. Die meisten Männer jedoch leben in ihrem Körper und nicht durch ihren Körper.

Es geht darum, sich bewusst zu werden, wie Sie Ihren Körper als Instrument des erfolgreichen Flirts einsetzen können. Ihr Blick und Ihr Lächeln spielen dabei eine wichtige Rolle. Deshalb werde ich die beiden detailliert erläutern, bevor wir uns der Körpersprache allgemein zuwenden.

Der verführerische Blickkontakt

Wenn ich auf einer Party war, kennen mich alle Frauen. Jede schöne Frau kennt mich. Warum? Weil sie mir tief in die Augen geblickt hat. Wenn ich eine schöne Frau sehe, blicke ich ihr in die Augen. Ich schaue erst dann weg, wenn ich das Gefühl habe, dass sie die Nachricht erhalten hat: Ich will ihre Aufmerksamkeit, und ich habe den Mut, es ihr mit meinen Augen zu zeigen. Mein Blick ist der Anker, den ich ihr zuwerfe. Blicke sind unsichtbare Energien, die jeden Raum bestimmen. Frauen spüren es, wenn Männer sie ansehen.

Es gibt keine Emotion, die man nicht durch die Augen mitteilen könnte. Die Augen sind ein starker Katalysator für die Macht der Worte. Wenn die Augen nicht lachen, ist alles verloren. Beobachten Sie einmal im Spiegel, wie sich Ihr Gesicht verändert, wenn Ihre Augen böse oder lustig schauen. Unglaublich, oder? Schauspieler üben sehr lange am Ausdruck ihrer Augen. Selbstbewusstsein und Zufriedenheit beginnen in den Augen.

Der Flirt mit Blicken

Wir sind darauf konditioniert, in der Öffentlichkeit den Blick zu meiden, um die Privatsphäre des anderen nicht zu verletzen und nicht zudringlich zu wirken. Deshalb werden viele Frauen womöglich nach ein oder zwei Sekunden wegblicken. Aber ihr Blick wird zurückkehren. Sie spüren, dass ich sie fixiert habe, und sie sollen es spüren. Schließlich stiere oder gaffe ich sie nicht an, sondern ich werfe ihr einen interessierten, charmanten Blick zu.

Der Blickverlauf der meisten Männer führt über den Hintern zum Busen und dann ins Gesicht. Dieser abschätzende Blick eines Pferdehändlers sorgt nicht für tiefe Verbundenheit. Das Geheimnis des erfolgreichen Blicks ist der tiefe Augenkontakt. Ich blicke ihr in die Augen und nur in die Augen. Ein leichtes, selbstironisches Lächeln auf den Mundwinkeln nimmt meinem Blick die Schärfe.

Tagelang habe ich mich in Einkaufszentren herumgetrieben und versucht, die Logik des perfekten Augenkontakts zu entschlüsseln. Am Anfang habe ich es nur bei etwa 10 Prozent der Frauen überhaupt geschafft, Blickkontakt aufzubauen. Also habe ich meinen Versuchsaufbau optimiert und lief in das Blickfeld der Frau hinein, damit sie mich wahrnehmen konnte. Ich musste erst in ihrem Radar auftauchen. Wenn ich dann ihren Blickkontakt hatte, blickte ich die Frau so lange an, bis sie wegsah.

Eine Frau hat meinen Blick später einmal so beschrieben:

»Ich hatte das Gefühl, du hast dich in diesem Moment in mich verliebt.«

Mein Blick ist ein wunderbares Kompliment. Aber was passierte in meinem Experiment? Die Frauen lächelten mich an und gingen einfach weiter. Wie konnte ich sie stoppen? Ich musste es schaffen, den Blickkontakt so intensiv zu gestalten, dass an ein Weitergehen nicht zu denken war. Unsere Seelen mussten sich über die Augen verbinden.

Sobald eine Frau den Blick erwidert hat, habe ich sie angelächelt, und wenn sie auch das Lächeln erwidert hat (was etwa 70 Prozent der Frauen tun), habe ich sie sofort angesprochen: »Ich mag dein Lächeln.« Oder witzig-charmant: »Ich mag deine Schuhe.« Natürlich hat sie gemerkt, dass ich keine Sekunde auf ihre Schuhe geblickt habe.

Hier gilt nicht die Drei-Sekunden-Regel, sondern die Ein-Sekunden-Regel. Dann ist die Frau nämlich weg. Hinterherlaufen und sie dann von hinten ansprechen ist die deutlich schlechtere Option.

Diese Form des Augenflirts im öffentlichen Raum ist übrigens in Japan sehr verbreitet und wird dort *Nampa* genannt. Das Flirten mit Blicken findet meist auf belebten Straßen statt, wo die Männer vom Straßenrand aus Blickkontakt zu den Passantinnen aufnehmen. Vor allem jüngere und eher flanierende Frauen werden angesprochen und zu einem Karaokebesuch oder zum Kaffee eingeladen – bei Gefallen auch zu mehr.

Wie Lachen eine Brücke schlägt

Das wichtigste Instrument, um die eigene Attraktivität zu erhöhen, hängt mitten in unserem Gesicht und heißt Mund. Das bestätigen wissenschaftliche Untersuchungen: Bei der Betrachtung von Bildern werden lachende Menschen grundsätzlich als attraktiver und sympathischer beurteilt als nicht lachende Menschen.

Viele Männer denken: Clint Eastwood hat nie gelächelt. James Dean war auch kein Strahlemann. Die Filmindustrie hat uns keinen Gefallen damit getan, diese emotionslose Coolness zu propagieren. Wenn ich Männer in Clubs beobachte, sehe ich viele Typen, die glauben, sie bräuchten nur cool und schroff zu sein, damit die Frauen sich in sie verlieben. Das funktioniert aber nur im Filmsaloon.

Lächeln ist eine machtvolle Waffe, es sollte nur nicht dämlich wirken. Ich kann extrem dämlich lächeln. Aber auch ganz charmant. Den Unterschied habe ich vor dem Spiegel entdeckt, und dann habe ich lange trainiert, bis ich dieses mehrdeutige schmutzig-vergnügte Lächeln hingekriegt habe, das so gut ankommt.

Im Schauspielunterricht lernt man, wie ein aufgesetztes Lächeln nicht aufgesetzt aussieht. Wichtig ist die Emotion hinter dem Lächeln: Erst muss das gute Gefühl da sein, und dann kommt das Lächeln. Interessanterweise kommt umgekehrt das gute Gefühl auch durchs Lächeln selbst.

Haben Sie schon mal an etwas fürchterlich Lustiges denken müssen oder von einem Freund einen Witz erzählt bekommen und dann so durch die Gegend geschaut und dabei den Blick einer Frau gestreift? Sie hat bestimmt zurückgelächelt, weil Sie ihr mit dem Lächeln nicht zu nahe getreten sind. Es ist ein positives fröhliches Lachen, das nicht ihr gilt und nicht eigens für sie aufgesetzt wird. Die Frau ist nur zufällig in der Nähe Ihrer guten Laune, Ihrer positiven Ausstrahlung.

Verhaltensforscher haben einige sehr interessante Studien zum Lachen gemacht. Bei einer Studie sollten die Testpersonen den Zungenbrecher »Tief im dicken Fichtendickicht nicken dicke Fichten tüchtig« aufsagen.

Dieser Zungenbrecher eignet sich übrigens auch sehr gut als

kleines Spiel in Bars oder Clubs. Die Frau soll den Satz zehnmal schnell wiederholen. Jede Wette: Sie wird »Ficken« sagen.

Bei diesem Spruch mussten die meisten Testpersonen beim Institut für Anthropologie und Humanbiologie in Berlin lachen. Ihr Lachen wurde aufgezeichnet und später von anderen Personen beurteilt. Das Ergebnis: Lachen wirkt dann erheiternd, wenn es sehr spontan kommt, konkret: wenn es innerhalb einer halben Sekunde voll da war.

Im Gespräch mit Frauen erzähle ich oft von einer wahren Begebenheit, über die vor einigen Jahren eine afrikanische Zeitschrift berichtet hat. 1962 brach in einer Mädchenschule in Tansania eine mehrwöchige Lachepidemie aus. Die ersten Symptome traten am 30. Januar auf, als einige Mädchen einen Kicheranfall bekamen. Sie konnten nicht mehr aufhören zu lachen. Die Symptome steckten fünfundneunzig weitere Mädchen an, der Unterricht musste bis zum 18. März eingestellt werden. Kicherferien.

Die Körpersprache des Alphamanns

Meine Körpersprache orientiert sich an der natürlichen Körpersprache des Führers der Gruppe, des Chefs, des Leithammels. Ich bin das Alphamännchen.

Folgende Aspekte versuche ich dabei zu verinnerlichen:

- *Ich drücke mich laut aus.* Je klarer und präziser die Ausdrucksweise, um so besser.
- *Ich stehe nicht an der Wand.* Männer mit hohem sozialem Status sind unverwundbar. Sie brauchen keine schützende Wand.
- *Ich halte meinen Drink nicht auf Brusthöhe.* Dieses napoleonhafte Schutzverhalten zeigt die Mehrheit der Männer. Warum halten sie ihr Bier auf Brusthöhe? Um sich zu schützen. Sehr beta.

- *Ich lehne mich im Gespräch zurück.* Der Rahmen einer Kommunikation wird ganz maßgeblich von der Körpersprache bestimmt. Derjenige, der sich im Gespräch zurücklehnt, ist derjenige, der Informationen empfängt, er führt das Gespräch.
- *Ich nehme viel Raum ein.* Je mehr Raum man einnimmt, um so entspannter wirkt man. Alphamännchen dominieren den Raum.
- *Ich habe eine hohe Körperspannung.* Schultern und Kopf hoch. Lächeln.
- Ich spreche mit einer Stimme, die tief aus meinem Körper kommt.
- *Ich bin sensibel dafür, wie meine Körpersprache wirkt.* Je direkter ich einem anderen Körper zugewandt bin, um so stärker ist die emotionale Wirkung.
- *Ich lasse meine Hände friedfertig baumeln* wie ein Cowboy beim Shoot-out. Frauen schauen zuerst ins Gesicht und dann auf die Hände. Das ist evolutionär programmiert. Ein friedfertiger Gesichtsausdruck und keine Waffen in der Hand beziehungsweise keine bedrohlich angespannten Hände bedeuten keine Gefahr.
- *Ich bewege mich langsam.* Langsamkeit ist das machtvollste Instrument der Körpersprache. Ich habe sogar angefangen, nur noch halb so schnell zu tanzen. Immer nur zu jedem zweiten Beat. Ich nehme mir alle Zeit der Welt für meine Bewegungen. Frauen lieben das.

Stimme, Atmung und Haltung

Robert Bednarek hat aus einer Studie der Pennsylvania State University eine erstaunliche Erkenntnis gewonnen, die er in seinen Seminaren lehrt. Die Wissenschaftler wollten herausfinden, wann jemand wirklich selbstbewusst wirkt. Schauspieler mussten in unterschiedlichen Szenarien in unterschiedliche Rollen eintauchen und dabei vorher festgelegte Eigenschaften demonstrieren. Über hundertfünfzig verschiedene Eigenschaften wurden dargestellt. Anhand dieser Szenen sollten die Zuschauer sagen, wann eine Person besonders selbstsicher wirkt. Das erstaunliche Ergebnis war, dass nur drei Attribute entscheidend sind: eine aufrechte Körperhaltung, ein »schweifender« Blick (die Augen folgen der Nase), eine laute Stimme. Sonst nichts.

Die perfekte Atmung. Was tun die meisten Leute, wenn sie vor einer Herausforderung stehen? Sie atmen erst einmal tief ein und halten im schlimmsten Fall die Luft an. Dadurch verkrampft sich der gesamte Körper, die Muskeln werden starr, der Blutdruck steigt an.

Was tun dagegen Spitzensportler wie Michael Schumacher oder Oliver Kahn, wenn es brenzlig wird? Sie atmen erst einmal aus. Das normalisiert den ganzen Stoffwechsel, und man kann wieder klar denken. »Wenn Michael Schumacher mit 290 km/h in eine enge Kurve hineinfährt, atmet er aus. Oliver Kahn macht die Backen dick und pustet stoßweise aus, wenn Ronaldinho zum Freistoß ansetzt. Das müssen wir auch machen«, lehrt Bednarek in seinem Seminar.

Die perfekte Stimme. Nur eine tiefe und basslastige Stimme wirkt maskulin. Um eine solche Stimme zu kultivieren, hilft es, wenn wir mit dem Zwerchfell und dem Bauch atmen, Brustkorb und Schultern sollten sich bei der Einatmung nicht heben. Die tiefste Stimme haben wir, wenn wir mit nur 20 Prozent des Lungenvolumens sprechen. Das geht nur, wenn der Kreislauf sehr ruhig ist. Wenn wir unsere Energie an Dinge verschwenden wie zappeln, schnell sprechen oder nervös sein, brauchen wir die volle Lungenkapazität.

Der perfekte Blick. Ängstliche Menschen werfen verstohlene Blicke aus dem Augenwinkel, sie vermeiden es, sich zu bewegen, weil sie keine Aufmerksamkeit auf sich ziehen möchten. Wie aus einer geduckten Haltung, jederzeit zur Flucht bereit, behalten sie den Raum im Blick. Wie anders wirkt es dagegen, wenn Sie Ihren Blick schweifen lassen und jedem, den Sie ansehen, offen das Gesicht zuwenden. Sie signalisieren damit Furchtlosigkeit und demonstrieren, dass Sie ganz Herr der Lage sind.

Viele angehende Verführungskünstler haben am Anfang Probleme, ihre Körpersprache vernünftig ins Gleichgewicht zu bringen. Grundsätzlich gilt: Man muss sich natürlich verhalten, vorbildlich und gut erzogen. Wenn ich mich beispielsweise im Gespräch zurücklehne, dann ist das ein Ausdruck der Entspannung und dient nur einem einzigen Ziel, nämlich dem, dass die Frau mir folgt.

3. Schritt: Das Aussehen optimieren

In seinem Buch *Schönheit. Eine Wissenschaft für sich* hat Ulrich Renz die wichtigsten Studien über Schönheit und Attraktivität zusammengetragen. Männer haben demnach sehr klare Anforderungen an das Aussehen der Frau und sind sich in hohem Maß einig darüber, was eine schöne Frau ausmacht: makellose Haut; je harmonischer die Gesichtszüge, desto schöner; Symmetrie; hohe Wangenknochen.

Aber viel interessanter ist für uns natürlich die Frage, was Frauen an Männern attraktiv finden. Laut einer Studie des Verhaltensforschers Karl Grammer legen Frauen kaum Wert auf männliche Schönheit. In sogenannten Rating-Experimenten sind die Ergebnisse zur Wirkung der Männer viel weniger eindeutig, als wenn

Männer Frauen bewerten. Der Grund: Neben den optischen Reizen wirkt auf Frauen besonders der soziale Status verführerisch.

Bei Männern steigt die Testosteronausschüttung schon nach einer fünfminütigen Unterhaltung mit einer attraktiven Frau um satte 30 Prozent. Frauen wählen sehr viel komplexer aus. Frauen wünschen sich vieles: Freundlichkeit, Fürsorglichkeit, Wärme, Potenz und Dominanz.

Auch der amerikanische Verführungskünstler David DeAngelo versichert seinen Studenten immer wieder: »Die Frau kann nicht wählen, ob sie einen Mann attraktiv findet, Attraktivität ist nicht selbstbestimmt.« Zwar gibt es einige fundamentale Attraktivitätsmerkmale, die fast jede Frau in der Welt ähnlich beurteilt. Doch während für Männer hauptsächlich die Qualität der Gene und damit die äußerlichen Merkmale eine Rolle bei der Beurteilung weiblicher Attraktivität spielen, wählt die Frau nicht nur nach den Genen, sondern vor allem nach den Eigenschaften und Fähigkeiten eines Mannes aus. Der Frau geht es evolutionär nur um die Frage, ob der Mann ihr Überleben sichern kann oder nicht.

Deshalb gibt es dieses Buch. Weil es egal ist, wie wir aussehen.

Das heißt aber nicht, dass wir optisch nicht das Optimum aus uns herausholen sollten. Wir pflegen einen exklusiven und sinnlichen Lebensstil, wir zeigen modisches Bewusstsein, und um die Aufmerksamkeit der Frauen auf uns zu lenken, setzen wir einen exaltierten Kleidungsstil ein.

1. Der sinnliche Lebensstil

Wer Frauen verstehen will, muss Manolo Blahnik kennen. Die Seele einer Frau bedarf eines perfekten Schuhs. Was sind Peep Toes? Warum sind Peep Toes schon wieder out? Warum macht der Sekretär von Konstantin Grcic glücklich? Natürlich nur in der Version von ClassiCon in Birnenholz. Wie hat Ferran Adrià, Chefkoch des El Bulli, das Essen unserer Zeit verändert?

Style kann man nicht kaufen. Style ist die Leidenschaft und Liebe zu allen Bereichen, die das Leben verschönern. Gutes Essen, Wein, Möbel, Kleidung, Kultur, Musik. Es geht nicht darum, in einen Weinladen zu gehen und für hundert Euro eine Flasche Wein zu kaufen. Es geht darum, eine Leidenschaft für Wein zu entwickeln, für die Vielfalt der Geschmäcker, für die Liebe, mit der guter Wein gekeltert wird, für die jahrhundertealte Tradition der Weinreben, für den Einfluss des Bodens auf den Geschmack.

Aber: Leidenschaft ist nicht angeboren. Sinnlichkeit kann man trainieren. Die Liebe zu gutem Wein ist nur ein Beispiel für viele. Frauen lieben Leidenschaft, weil sie der Beweis für eine tiefe emotionale Bindung ist. Wer eine Leidenschaft hat, ist auch ein leidenschaftlicher Mensch.

Ich habe mich gefragt, warum ausgerechnet Softwareprogrammierer und Tiefbauingenieure besonders häufig Probleme haben, Frauen kennenzulernen. Der eine Grund: Sie sehen aus wie Programmierer oder Ingenieure. Die kämmen sich die Haare in die Stirn, stecken sich das Hemd in die Hose, tragen ein weißes Poloshirt unter dem Hemd. Wenn sie mal was richtig Stylishes kaufen wollen, erstehen sie ein Hawaiihemd, weil Magnum für sie immer noch der Modeheld ist. Es ist kein Problem, wenn man Programmierer ist, aber aussieht wie ein Rockstar. Anders herum schon. Welcher Groupie wartet schon nachts in der Hotelbar auf Phil Collins?

Der andere Grund ist ihre sehr analytische Sicht der Dinge. Programmierer chiffrieren die Welt in null und eins. Für Frauen dagegen existieren nur energetische Zustände, die nie eins und nie null sind.

2. Das modebewusste Auftreten

In Sachen Style und Lebensart orientiere ich mich an dem Franzosen George Bryan Brummell (1778 – 1840), dem wunderbaren

Erfinder des Dandytums. Seine Morgentoilette dauerte fünf Stunden. Eine Stunde lang zwängte er sich in seine hautenge Hirschlederbundhose, eine verbrachte er beim Friseur, eine weitere brauchte er zum Binden seiner Halstücher. Zwei Stunden reinigte er sich mit Milch und Eau de Cologne. Der perfekte Sitz seiner Handschuhe war zwei Herstellern zu verdanken: Dem einen vertraute er den Schnitt für die Daumen an, dem anderen die übrigen Finger. Um seine Schuhe zu putzen, verwendete er ausschließlich Champagner.

Nun ja, der gute Brummell hatte einen Spleen. Aber auch ich mag meine Schuhe aus Schlangenleder, den silbernen Samtanzug oder die Gürtelschnelle von Yves Saint Laurent. Wie gesagt: Es geht um die Leidenschaft für die schönen Dinge des Lebens. Und es geht darum, anders zu sein als die anderen.

Der wahre Dandy geht dabei noch einen Schritt weiter: Er drückt mit seiner Kleidung seine Verachtung für alles Konventionelle und Geschmacklose aus. Für den Dandy ist die Aufmerksamkeit der Frauen kein Selbstzweck, sondern Resultat seines begnadeten Lebensstils und seiner Kritik an der Stillosigkeit unserer Zeit. »Der Genuss beruht nicht auf den Eigenschaften der Dinge, sondern auf der Kraft, mit der man sie begehrt«, schrieb Charles Baudelaire.

Ich habe einen sehr hohen Anspruch an die Dinge, mit denen ich mich umgebe. Ich esse und trinke nur das Beste. Diesen hohen Anspruch habe ich natürlich auch an meine Frauen. Ich möchte nicht andere Leute nachahmen, sondern ich möchte derjenige sein, der imitiert wird. Ich bin das Original.

Zu weit sollte man es allerdings nicht treiben. Beau Brummell übrigens verspottete sogar seinen Mentor, den Prinzen von Wales, und starb schließlich arm, vereinsamt und dem Wahnsinn nahe.

3. Die Peacocking-Strategie

Grundsätzlich basiert die Kleidung eines Verführungskünstlers auf einer wichtigen Überlegung: Es gibt eigentlich keinen vernünftigen Grund, jemanden anzusprechen. Also muss man den Frauen einen Grund geben.

Mystery, der amerikanische Flirt-Guru, hat dazu die sogenannte Peacocking-Strategie ersonnen, die darauf abzielt, durch besonders schrille Kleidung die Aufmerksamkeit von Frauen zu gewinnen. Dabei geht es allein darum, durch sein exzentrisches Äußeres aus der Masse herauszustechen. Geeignet hierfür ist eigentlich alles, was Aufmerksamkeit erregt: auffälliger Schmuck, Federboas, Cowboyhüte oder andere Modegimmicks wie mein rosaroter Schal mit den türkisen Bommeln.

Im besten Fall wird man darauf angesprochen. Hat man dann eine gute Antwort parat, ist man bereits im Rennen. Gleichzeitig demonstriert man mit so einem schrillen Auftritt ein hohes Maß an Selbstvertrauen.

Tips für ein besseres Aussehen

* Friseur: Senior-Stylist bei Vidal Sassoon. (Vermutlich ein Schwuler, der ohnehin schon die Trends des nächsten Jahres trägt.)
* Zähne bleichen lassen. (Zähne sind ein sehr wichtiges Attraktivitätsmerkmal.)
* Fitnessstudio. (Mir ist aufgefallen, dass fast alle Frauen schon beim Flirten meine Oberarme und meine Brust betasten. Aber bitte keine Muckibudenfigur.)
* Nicht rauchen, wenig Alkohol.
* Regelmäßig in die Sonne.

Wer keine Zeit hat, sich intensiv mit Mode zu beschäftigen, der sollte in die besten Boutiquen der Stadt gehen und sich einkleiden lassen. Ich empfehle Melrose Avenue in Los Angeles oder Camden Market in London. Wem das zu weit ist, der findet Designer-Männermode im Internet bei www.yoox.de oder in den einschlägigen Läden wie Dolce & Gabbana, Diesel, Prada, Costume National, Jean-Paul Gaultier, Issey Miyake (auf den Internet-Seiten der Hersteller kann man häufig nach dem nächstgelegenen Shop suchen).

Ich kaufe mir nur stylishe Klamotten, denen man es aber auch von Kilometerstein sieben aus ansieht, dass sie stylish sind. Ein weißes Hemd von Armani mag zwar klassisch schön und aus wertvollster Seide sein, aber es erfüllt den Zweck nur schwerlich. Eines meiner erfolgreichen Outfits: Ich trage einen Anzug aus silberner Ballonseide, eine Kette mit Schmuck aus Legosteinen und dazu ein blinkendes Leuchtshirt von Clubgeist.com.

Erfahrungsbericht:
Der direkte Weg ins Bett

Ich habe natürlich auch den vielleicht berühmtesten europäischen Verführungskünstler, den Kroaten Daniel »Badboy« Nesse, bei einem Workshop in London besucht. Es fiel kaum Licht in den Konferenzraum, als ein Mann hereingehumpelt kam, von dem man sich nur schwer vorstellen kann, dass er einer der größten Frauenhelden Europas ist. Aber sogar Neil Strauss flog eigens nach Kroatien, um den »charismatischen hinkenden Verführungskünstler« zu treffen, der sich Badboy nennt.

Der sechsundzwanzigjährige Nesse hinkt schwerfällig durch den Raum. Auf seinem kahlrasierten Schädel zeugt eine hufeisengroße Narbe von dem Tag, an dem ihn während des Bürgerkriegs ein Heckenschütze vor seinem Haus niederstreckte. Daniel, damals vierzehn Jahre alt, verlor für eine Woche das Bewusstsein. Sechs Monate saß er im Rollstuhl, erst langsam lernte er wieder laufen. Er ist bis heute halbseitig gelähmt.

Wahrscheinlich wäre ohne das Attentat alles anders gekommen. Daniel hätte wie all die anderen Jungs versucht, mit Blumen und Komplimenten die Herzen der Frauen zu erobern. Er hätte nie die Fähigkeit entwickelt, nur kraft seiner Dominanz zu verführen.

Der moderne Casanova sollte sowohl Mysterys als auch Badboys Techniken beherrschen, denn sie ergänzen sich gegenseitig ideal. Während Mystery Frauen erobert, indem er sich auf charmante Weise sozusagen durch die Hintertür ins Herz der Frau schleicht, geht Badboy einfach zur Vordertür – und tritt sie ein.

Mystery geht davon aus, dass schöne Frauen über den Männern stehen und man sich erst durch allerlei Tricks hocharbeiten muss. Badboy hingegen glaubt: »Männer sind stärker und machtvoller. Immer.« Seit den Neandertalern seien Frauen bei der Partnerwahl auf männliche Stärke programmiert. Unterbewusst. Unwillkürlich. Unweigerlich.

»Auch wenn sie noch so emanzipiert wirken, Frauen wollen nicht respektiert werden«, beschwört Daniel den Kreis seiner Jünger, der sich diesmal aus braven Studenten, schüchternen Bankern und anderen wohlerzogenen, aber an der Frauenfront bislang erfolglosen Männern zusammensetzt. Schüchternheit, lernen wir, ist nur ein Molekül im Kopf, das Resultat eines lausigen Hormons.

Bei ihren Workshops haben Badboy und sein deutscher Kollege Robert »Magnum« Bednarek schon über tausend Verführungskünstler in fünfzehn Ländern ausgebildet – für jeweils mehr als tausend Euro pro Seminar. Auch ich bin nach London gereist, um meine Ausbildung zum Flirtprofi zu perfektionieren. Hier lerne ich, dass ich bislang fast alles falsch gemacht habe. Ich habe Frauen Fragen gestellt, anstatt für sie zu entscheiden. Ich habe mich sogar entschuldigt, wenn ich eine Frau angesprochen habe. Ich habe mir so lange einreden lassen, was alles gut erzogen sei, bis ich ein frauenverstehender Schwächling wurde, der in der Gegenwart von Frauen die Beine übereinanderschlägt. Doch meine Zeit als artiger Jedi ist vorbei – die dunkle Seite der Macht wartet.

»Die Anmache muss sich anfühlen wie der Einschlag einer Rakete«, sagt Daniel und führt sie uns in einem Starbucks-Café vor. Er packt den Tisch mit beiden Händen, stellt sich breitbeinig davor und sagt zu zwei Mädchen: »Ihr gefallt mir, ich werde euch kennenlernen.« Die beiden Blondinen blicken entgeistert über ihren Cappuccinoschaum. Daniel nimmt sich einfach einen Stuhl und setzt sich zu ihnen an den Tisch. Zwei Minuten später hat er ihre Telefonnummern.

Was so banal aussieht, ist eine Komposition aus selbstbewusster Körpersprache, tiefem Timbre und völliger Coolness. Die harte Masche funktioniert allerdings nur dann, wenn man überzeugend ist wie Klaus Kinski in *Leichen pflastern seinen Weg*.

Jede Frau hegt dieselbe Phantasie: Sie wartet auf den Traumprinzen auf dem weißen Ross, der sie aus ihrem tristen Dasein befreit. Und genau das muss man ihr vermitteln. Mehr nicht.

Als mir die dominante Anmache das erste Mal gelingt, ist die Wirkung erstaunlich: Die Frau ist auf mich fixiert.

»Man kann sich sicher sein, dass sie noch nie in ihrem Leben von einem Mann so selbstbewusst angesprochen wurde«, sagt Robert Bednarek, ein fünfundzwanzigjähriger blonder Medizinstudent mit lässigem Dreitagebart und Stehkragen.

Dabei ist es nicht so wichtig, was ich sage. »93 Prozent der Kommunikation passieren über Körpersprache«, sagt der Trainer. Robert hat die Körpersprache von James Bond analysiert. Der Prototyp des selbstbewussten Mannes, sagt er, benutze seinen Körper wie ein Instrument. Wenn er sich einen Drink greift, bleibt er mit dem Blick auf der Frau. Oder wenn etwas rechts von ihm passiert, blickt er erst mit den Augen in die Richtung, dann dreht er den Kopf und schließlich den Rest des Körpers.

»Charisma besteht aus Körpersprache, Timing und der Fähigkeit zu polarisieren«, erklärt Magnum und warnt davor, Dominanz mit Chauvinismus oder Aggressivität zu verwechseln. Dominanz braucht keine Gewalt, denn Zwang erzeugt immer Widerstand.

Als Robert mit drei schönen amerikanischen Touristinnen am Tisch sitzt, zündet er sein Verführungsfeuerwerk. Er beginnt ihre Gefühle zu manipulieren. An diesem Punkt versagen die meisten Männer. Sie sprechen Mädchen an, und dann überschütten sie sie mit Fragen: »Wie heißt du?« – »Bist du öfters hier?« – »Woher kommst du?«

Fragen sind wie kaltes Wasser für die zarte Glut des Flirts. Die meisten Männer löschen damit jedes Gespräch, bevor es überhaupt in Gang kommt.

Männer richten ihre Anmache an die linke Gehirnhälfte, an Logik und Verstand. Doch letztlich entscheidet die emotionale rechte

Hälfte. Flirtguru Ross Jeffries geht sogar so weit zu behaupten, dass man beim Gespräch unterschiedliche Gefühle erzeugt, je nachdem, ob man einer Frau ins linke oder ins rechte Auge blickt.

»Wenn es gelingt, eine Frau in fünf unterschiedliche Gefühlslagen zu versetzen, dann geht sie mit dir ins Bett«, doziert Daniel. Bei der Anmache muss sie sich entspannt fühlen, die Gegenwart des Mannes muss angenehm für sie sein, sie muss sich attraktiv fühlen, Vertrauen und schließlich eine emotionale Verbindung aufbauen. Das wäre schon alles.

Daniel spricht beschwörend ins Ohr einer süßen Blondine: »Ich war gestern noch am Meer. Kennst du den Geruch, wenn sich das Sonnenöl mit Sand vermischt und die Sonne draufstrahlt? Der warme Wind wehte in meinen Nacken.« Dabei bläst er ihr zart an den Hals.

Mädchen begeben sich bereitwillig auf eine Reise auf die Insel der guten Gefühle, die nur so wenige Männer mit ihnen unternehmen. Dabei ist es egal, ob man sich bei den jeweiligen Themen einig ist oder nicht: Die Frau mag womöglich Tanzen, der Mann Bergsteigen. Das Entscheidende ist, dass beide das gleiche Lustgefühl verspüren, wenn sie ihrer Lieblingsbeschäftigung nachgehen.

In einem Club lässt mich Magnum mit folgendem Spruch bei vier hübschen Mädchen zurück: »Könnt ihr bitte auf meinen kleinen Bruder aufpassen, während ich auf die Toilette gehe?«

Nach ein paar Minuten gewöhnlicher Unterhaltung stimuliere ich die Phantasie einer großen, schlanken Brünetten: »Stell dir vor, du kannst an einen Ort reisen, wo dich keiner kennt, wo du alles darfst und zu Hause nie jemand davon erfahren würde. Was würdest du tun?«

Sie denkt nach und sagt mit einem breiten Grinsen: »Das verrate ich dir nicht.«

Das braucht sie auch nicht, denn ihre schmutzige Phantasie setzt die richtigen Hormone frei.

Dann kommt leider mein großer, dominanter Bruder von der Toilette zurück. Nach ein paar seiner hypnoseartigen Erzählungen über die Verbindung ihrer Seelen hat mich die Brünette komplett vergessen. Bei mir hat sie sich den Appetit geholt, um dann beim Meister der Verführung zu speisen.

Die anderen Flirtstudenten haben schon am ersten Abend Erfolgserlebnisse mit dem neuen Lehrstoff. Manche küssen sich quer durch den Club.

Es gibt Techniken, Frauen schon nach kurzer Zeit das Gefühl zu geben, sie würden den Mann eine Ewigkeit kennen. Der beste Weg, etwas von einer Frau zu erfahren, ist, etwas über sich selbst zu erzählen: »Erzähle ihr ein Geheimnis, und sie wird dir ihres verraten. Ihr seid schließlich Seelenverwandte, die sich alles sagen können«, sagt Robert. Richtig angewandt, sollte die Frau schon bald flüstern: »Es kommt mir so vor, als würden wir uns schon ewig kennen.«

Dabei ist es völlig egal, ob man reich ist oder arm. »Der Mann muss sich so benehmen, als würden ihm ein Ferrari, eine Insel und ein Hubschrauber gehören. Doch er muss sie nicht besitzen. Es ist alles nur eine Frage der Einstellung. Man kann Selbstbewusstsein nicht kaufen.«

Deshalb kann man auch als Gehandicapter zum Casanova aufsteigen. Badboy hat längst Weltruf in den Kreisen der Verführungskünstler.

Legendär ist seine Masche für das Date am nächsten Tag. Jede Verabredung mit einer Frau beginnt er in einem Café in der Innenstadt. Dann spazieren sie durch die Stadt und kommen immer – wie zufällig – an einem Zierfischgeschäft vorbei. »Lass uns reingehen«, sagt Daniel. Sie schlendern hinein und entdecken einen wunderschönen, diamantblauen Diskusfisch. »Ich kaufe ihn«, entscheidet er spontan. Dann stehen sie vor dem Laden mit dem Fisch in der Tüte. »Ich muss ihn unbedingt sofort ins Aquarium nach Hause bringen, sonst stirbt er«, sagt Badboy. Also gehen sie zu ihm nach Hause, wo Daniel über das romantische Leben der Diskusfische poetisiert: »Sie sind Schwarmfische. Sie brauchen sich gegenseitig, um zu überleben. Wenn sie allein sind, sterben sie an Einsamkeit. Ich kann die Fische verstehen. Ich werde diesen Fisch nach dir benennen.« Das Schlafzimmer ist in der Nähe des Aquariums.

Am nächsten Tag bringt Daniel den Fisch zurück. Jedes Mal wieder. Er zahlt dem Verkäufer zehn Euro, damit er auch das nächste Mal wieder so tut, als hätte sich Daniel ganz spontan für den Fisch entschieden. Damit der Verkäufer nicht verrät, dass es wohl keinen Fisch auf der Welt gibt, der schon so viele Namen hatte: Ivana, Elena, Sonya, Natalia, Anna …

3 Verstehen –
Die Frau, das unbekannte Wesen

Ich habe viele Frauen danach gefragt, wie und wann sie das Spiel mit den Männern gelernt haben. Die meisten sagen, sie hätten in der Pubertät genau aufgepasst, wie Männer reagieren, und ihre Strategien daraufhin optimiert und perfektioniert. Frauen lassen Männer oft über lange Zeit im unklaren darüber, ob sie Interesse an ihnen haben oder nicht. Manchmal signalisieren sie auch höchstes Interesse, nur um es dann wieder komplett zu entziehen. Liebe Männer, das muss euch doch aufgefallen sein, oder etwa nicht? Und warum habt ihr dieses Verhalten nie adaptiert?

Wir müssen lernen, die Frauen genau zu beobachten. Wir müssen uns mit ihren Denkweisen vertraut machen und ihr Verhalten studieren. Wir müssen lernen, weibliche Signale richtig zu deuten und ihre Reaktionen auf männliche Signale einzuordnen. Damit das gelingt, müssen wir uns zunächst mit der weiblichen Psyche vertraut machen, das Selektionsverhalten der Frau analysieren und dann ihre Körpersprache richtig deuten. Erst wenn wir diese drei Koordinaten kennen, können wir den Flirt kontrollieren.

Die weibliche Psychologie

Es gibt erstaunlich wenige Studien über die Psyche der Frau. Kein Wunder, mag jetzt mancher Macho murmeln, das kann man ja auch nicht verstehen. Kann man doch. In dem Buch *Das weibliche Gehirn* entschlüsselt die amerikanische Neuropsychologin Louann Brizendine, warum Frauen die Welt so gründlich anders sehen als die Männer.

Einer der grundsätzlichen Unterschiede zwischen Männern und Frauen ist die Art und Weise, wie Frauen eine Kommunikation wahrnehmen. Wenn eine Frau mit einem Mann spricht, dann ahmen ihre Augen, ihr Körper instinktiv nach, was der Mann gesagt hat. Sie atmet im Gleichtakt mit ihm. Sie nimmt seine emotionalen Signale auf, jagt sie durchs Gehirn und fahndet in ihrer Gefühlsdatenbank nach einem Treffer. Ihr Gehirn simuliert das Gehirn des Mannes. Sie kann sich wie ein menschlicher Gefühlsdetektor mit ihm identifizieren. Sie simuliert seine Gedanken geradezu, als wären es ihre. Sie versucht in der Kommunikation die Männer zu verstehen, indem sie seine Gedanken reproduziert. Sie ist eine Expertin, wenn es darum geht, Gesichter zu lesen, Töne zu deuten und emotionale Nuancen einzuordnen.

Männer dagegen schrecken erst auf, wenn Tränen fließen (oder Tore fallen).

Das erklärt, weshalb es bei einem erfolgreichen Flirt besonders auf die folgenden Aspekte ankommt: Kongruenz, das heißt Übereinstimmung zwischen Körpersprache und verbaler Botschaft; Ausstrahlung von positiver Energie; echtes Interesse; Wahrhaftigkeit der Gefühle. Das weibliche Gehirn ist ein emotionaler Privatdetektiv.

Der Einfluss der Hormone

Wir wussten es immer: Frauen sind Hormonzicken. Und es stimmt: Forscher haben herausgefunden, dass das weibliche Gehirn vom Einfluss der Hormone geprägt ist.

Anfangs haben alle Föten dasselbe Gehirn. Nach einiger Zeit setzt jedoch bei männlichen Embryonen die Versorgung mit dem männlichen Geschlechtshormon Testosteron ein. Und was passiert? Bestimmte Zellen im Kommunikationszentrum werden zerstört, dafür wird das Aggressions- und Sexualitätszentrum ausgebaut. Schon bei der Geburt besitzen weibliche Babys daher 11 Prozent mehr von jener Gehirnmasse, die der Kommunikation und der Verarbeitung von Gefühlen dient. Die Neuropsychologin Brizendine sagt, Frauen seien so gesehen auf einer achtspurigen Gefühlsautobahn unterwegs, Männer hingegen bestenfalls auf einer emotionalen Landstraße.

Nur durch die intensive Beschäftigung mit Kommunikation und Interaktion und ein entsprechendes Training können wir zu den Frauen aufschließen. Auch wir können unsere Landstraßen vierspurig ausbauen oder zumindest die anderen Männer links überholen.

Ab der Pubertät produziert auch der weibliche Körper Testosteron. Das Hormon setzt bei beiden Geschlechtern sexuelles Begehren in Gang. Doch die Konzentration ist bei Männern zehn- bis hundertmal so hoch. 85 Prozent der Männer zwischen zwanzig und dreißig denken laut Studien alle zweiundfünfzig Sekunden an Sex. Frauen nur ein- bis viermal am Tag.

Diese Erkenntnisse lassen folgenden Schluss zu: Weil Männer sich schlecht in Frauen hineinversetzen können, gehen sie davon aus, dass Frauen ebenso stark an Sex und ebensowenig an Kommunikation interessiert sind wie sie. Und das wird von ihnen auch so kommuniziert. Ein Jahrtausendmissverständnis.

Frauen sind jedoch genauso an Männern interessiert wie wir an Frauen. Frauen wollen Sex genauso wie Männer. Frauen holen sich ihren Sex auch ganz bestimmt irgendwo. Warum also nicht bei mir?

Die verschiedenen Hormonphasen

Der Biologe Randy Thornhill glaubt sogar, dass sich Frauen im Lauf eines Hormonzyklus zu unterschiedlichen Männer hingezogen fühlen. Zum Zeitpunkt des Eisprungs würden sie eher nach Männern mit guten Genen fahnden, in den anderen Phasen der

Menstruation suchen sie eher nach Männern, die bindungsfähig wirken. Während der Ovulation finden sie also supermännliche Typen toll, den Rest des Monats eher die androgynen Softies. Wenn sich eine Frau zickig benimmt, sage ich zu ihr: »Warte ab, ich komme wieder, wenn du deinen Eisprung hast. Dann wirst du mich lieben. Aber dann ist es zu spät ...«

Wenn die Frau nach einer vorübergehenden Beziehung Ausschau hält, ist sie bei der Partnerwahl zwar etwas flexibler. Dennoch läuft letztlich dasselbe biologische Programm ab: Frauen versuchen den Partnerwert genau zu taxieren. Sie möchten einen Mann in Reserve haben, falls ihr Partner abhauen sollte. Studien des Wiener Evolutionsbiologen Karl Grammer zufolge gehen verheiratete Frauen, die die Pille nicht nehmen, zur Zeit des Eisprungs häufiger in die Disko und zeigen dabei bis zu 40 Prozent entblößte Haut. Offensichtlich sind Frauen sehr stark von ihrem Hormonpegel geprägt. Wir haben es also nicht so sehr mit emanzipierten, sondern in erster Linie mit zyklusabhängigen Lebewesen zu tun.

Ich spreche oft mit Frauen, die ich gerade erst kennengelernt habe, über diese Forschungsergebnisse und frage sie, ob sie das Gefühl haben, dass sich ihre Einschätzung von Männern mit dem Eisprung ändert. Manche sagen ja, andere nein. Aber die meisten Frauen öffnen sich mir, während sie ihre Gefühle reflektieren. Diese Intimität schafft eine emotionale Verbindung. Was Frauen empfinden, was sie an Männern mögen, was beim Flirten passiert und ähnliche Themen dieser Art sind für die ersten Gespräche deshalb sehr geeignet. Zumal wir die Frauen dabei auch besser verstehen lernen.

Emotionale Intelligenz

Eine weitere interessante Beobachtung der Forscherin Brizendine war, dass weibliche Babys sich in den ersten drei Lebensmonaten um 400 Prozent verbessern, wenn es darum geht, Augenkontakt mit anderen Menschen herzustellen. Männliche Babys steigern sich in dieser Zeit eigentlich kaum.

Das prägt fürs Leben. Mädchen beziehen aus den Reaktionen der Umwelt ihr Selbstwertgefühl. Frauen haben also eine hohe emotionale Einfühlungsgabe, um Beziehungen herzustellen und Harmonie zu bewahren. Das ist ihr biologischer Zweck seit Millionen von Jahren, denn Harmonie führt zu höherem Reproduktionserfolg. Anders gesagt: Frauen mit hohen sozialen Fähigkeiten werden von der Evolution positiv selektiert.

Wen Frauen wählen

Die Verhaltensforscher Peter Buston und Stephen Emlen berichten in einer Studie über die Partnerwahl in den USA, dass Frauen in der Regel Personen mit gleichen Eigenschaften auswählen. Ihre Wunschpartner verfügen über ähnliche körperliche Vorzüge, Charakterzüge und Wertvorstellungen. Die Wissenschaftler nennen das »assortative Paarbildung«, das bedeutet nichts anderes als: Gleich und gleich gesellt sich gern. Gegensätze ziehen sich also nicht an.

Ich habe dem noch etwas hinzuzufügen: Jeder Mensch und somit auch jede Frau hat Teile in ihrem Charakter, die sie nicht ausleben kann. Wildheit, Freiheit, der Wunsch, sich über gesellschaftliche Konventionen hinwegzusetzen, Dominanz. Frauen lieben Männer, bei denen sie diese Eigenschaften entdecken. Spontaneität. Gelebte Freiheit. Jennifer Lopez beispielsweise hat auf die Frage, wie ihr Traummann sein sollte, geantwortet: »Ich will einen harten Kerl mit einem weichen Herz.« Da würden ihr viele Frauen zustimmen.

Männer wählen Frauen nach ihrer Fortpflanzungsfähigkeit aus.

Während der Mann sehen kann, ob eine Frau für die Fortpflanzung geeignet ist, kann eine Frau den Wert des Mannes als potentiellen Partner nicht an seinem Äußeren ablesen. Sie muss versuchen, ihn einzuschätzen. Kann er sie beschützen? Hat er gute Gene? Kann er für sie sorgen?

Um diese Fragen zu beantworten, hat die Frau ein sehr komplexes und sensibles System entwickelt, das sie mittels ihrer neuronalen Reaktionen in die Lage versetzt, die Qualität eines Mannes zu beurteilen. So gesehen ist das Flirten eine Art evolutionäres Assessment-Center. Hier werden die Bewerber getestet. Und in der Liebe ist es auch nicht anders als im Arbeitsleben: Wer gut vorbereitet ist, bekommt den Job.

Verhaltensforscher Karl Grammer glaubt: »Unsere scheinbar von Männern dominierte Gesellschaft ist in Wirklichkeit ein Produkt der weiblichen Fortpflanzungsstrategie.« Das biologische Wettrüsten beginnt bereits im Kindergarten. Diejenigen Knaben, die einen Streit gewinnen, werden durch die Ausschüttung des Hormons Testosteron belohnt. Der Kick führt dazu, dass die Jungs am nächsten Tag erneut einen Konflikt suchen, bei dem sie wieder als Sieger vom Platz gehen. Die Siege führen schließlich zum gesellschaftlichen Status der Männer, und der ist bekanntlich für die Wahl der Frauen ausschlaggebend. Auch die Emanzipation hat daran nichts geändert.

Wir können den Testosteronwert übrigens an den Fingern ablesen: Männer, deren Ringfinger länger ist als der Zeigefinger, haben einen hohen Testosteronwert und sind weniger treu als die anderen.

Für die hohe Schule der Verführung geht es also darum, die in Jahrtausenden entstandenen Selektionskriterien der Frauen zu kennen und für uns zu nutzen.

Warum flirten wir überhaupt? Warum nehmen wir nicht einfach die Erstbeste?

Das Flirten als Strategie des rigorosen Partnerchecks hat sich im Lauf der Jahrtausende durchgesetzt. Frauen wollen den besten Partner, um für ihre Kinder zu sorgen. Während ein Mann an einem einzigen Tag mehrere Millionen Spermien produzieren kann, hält die Frau in der Regel nur eine einzige Eizelle zur Befruchtung bereit. Biologisch gesehen, wären die Konsequenzen einer falschen Wahl für die Frau weitaus verheerender als für den Mann. Wir vergeuden vielleicht einen Teelöffel Sperma, die Frau aber riskiert Jahre ihres Lebens. Dieses biologisch verankerte Programm prägt die Partnerwahl. Egal, wie emanzipiert oder modern eine Frau ist.

Männer sind körperlich und psychisch in der Lage, binnen weniger Minuten für eine Frau schwärmerische Liebesgefühle zu empfinden. Diese schnelle Paarungsbereitschaft ist von evolutionärem Vorteil und stellt sicher, dass sie keine Gelegenheit verpassen, ihr Erbgut zu verbreiten. Verführungskünstler – das brauche ich kaum extra zu erwähnen – stehen auf der höchsten Stufe der evolutionären Leiter. Solche Männer brauchen drei Sekunden, um eine Frau anzusprechen, und nur wenige Minuten, um eine enge emotionale Verbindung zu schaffen.

Meine Überzeugung ist, dass auch Frauen, die einen Mann für einen One-night-Stand wählen, ihre Wahl zumindest unterbewusst nach diesen biologischen Kriterien treffen. Sollte die Frau auch nur den leisesten Verdacht hegen, dass sie unmittelbar nach dem Zeugungsakt verlassen wird, minimiert das die Chancen des Mannes erheblich. Deshalb plädiere ich für eine sehr persönliche, intime, vertrauensvolle und verbindliche Form des Flirtens. Auswendiggelernte Flirtsprüche und all der andere aufgesetzte Verführungsmist führen bei guten, schönen und klugen Frauen nicht zum Erfolg.

Für weniger attraktive Frauen ist es wichtiger, einen gutaussehenden Mann zu haben, als für ausgesprochen schöne Frauen. Für erstere ist ein schöner Mann ein Statusobjekt, das die eigene Attraktivität bezeugt. Wenn Sie die Klatschblätter durchsehen, werden Sie feststellen, wie viele schöne Frauen mit ganz gewöhnlich aussehenden Männern zusammen sind. Schöne Frauen brauchen keine schönen Männer.

Die Ansprüche und die Auswahlkriterien wechseln mit jedem neuen Tag. An einem Tag ist man richtig heiß, da will man unbedingt eine Frau und ist nicht besonders wählerisch. An einem anderen Tag hat man einfach keine Lust, eine Frau kennenzulernen. Da steigen die Ansprüche dramatisch. So geht es den Frauen auch. Die Wahrnehmung ändert sich mit jeder Minute. Ich glaube an den Zauber des Moments. Ich glaube, dass aus einem Frosch jederzeit ein Prinz werden kann (und ich rede nicht vom Schönsaufen).

Weibliche Auswahlkriterien

Frauen überprüfen bei der Beurteilung männlicher Attraktivität eine ganze Reihe unterschiedlicher Merkmale: Bewegungsablauf, Mimik, Körpersprache, Hauttextur, Haarqualität, Status, soziale Interaktion. Das Hirn nimmt diese Informationen in Millisekunden auf, verarbeitet und bewertet sie. Doch welche Kriterien kann man konkret benennen?

Eine Untersuchung von achthundert Kontaktanzeigen in Amerika ergab, dass die meisten Frauen nach einem Partner suchen, der ihnen finanzielle Sicherheit bietet. Selbst Ärztinnen und Rechtsanwältinnen suchen nach Männern, die über mehr Status und Geld verfügen als sie. Frauen fühlen sich hingezogen zu Bildung,

Vermögen, Macht, sozialem Status, Ehrgeiz, Stärke, Mut. Männer suchen Sexobjekte, Frauen Erfolgsobjekte. Das ist der Unterschied.

Aber es ist nicht nur der Erfolg allein, der die Männer sexy macht. Männer müssen der Frau auch zeigen, dass sie bereit sind, den Erfolg, die Macht und das Geld mit ihr zu teilen.

Was signalisiert Erfolg? Eine lockere Körperhaltung zeugt von Dominanz.

Außerdem stehen Frauen auf Männer mit markantem Kinn. Eine markante Kinnpartie entwickelt sich infolge von Testosteron. Und Testosteron fördert die Aggressivität, steigert das Sexualverlangen und hemmt die Schmerzempfindlichkeit. Das bedeutet, dass diese Männer außergewöhnlich stark und widerstandsfähig sind. So gesehen, dreht sich letztlich alles nur um die männliche Stärke.

Jenseits dieser biologisch festgelegten Merkmale scheint es mir, als hätten Frauen einen Katalog von Kriterien und Vorstellungen von ihrem potentiellen Partner, den sie bewusst oder unterbewusst Punkt für Punkt abhaken. Dies wäre dann der intellektuelle Anteil bei der Partnersuche, der je nach Typ unterschiedlich stark ausgeprägt ist.

Uns interessieren aber vor allem die Attribute, die eine große Mehrheit der Frauen bei der Wahl des Partners checkt:

- *Soziales Prestige:* Gute Manieren sind ein offenkundiges Kriterium, um den Mann einer sozialen Schicht zuzuordnen.
- *Soziale Verankerung:* Hat er sozial relevante Hobbys? Kann er gut tanzen? Wie geht er mit anderen Menschen um? Kann er andere unterhalten?
- *Treue:* Hatte er schon viele Freundinnen? Wie denkt er über seine Exfreundinnen? War er schon verheiratet? Oder hat er Kinder (und hat also die Frau bei der Aufzucht der Kinder im Stich gelassen)?
- *Humor:* Humor ist ein gutes Signal für Intelligenz.

Die Körpersprache der Frau

Die Körpersprache der Frauen ist nicht immer einfach zu deuten. Es gab schon Frauen, bei denen ich geschworen hätte, dass sie mich gänzlich uninteressant finden, und doch sind sie am Ende des Abends einfach mit mir mitgekommen.

Wenn Männer unsicher sind, wirken sie oft nervös, verschlagen, schüchtern. Frauen, die unsicher sind, wirken jedoch oft arrogant. Deshalb sollte man sich von der vermeintlich arroganten Art einer Frau nicht davon abhalten lassen, sie anzusprechen. Die meisten Frauen, nein: die absolute Mehrheit der Frauen, die alleine oder mit einer Freundin sichtlich genervt in einer Bar oder einem Club herumsitzen, freuen sich auf und über eine nette und interessante Unterhaltung mit einem Mann.

Es gibt eine ganze Reihe von Signalen, die zeigen, dass eine Frau interessiert ist. Je stärkere und je mehr dieser Signale von der Frau ausgehen, um so sicherer kann man sich sein, dass der Flirt erfolgreich verläuft:

- Sie lächelt mich an.
- Sie beißt sich auf die Lippen oder leckt sich über die Lippen. Möglicher Kommentar: »Hast du trockene Lippen, soll ich dich küssen?«
- Sie steckt den Fingernagel zwischen die Zähne.
- Sie hebt und senkt die Augenbrauen. Die Intensität der Mimik ist hoch.
- Sie streicht sich mit den Fingern durchs Haar oder zwirbelt ihr Haar um den Finger.
- Sie berührt mich scheinbar zufällig.
- Ihr Blick ruht auf mir, während sie sich bewegt.
- Sie legt das eine Bein so über das andere, dass das obere Bein in meine Richtung zeigt.

- Sie reibt mit den Beinen am Tischbein oder streichelt gedankenverloren den Flaschenhals. Ich habe schon Frauen beobachtet, die emotional so erregt waren, dass sie, ohne es zu bemerken, einer Flasche regelrecht Unsittliches angetan haben.
- Sie reibt sich das Kinn oder ihre Wange.
- Grundsätzlich jede Form der selbstverlorenen Eigenstimulation.
- Sie lacht gleichzeitig mit mir.
- Wenn sie die Wahl zwischen unterschiedlichen Gesprächspartnern hat, kommt sie wieder zu mir zurück.
- Sie spiegelt unterbewusst meine Körpersprache.
- Sie wird rot, wenn ich sie im Gespräch emotional berühre.
- Sie bläst den Rauch der Zigarette direkt in meine Richtung. Fürchterlich, aber ein Signal.
- Sie legt den Kopf leicht zur Seite. Viele Frauen machen das auch, wenn sie allein vor dem Spiegel stehen, weil sie sich so attraktiver finden. Jedes Verhalten, von dem Frauen glauben, es würde sie attraktiver erscheinen lassen, ist ein klares Signal.
- Sie öffnet ihren Körper in meine Richtung.
- Ihre Pupillen weiten sich. Die Größe der Pupillen ist ein Indikator ihres Interesses, dem Männer oft zuwenig Bedeutung schenken. Die Iris, die hochsensibel auf emotionale Zustände reagiert, bietet den Männern ein Fenster ins Innenleben der Frau. Die Weite der Pupille liefert dem Mann unterbewusste Informationen über das vegetative Nervensystem. Frauen wussten das übrigens bereits im Mittelalter und haben sich Tollkirschenextrakt ins Auge geträufelt, um den »Bella Donna«-Effekt zu erzielen und schöner zu erscheinen. Reihenuntersuchungen bestätigen das: Gesichter mit retuschierten, vergrößerten Pupillen werden als sympathischer eingestuft.

Das sind nur ein paar Beispiele für Signale, die Frauen auf der Ebene der Körpersprache aussenden. Keines dieser Signale für sich genommen garantiert, dass die Frau interessiert ist. Aber es ist sehr aufschlussreich, der weiblichen Körpersprache gegenüber empfänglich und sensibel zu sein.

Je schöner die Frau, um so unscheinbarer sind häufig die Signale, die sie aussendet. Das gleiche gilt für unsichere Frauen. Auch hier sind keine überdeutlichen Signale zu erwarten. Vielleicht will sie mich auf Distanz halten, um mich zu testen. Bin ich nur ein Anchecker-Typ, der die Maske fallen lässt, sobald die Frau scheinbar nichts von mir wissen will, oder bleibe ich auch dann noch nett, höflich und lustig?

4 Zur Sache – Mann trifft Frau

Ich mache Frauen nicht an. Ich baggere Frauen nicht an. Ich reiße keine Frauen auf. Ich bandle auch nicht mit ihnen an.

Ich treffe Frauen. Zufällig. Oder absichtlich. Ich schmeichle ihnen. Ich unterhalte mich mit ihnen über Themen, die sie interessieren. Ich entdecke Gemeinsamkeiten. Ich empfinde etwas für sie und teile diese Empfindungen mit ihnen. Manchmal verwandle ich mich dabei von einem Bekannten zum Liebhaber.

Das ist die Evolution des Flirts. Aus Einzellern werden Menschen. Aus einer Unterhaltung wird Sex. Das Prinzip der Evolution ist einfach: Jede neue Generation versucht sich optimal an die Lebensbedingungen anzupassen. Am Anfang haben sich nur Einzeller auf der unwirtlichen Erdoberfläche durchsetzen können, nach und nach haben dann komplexere Organismen jeden Winkel des Planeten erobert. So ist das im Flirt auch. Ich versuche jeden Freiraum zu nutzen. In jedem Stadium passe ich mich den Bedürfnissen der Umwelt und der Frau optimal an.

Die Grundlagen des perfekten Flirts

Um herauszufinden, was eigentlich physiologisch geschieht, wenn wir verliebt sind, haben Wissenschaftler der Abteilung für kognitive Neurologie am Londoner University College ausgewählte Paare – und zwar frisch und schwer Verliebte – in den Kernspintomographen gelegt. Während der Apparat ein Bild der Hirnaktivitäten aufzeichnete, sollten die Probanden an ihre/n Liebste/n denken. Das Ergebnis: Das menschliche Hirn befindet sich in einem Zustand, als hätten die Verliebten Kokain geschnupft. Das Gesicht der großen Liebe anzuschauen wirkt wie ein Antidepressivum. Die Hirnregionen, die für Glücksgefühle zuständig sind, leuchten auf. Die Areale, die für schlechte Stimmung verantwortlich sind, werden abgeschaltet.

Interessant. Wir müssen also nur versuchen, den rechten Präfrontalcortex der Frauen abzuschalten, und schon verfallen sie uns. Ist Liebe also bloß eine Hemmung im rechten Stirnhirn und des Angstzentrums Amygdala? Das klingt unromantisch. Ist es auch.

Doch wir können tatsächlich etwas daraus lernen. Auf einen einfachen Nenner gebracht: Man muss eigentlich nur das Gehirn der Frau dazu bringen, Glückshormone auszuschütten. Nicht mehr und nicht weniger.

Ein erfolgreicher Flirt läuft nach einem sehr konkreten Schema ab. Ich muss eine adäquate Strategie entwickeln, um den Flirt in die gewünschte Richtung zu bringen. Doch dazu muss ich erst einmal ein paar grundlegende Dinge berücksichtigen. Es handelt sich dabei um Eigenschaften und Voraussetzungen, die alle guten Verführer der Erde teilen.

Die notwendigen Eigenschaften des perfekten Verführers

1. Ehrlichkeit

Wahre Verführungskünstler sind immer ehrlich. Sie setzen auf ihre eigene Realität. Wer lügt, biedert sich der Realität anderer an. Wenn ich Frauen frage, was ihnen nicht gefällt, wenn sie von Männern angesprochen werden, sagen viele: »Ich hatte das Gefühl, er war nicht ehrlich, er hat etwas anderes gewollt, als er gesagt hat.«

Die Intuition der Frauen ist untrüglich. Bei der zwischenmenschlichen Kommunikation werden gleichzeitig zwei Datenströme ausgetauscht: Informationen und Gefühle.

Ich war in Spanien und habe kein Wort spanisch gesprochen. Und trotzdem hatte ich das Gefühl, ich hätte mich sehr intensiv ausgetauscht. Vielleicht sogar gerade dann, wenn ich die armseligsten Sätze herausgestottert habe.

Frauen haben eine hohe Sensibilität dafür, ob es wahr ist, was du sagst. Es ist verdammt schwer, diesen Test zu überstehen. Frauen haben oft den Eindruck, dass Männer eine Kommunikation regelrecht simulieren, um zum Ziel (Sex) zu kommen. Selbst als Profi ertappe ich mich immer wieder dabei, wie ich mich in eine mechanische Kommunikation begebe, die letztlich darauf vertraut, dass die Frau es schon nicht merken wird, wenn ich sie mit billigen Allerweltssprüchen ins Bett quatschen will. Darauf sollte man sich aber nicht verlassen.

Manchmal denke ich, der weibliche Verstand agiere nur als lästiger Wärter ihrer Geschlechtsteile, der überlistet werden muss. Er steht wie ein Soldat am Tor der verlockenden Burg und will die Zugbrücke einfach nicht runterlassen. Rapunzel, du altes Luder, lass dein Haar herunter.

Dann sagen Frauen wieder so wunderbar kluge Sachen, dass ich mir vorkomme wie ein dummes Krokodil, das im Burggraben auf Beute lauert.

2. Einzigartigkeit

Es gibt naheliegende Fragen, die jeder gestellt bekommt, wenn er seinen Beruf nennt. Steuerberaterinnen werden gefragt, ob man dies oder jenes absetzen kann. Anwälte werden mit Nachbarschaftsstreitigkeiten belästigt, Ärzte nach dem Jucken zwischen den Schulterblättern befragt. Wenn ich erzähle, dass ich beim *Playboy* arbeite, sagen die meisten einen der folgenden Sprüche (und alle fühlen sich wahnsinnig kreativ dabei):

- »Kennst du Hugh Hefner persönlich?« (Frauen)
- »Ah, stehen da überhaupt Texte drin?« (Frauen)
- »Kann ich mal bei einem Shooting dabei sein?« (Männer)
- »Kannst du mich mal zu einer eurer Partys einladen?« (Männer)
- »Ich hätte gerne ein Abo.« (Männer)

Ich habe jeden dieser Sprüche schon tausendmal gehört, und ich kann mich sehr gut in Frauen hineinversetzen, die ähnlich oft von Schmalspurcasanovas angebaggert worden sind. Eine Frau hat mich mal gefragt, ob sich mein Schönheitsideal geändert hat, seit ich beim *Playboy* arbeitete. Die Frage habe ich mir gemerkt. Das hat mir gefallen.

Schöne Frauen haben schon Tausende Anmachsprüche gehört. Sie wurden bereits mit dem fürchterlichsten Zeug angebaggert. Anmachsprüche sind für sie regelrecht mit einer negativen Konditionierung verbunden. Sie hören immer wieder dasselbe: »Bist du oft hier? Du siehst gelangweilt aus. Darf ich dir einen Drink ausgeben?« Es tut beinahe schon weh, das mit anzusehen. Frauen werden zickig, um sich vor diesem einfältigen Angequatsche zu schützen. Deshalb muss man gleich in der ersten Sekunde demonstrieren, dass man anders ist.

3. Charisma

Früher verstand man unter Charisma die Fähigkeit, Gottes Gaben zu verwirklichen. Moses war also der erste große Charismatiker. Charisma ist eine ganz bestimmte Form der intensiven Präsenz. Es entsteht aus einem sehr großen Selbstvertrauen, aus einer spürbaren sexuellen Energie und aus einer tiefen Zuversicht und Zielgerichtetheit. Charisma ist maximale Ausstrahlung mit minimalen Mitteln. Es entsteht in den Augen derjenigen, die im Charismatiker etwas sehen, das ihnen fehlt. Charisma ist das Ergebnis der vorbehaltlosen Wandlung zum Alphamännchen.

Doch was genau macht einen Mann charismatisch?

- *Innere Ruhe.* Der Charismatiker glüht sanft, weil er die Antwort auf eine Frage kennt, die sich andere noch gar nicht gestellt haben: Wer bin ich?
- *Instinktive Zielstrebigkeit.* Er strahlt aus, dass er nichts tut, nur um anderen zu gefallen.
- *Widersprüchlichkeit.* Er ist sowohl gütig als auch grausam, sowohl zärtlich als auch brutal. Viel von seiner charismatischen Energie geht auf seine geradezu mystische Unberechenbarkeit zurück.
- *Kompromisslosigkeit.* Er lebt seine Ideale und schert sich nicht um die Konsequenzen. Das ist wichtig und sehr selten in unserer Zeit: Er hat Ideale, Werte und Überzeugungen und ist kein lauwarmer Pragmatiker. Und er ist bereit, für seine Ideale mit Inbrunst zu kämpfen.
- *Eloquenz.* Er kann durch seine Worte Emotionen erzeugen.
- *Offenheit.* Er trägt keine Maske. Er versteckt seine Persönlichkeit nicht. Er unterdrückt die dunkle Seite seiner Seele nicht. Die anderen haben nicht den Eindruck, er würde sich verstellen.
- *Abenteuerlust.* Er ist mutig und stark. Er ist heroisch und bereit, jedes Abenteuer und jede Prüfung zu bestehen. Das zieht die Gelangweilten in seinen Bann.
- *Unnahbarkeit.* Wer will diejenige sein, die die Festung knackt?

4. Verführerische Emotionen erzeugen

Es gibt immer etwas, womit eine Frau verführt werden kann. Jede noch so attraktive Frau vermisst etwas in ihrem Leben. Selbst Frauen, die es gewohnt sind, von Bewunderern regelrecht umlagert zu sein, vermissen etwas. Jede Frau hat eine Seite, die man zum Klingen bringen kann. Jede Frau hat ein kleines Geheimnis, das ein Verführer enträtseln muss. Sei es das unbefriedigte Verlangen nach Freiheit und Abenteuer, die unerfüllte Sehnsucht nach Respekt und Anerkennung oder das kindliche Bedürfnis, umsorgt und beschützt zu werden. Wirklich jede Frau hat etwas Verborgenes in sich, das nur darauf wartet, entdeckt zu werden. Wenn man auf dieses Geheimnis stößt, hat man den Schlüssel zu ihrer Seele.

Am Anfang steht also die Beobachtung. Was will eine Frau? Was erwartet sie von mir? Was braucht sie wirklich?

Genau das war das Geheimnis von Giacomo Casanova. Er studierte die Frauen, er erforschte ihre Gefühle, ihre Stimmungen, ihre Geheimnisse. Er fand heraus, was den Frauen fehlte – und gab es ihnen. Er verhalf ihren Phantasien zum Leben.

Die höchste Tugend verlangt nach einer genauso leidenschaftlichen wie einfühlsamen Eroberung der Frau. Je größer ihre Tugendhaftigkeit, um so besser und stringenter muss meine Verführung sein. Ich liebe diese Haltung. Die Tugendhaftigkeit der Frauen dient mir als Motivation.

Frauen suchen Bestätigung. Eine Frau fühlt sich niemals genug begehrt. Der perfekte Verführer wird alles in seiner Macht Stehende tun, um die Frau seiner Wünsche zu erobern. Er wird die unterdrückten Sehnsüchte der Frauen schüren. Er ist tollkühn. Er ist getrieben von seiner eigenen Libido. Aber er kennt keine Furcht, weil er nur der Sklave der Frau und ihrer Sehnsüchte ist.

Ich war vor einer Weile im Osho Meditation Resort in Pune, Indien. Osho ist seit 1990 tot, aber immer noch laufen hier abends seine Videos. Osho sieht aus wie Osama bin Laden mit einer albernen Wollmütze. Ich habe selten einen Mann gesehen, der so wenig anziehend aussah wie er. Doch wenn Osho redet, wenn er ein paar seiner charismatischen Sätze formuliert, dann schmelzen die Frauen dahin. Osho hat die schönsten Frauen vor sich strippen lassen, um ihre Energiezentren in Gleichklang zu bringen. Die Haltung kommt mir sehr weise vor: Die Frauen sollten sich vor ihm ausziehen, damit sie sich besser fühlen. Wahrlich ein Guru.

Gabriele D'Annunzio, der italienische Literat, war klein und hässlich. Und verführte dennoch jede Frau. Seine Stimme, so heißt es, sei hypnotisch gewesen. Doch sein Geheimnis war ein anderes: Er beherrschte die Macht der Suggestion. Die Psychologie versteht unter Suggestion die hypnotische Beeinflussung von Fühlen, Denken und Handeln. D'Annunzio beschrieb den Frauen ganz dezidiert, was an ihnen sein Herz und seine Männlichkeit so verzauberte. Er gab den Seelen der Frauen damit die Erhabenheit einer Prinzessin. Und jede Frau will sich wie eine Prinzessin fühlen.

Man muss der Frau das bieten, was ihr die Gesellschaft normalerweise nicht gestattet: den Moment der reinen Lust. Den Dunst des Wagnisses. Die Chance, aus ihrer unterdrückten Rolle auszubrechen. Fast jede Frau ist letztlich eine Gefangene der gesellschaftlichen Konventionen. Jahrelang hat sie eingebleut bekommen, dass sie nach Treue und Zurückhaltung zu streben hat.

Trifft ein Verführungskünstler auf Widerstand, wird sein Verlangen nur um so mehr entfacht. Es gibt kein Hindernis, das uns aufhalten wird. Ich bin der Che Guevara ihrer Hingebung. Ihr Befreier. Verführungskünstler sind Freiheitskämpfer. Stark. Wild. Und vor allem eines: unabhängig. Sie schämen sich nicht dafür, dass die Frauen sie lieben. Alle Frauen.

»In dem Wissen, dass man von meiner Person erwartete, das schöne Geschlecht zu erfreuen, bemühte ich mich auch immer, dem zu entsprechen.« Casanova war sich seiner Sache sicher.

Die wesentlichen Voraussetzungen der perfekten Verführung

1. Die richtige Frau wählen

Manchmal liegt der Löwe den ganzen Tag nur wenige hundert Meter von der Büffelherde entfernt und döst. Die Büffel blicken nervös herüber, doch nach ein paar Stunden werden sie entspannter und ruhiger. Aber der Löwe döst nicht. Er sucht sich das perfekte Opfer. Wenn er aufsteht, will er möglichst wenig rennen. Die perfekte Jagd ist nach wenigen Metern beendet.

Viele Verführungskünstler sprechen unheimlich viele Frauen an. Ich orientiere mich lieber an dem Löwen und versuche möglichst effektiv zu jagen. Ich wähle Frauen aus, bei denen ich mir die besten Chancen ausrechne. Aber ich suche auch eine Frau, die ich jagen muss. Wer will schon einen lahmen Büffel fressen?

»Es ist keine Kunst, ein Mädchen zu verführen, dagegen ist es ein Glück, eine zu finden, die es wert ist, verführt zu werden«, hat der dänische Philosoph Sören Kierkegaard gesagt. Manche Männer nehmen die Erstbeste. Ich brauche schon eine ganze Herde, bis die richtige für mich dabei ist.

Oft stellt sich erst während der Jagd heraus, wer die richtige ist. Jeder sucht eine andere Frau. Jeder hat andere Vorstellungen von seiner Traumfrau. Das hat die Natur sehr geschickt eingefädelt, sonst würde unser Paarungsverhalten bald nicht mehr funktionieren. Ich glaube, dass ich jede Frau verführen kann. Ich setze mir hohe Ziele. Ich will die besten und schönsten Frauen der Welt haben. Den Rest sollen sich die Hyänen teilen.

2. Fixierung vermeiden

Ich versuche, mich nicht auf eine einzelne Frau zu fixieren. Wenn es für mich nur diese eine Frau gibt, an die ich immerzu denken muss, die ich unbedingt erobern möchte und die ich im Geiste bereits in den verschiedensten Situationen angesprochen habe, dann habe ich ein ernsthaftes Problem. Das nennt man Verzweiflung. Das eigentliche Problem daran ist: Sie wird merken, dass ich verzweifelt bin. Und nichts, aber auch gar nichts ist so abturnend wie ein verzweifelter Liebhaber.

Für diesen Fall hält die Gemeinde der Verführungskünstler eine etwas unkonventionelle, aber völlig pragmatische Empfehlung parat: erst mal mit zehn anderen Frauen zu schlafen und dann zu prüfen, ob die verzweifelt Angebetete immer noch so interessant ist.

3. Die richtige Fokussierung

Der Mann ist die Sonne. Er ist der Scheinwerfer, der nur auf sie strahlt. Wenn die Sonne nicht mehr strahlt, muss sich die Frau wie im Dunkeln fühlen, wie im kalten Schatten.

Der Verführungskünstler ist zwar grundsätzlich an allen schönen Frauen interessiert. Er gibt der Frau aber das Gefühl, dass er in diesem einen Moment nur an ihr interessiert ist.

Er ist sich jedoch nicht ganz sicher, ob sie die richtige ist. Daher schenkt er ihr die Gelegenheit, sich zu qualifizieren und sich so zu verhalten, dass sie für ihn attraktiv ist. Denn nur allein aufgrund ihres Aussehens ist sie noch lange nicht für ihn interessant. Sie muss ihn erst erobern.

Das Geben-und-Nehmen-Spiel. Wirklich erregen tut uns nur, was wir nicht in Besitz nehmen können. Nichts ist so sexy wie das Unerreichbare. Kühle Distanziertheit suggeriert ein hohes Selbstwertgefühl. Je attraktiver die Frau ist, um so ungewöhnlicher ist es für sie, mit einem Mann konfrontiert zu sein, der nicht gleich signalisiert, dass er mit ihr bei drei ins Bett springen würde.

Ich muss der Frau in der Kommunikation deshalb zwei Dinge klarmachen: sexuelles Interesse und sexuelles Desinteresse. Das ist das Kuhnsche Paradoxon. Der gute Flirt besteht in der Kalibrierung des Gebens und Nehmens. Sie ist die Maus. Der Mann ist die Katze. Und es steht außer Frage, dass er sie fressen wird. Aber vorher möchte er noch einen Haufen Spaß haben.

Natürlich kann man sich immer fragen, warum ich mich ausgerechnet an die hübsche junge Blondine wende, um nach dem Weg zu fragen, und nicht an den Opa, der an der Ampel neben ihr steht. Warum frage ich im Buchladen die scharfe Brünette nach einem Buchtip und nicht die dicke Verkäuferin an der Theke? Der Grund ist: Ich interessiere mich für sie. Und das darf und sollte sie auch merken. Es ist ein positiver, witziger, fröhlicher Weg, um die Frau besser kennenzulernen. Sie hat das Glück, die richtige Person am richtigen Ort zu sein. Aber sie ist für mich nicht wichtig. Wenn sie keine Lust hat, mit mir zu reden, dann rede ich eben mit einer anderen.

Raum für ihre Phantasie lassen. Der menschliche Geist, besonders der von Frauen, neigt dazu, jeden Freiraum mit Sinn und Inhalt zu füllen. Alles, was sie nicht konkret weiß, wird sie mit ihrem Wunschbild ausfüllen. Ich muss also nur ein Vakuum generieren, damit die Frau es mit ihrer Glut und ihrer Phantasie ausfüllen kann.

Wie geht das? Ich beantworte nicht jede ihrer Fragen. Ich deute manche Dinge nur an. Ich verhalte mich überraschend und unvorhersehbar. Beispielsweise bin ich inzwischen ein Meister des selektiven Rückzugs. Ich gehe, wenn sie nicht damit rechnet. Ich gehe, wenn es gerade am schönsten ist. So generiere ich bei ihr das Gefühl des Vermissens.

Eine noch perfidere Form des Kokettierens ist das Erzeugen von Eifersucht. Ich wende mich nicht nur ab, sondern ich gebe meine

Zuneigung obendrein einer anderen Frau. Das verschärft das Gefühl des Vermissens und zielt zudem noch auf eine andere Ebene: das soziale Prestige der Frau. Sie will die einzige sein, die mit dem coolen Mann redet. Und sie muss schon am ersten Abend lernen, dass es nicht so sein wird. Wenn ich also erst sehr nett und liebenswürdig zu einer Frau bin und dann nicht mehr, dann verstärkt das ihr emotionales Engagement. Sie will nicht, dass ich mich ihr entziehe. Egal, was eine Frau macht, wenn wir miteinander flirten, irgendwann sage ich immer: »Ich glaube, wir passen nicht zusammen.«

Oder ich äußere auf andere Art meine Zweifel, ob es mit uns überhaupt etwas werden kann: »Ich glaube, das wird nichts zwischen uns beiden.« – »Ich dachte, du wärst anders als die anderen Frauen.« – »Ich glaube, du bist nicht sonderlich leidenschaftlich, oder?« – »Ich fühle mich so wohl an deiner Seite. Schade, dass du nicht mein Typ bist.«

Ich lehne mich zurück, so dass sie zu mir kommen muss. Unterschwellig ist das eine negative Konditionierung von Zurückweisung: Sie muss auf mich zukommen, um positive Gefühle zu erhalten. Das Prinzip funktioniert um so besser, je mehr sie meine Nähe mit positiven Gefühlen verbindet.

Ich versuche mich ihr scheinbar zu entziehen. Wenn sie noch nicht darauf anspringt, liegt es an mir, ihr Verlangen stärker zu entfachen.

4. Die Richtung des Gesprächs vorgeben

Das Gespräch mit einer Frau muss immer persönlicher werden. Das ist die grundsätzliche Richtung des Gesprächs: vom Allgemeinen zum Persönlichen. Ich will schließlich eine emotionale Beziehung zu ihr aufbauen. Der Inhalt dessen, was sie sagt, muss mir einen Grund geben, immer persönlicher zu werden. Es geht mir ja um das originäre Interesse, ein tieferes Verständnis für ihre

Persönlichkeit zu entwickeln. Das hat natürlich nichts damit zu tun, dass sie eine ungemein attraktive und schöne Frau ist. O nein!

Die Adventskalender-Theorie

Soviel zu den Grundlagen und Voraussetzungen. Und hier nun ein Ausblick, wie es laufen wird: Für mich sind Frauen wie ein Adventskalender. Es gibt vierundzwanzig Türchen. Man kommt allerdings nur zur Bescherung, wenn man jede der Türen in der richtigen Reihenfolge geöffnet hat.

Die vierundzwanzig Türchen geben die Struktur vor, der wir folgen müssen. Im weiteren Verlauf des Buches werden wir lernen, wie wir eine Tür nach der anderen öffnen können. Viele Männer wollen ja gerne alle Türchen auf einmal öffnen. Aber dann kommt das Christkind nicht.

1. Ich habe einen positiven ersten Eindruck gemacht.
2. Ich nehme im Gespräch eine natürliche Position ein.
3. Sie hat das Gefühl, dass ich mich für sie interessiere.
4. Sie fühlt sich wohl in meiner Anwesenheit.
5. Sie merkt, dass ich einen hohen sozialen Status besitze.
6. Sie merkt, dass ich hohe Ansprüche habe.
7. Ich überrasche sie.
8. Sie findet mich lustig.
9. Sie findet mich einzigartig.
10. Sie findet mich attraktiv.
11. Ich zeige ihr, dass ich sie attraktiv finde.
12. Unsere Bewegungen geraten in Gleichklang.
13. Wir berühren uns zufällig.
14. Ihre Gruppe hat mich sozial akzeptiert.

15. Ich löse sie aus der Gruppe heraus.

16. Ich antizipiere ihre Wünsche und Träume.

17. Ich führe sie in Versuchung.

18. Wir berühren uns absichtlich.

19. Wir küssen uns.

20. Sie genießt meine Nähe.

21. Ich errege ihr sexuelles Interesse.

22. Sie vertraut mir als potentiellem Partner.

23. Sie schläft mit mir.

24. Sie will immer wieder mit mir schlafen.

Die Struktur des Flirts

Wissenschaftler haben das Flirtverhalten in Bars, Clubs und Partys analysiert. Das Ergebnis: Ein Flirt funktioniert immer nach demselben Muster und durchläuft dabei immer die gleichen Phasen, wie Bas Kast in seinem Buch *Die Liebe und wie sich Leidenschaft erklärt* beschreibt:

- *Phase I:* Jemand erregt Aufmerksamkeit. Blickkontakt wird hergestellt, die Person wird angesprochen.

- *Phase II:* Man kommt sich näher. Das Gespräch beginnt. Attraktivität wird aufgebaut.

- *Phase III:* Das Gespräch wird vertieft. Es erfolgt eine emotionale Annäherung. Die Flirtenden wenden sie sich einander immer mehr zu. Es folgen erste zufällige Berührungen.

- *Phase IV:* Die Bewegungen von Mann und Frau geraten in einen Gleichtakt. Das ist der Ausgangspunkt für mehr.

Nahezu immer, wenn ein Paar die Bar gemeinsam verlässt, haben die beiden diese Phasen der Reihe nach durchlaufen. Das Flirtverhalten der einzigen aufrecht gehenden Landsäuger ist noch komplizierter als der Schwänzeltanz der Honigbiene.

Grundlagen

Phase I: Das Ansprechen

Die Wandlung zum Verführungskünstler:
- innere Haltung (neue Glaubenssätze wählen, Verhaltensmuster ändern)
- Körpersprache
- Aussehen

Wissen erweitern:
- die weibliche Psyche verstehen
- weibliches Selektionsverhalten
- die Körpersprache der Frau richtig deuten

Nötige Eigenschaften und Voraussetzungen:
- Ehrlichkeit
- Einzigartigkeit
- Charisma
- richtige Fokusierung
- Fixierung vermeiden

Angst überwinden:
- die richtige Einstellung
- die 3-Sekunden-Regel
- Routine gewinnen

Mann trifft Frau

Indirekte Methode:
- unterschiedliche Komplimente
- gute Anmach-situationen
- erfolgreiche Anmachstrategien

Direkte Methode

Zufall herbeiführen:
- Verhaltens- und Denkweise der Frau antizipieren
- entsprechendes Set-up generieren

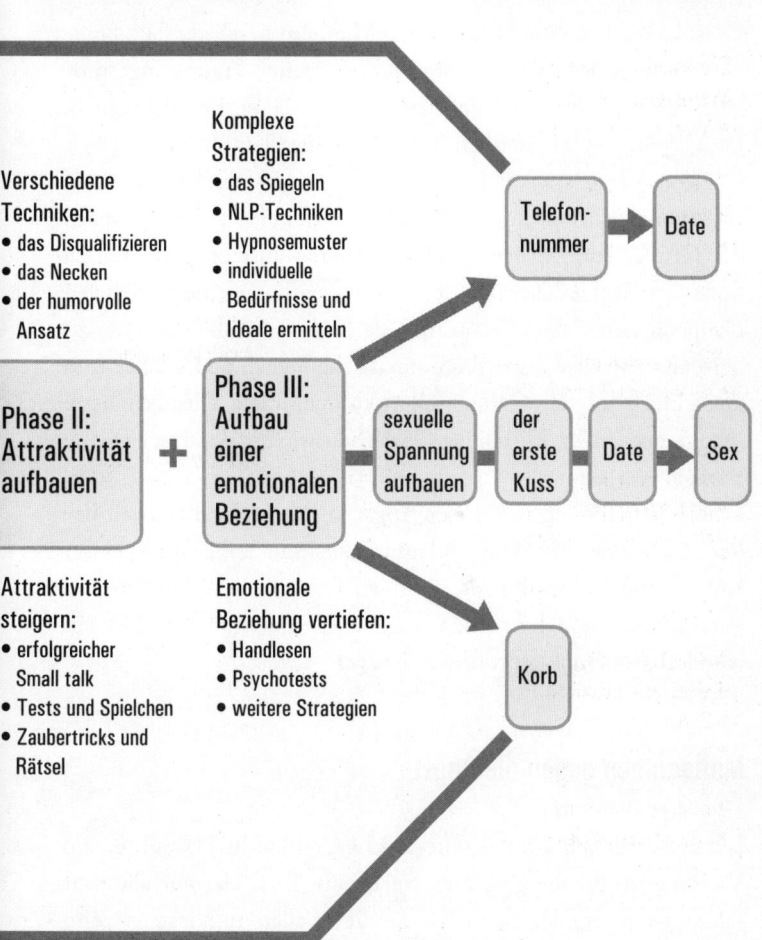

Das Gespräch

Phase IV:
Der Abschluss

Verschiedene
Techniken:
• das Disqualifizieren
• das Necken
• der humorvolle
  Ansatz

Komplexe
Strategien:
• das Spiegeln
• NLP-Techniken
• Hypnosemuster
• individuelle
  Bedürfnisse und
  Ideale ermitteln

Telefon-
nummer → Date

Phase II:
Attraktivität
aufbauen

+

Phase III:
Aufbau
einer
emotionalen
Beziehung

sexuelle
Spannung
aufbauen | der
erste
Kuss | Date | Sex

Attraktivität
steigern:
• erfolgreicher
  Small talk
• Tests und Spielchen
• Zaubertricks und
  Rätsel

Emotionale
Beziehung vertiefen:
• Handlesen
• Psychotests
• weitere Strategien

Korb

5 Phase I: Das erste Ansprechen

Es ist kaum zu verstehen, warum es Männern so schwer fällt, Frauen anzusprechen. Obwohl ich schon Tausende Frauen angesprochen habe, empfinde ich jedesmal wieder diesen brutalen Druck im Magen, dieses unendlich flaue, verlorene Gefühl.

Diese Angst ist so tief und physisch verankert, dass sie einen evolutionären Ursprung haben muss. Es gibt eine Theorie, wonach der Grund dafür in der sozialen Ordnung unserer Vorfahren zu finden ist. Früher lebte man meist in wesentlich kleineren sozialen Gruppen zusammen. Wenn man da beim Versuch, eine Frau zu betören, scheiterte, hatte das dramatische Folgen und konnte zum Ausschluss aus der Gemeinschaft führen. Viele Chancen hatte man damals nicht. Flirten war überlebenswichtig. Und ist es heute noch.

Solange ich mich von dieser Angst im Magen nicht soweit beherrschen lasse, dass sie mich lähmt, hat sie auch ihr Gutes: Unser Körper stößt Adrenalin aus, wenn wir Frauen ansprechen. So sind wir hellwach und körperlich unglaublich präsent. Angst ist ein wunderbares Doping für unsere Körper.

Maßnahmen gegen die Angst

Letztens war ich beim Eddie-Aikau-Contest in Hawaii, einem Wettbewerb für die absoluten Surfprofis. Er findet nur alle paar Jahren statt, immer dann, wenn die Wellen mindestens zehn Meter hoch sind.

Der Wettbewerb ist dem Gedenken an Eddie Aikau gewidmet.

Wann immer Sturm herrschte und die Wellen vor der Küste von Oahu so richtig hoch waren, hat Eddie Aikau, der Bademeister von Waimea Bay, den Strand evakuiert und die Leute nach Hause geschickt. Dann hat er sein Brett genommen und ist zum Wellenreiten gegangen. Noch heute, wenn die Wellen gefährlich hoch sind vor Hawaii, sagen die jungen Leute zueinander: »Eddie would go.« Eddie würde jetzt rausgehen.

Manchmal sage ich das auch zu mir, wenn ich mich nicht traue, eine Frau anzusprechen: Der unsterbliche, legendäre Eddie würde jetzt einfach hingehen …

Warum gibt es mich überhaupt? Ganz einfach. Weil sich dieses eine Spermium von meinem Vater damals als einziges durchgesetzt hat. Weil es der schnellste und zielstrebigste Samen war. Der erste am Ei. Es gab bestimmt einen Haufen besserer Spermien im Muttermund, aber die standen an der Säule und haben erst mal ein Bier getrunken. Sie waren eben nicht im richtigen Moment am richtigen Ort. Das ist das Schicksal der Verlierer.

Das Leben ist voller verpasster Chancen. Jede Frau, die man nicht anspricht, weil man glaubt, es wäre gerade nicht der richtige Ort oder der richtige Moment, ist eine verlorene Frau. Endgültig und unwiederbringlich verloren. Der eigenen Feigheit geopfert.

Mystery hat die Regel aufgestellt, dass man eine Frau innerhalb von drei Sekunden ansprechen soll. Man geht also sofort, wenn man eine Frau sieht, die einem gefällt, zu ihr hin und spricht sie an. Die drei Sekunden sind dabei nicht mit der Stoppuhr zu messen, es geht mehr darum, dass man nicht zögert, bevor man eine Frau anspricht. Zögern schürt Zweifel und Ausflüchte. Und dann kommt die analytische Lähmung mit all den wunderbaren Gründen, warum man gerade jetzt keine Zeit oder Lust hat.

Die Frau sieht mich. Auch wenn es den Eindruck macht, als

würde sie mich nicht beachten. Sie sieht mich, sie beobachtet mich, sie schätzt mich ab. Sie spürt es, wenn ich neben ihr stehe und mir überlege, ob ich sie ansprechen soll. Frauen merken so was. Mit jeder Minute, die ich warte, verliere ich an sozialem Prestige. Ich muss die Dynamik des Augenblicks nutzen.

Bei Männern läuft, genau wie bei einer Waschmaschine, immer das gleiche Programm ab: Männer finden attraktive Frauen grundsätzlich interessant. Jede schöne Frau hat eine Chance verdient. So sind wir eben programmiert.

Gleichzeitig gibt es diese radikale Hemmung: Es ist nie der richtige Moment, um eine Frau anzusprechen. Sie könnte sich gerade gestört fühlen. Sie könnte einen Mann haben oder lesbisch sein. Sie könnte gerade keine Lust auf ein Gespräch haben. Es gibt tausend Gründe, eine Frau nicht anzusprechen.

Aber keine Entschuldigung.

Wenn ich eine Frau sehe, dann spreche ich sie umgehend an.

Immer.

Jede Frau, die mir gefällt.

Ich spreche Frauen nicht nur deshalb an, um sie als Freundin, als Frau für immer oder für eine sexuelle Affäre zu gewinnen. Sondern weil ich neugierig bin auf Frauen. Weil ich gerne neue Menschen kennenlerne und weil die besten Momente meines Lebens mit anderen Menschen zusammenhängen. Jede Frau, mit der ich spreche, schult mein Vermögen im Umgang mit anderen Frauen.

Mir ist bei Gesprächen mit Frauen eine ganz interessante Sache auffallen: Frauen wissen gar nicht, dass Männer Angst vor dem Ansprechen haben. Die Frauen wundern sich, wenn einer zittert und stottert, und denken sich: Was ist denn das für ein Typ? Was hat denn der für ein Problem?

Welche Frauen soll man ansprechen?

Die Flirtforscherin Monica Moore von der Webster University in St. Louis untersuchte, welche Frauen in Clubs und Bars angesprochen werden. Es sind nicht etwa die schönsten Frauen, die am häufigsten angesprochen werden, sondern diejenigen, die die meisten Flirtsignale aussenden. Ausschlaggebend ist dabei der Blick, das Lächeln, das Zurückwerfen des Kopfes oder wie sich die Frau mit der Hand durchs Haar fährt.

Die traurige Wahrheit: Männer wagen sich nur an Frauen heran, die eindeutig ihre Flirtbereitschaft signalisieren. Die anderen Frauen wurden nicht oder kaum angesprochen – all die anderen wunderschönen, schüchternen, zarten Frauen werden sträflich vernachlässigt.

Die meisten Männer verhalten sich Frauen gegenüber rein passiv. Sie lassen sich auswählen. Das schränkt die Auswahl jedoch radikal ein. Verführungskünstler haben immer die freie Auswahl. Es ist wie der Hauptgewinn in der Jahrmarktslotterie: Wir können uns jeden Teddy einfach nehmen.

Wie Männer gewöhnlich Frauen ansprechen

»Bist du öfter hier?«
Sie: »Ja. Immer freitags.«
»Tanzt du gerne?«
Sie: »Schon. Ich habe vorhin schon sehr lange getanzt.«
»Ich heiße übrigens Oliver. Wie heißt du?«
Sie: »Ich heiße Steffi.«
»Was machst du, Steffi?«
Sie: »Ich arbeite bei einer Versicherung.«
»Was machst du da genau?«

Sie: »Ich bin Sachbearbeiterin.«

»Bist du aus München?«

Sie: »Ja.«

...

Kommt Ihnen dieses Gespräch bekannt vor? Haben Sie schon mal so ein Gespräch geführt? Haben Sie eine Frau interviewt über ihr Leben, ihren Beruf, ihren Alltag, sie emotionslos ausgefragt wie ein Polizeibeamter? Ja? Dann sind Sie nicht allein. Die meisten Männer führen Gespräche mit Frauen im Interviewmodus.

Für mich ist es ein großer Schritt gewesen, als ich angefangen habe, meine eigene Kommunikation zu analysieren. Früher habe ich mich mit Frauen unterhalten, und es hat geklappt oder nicht. Ich konnte es nicht erklären. Es war Zufall. Manchmal nur dummer Zufall. Mir ist es aber lieber, wenn ich den Erfolg selbst herbeiführen kann. Deshalb habe ich meine Kommunikation optimiert.

Drei Erfolgsstrategien, eine Frau anzusprechen

Der Psychologe Michael Cunningham hat drei herkömmliche Verführungsstrategien auf ihre Wirksamkeit getestet:

- *Die direkte Methode:* »Du gefällst mir. Ich würde mich gerne mal mit dir treffen.«
- *Die harmlose Strategie:* »Hallo. Bist du öfter hier?
- *Die freche Anmache:* »Wetten, dass ich dich unter den Tisch trinken kann?«

Das Ergebnis der Studie: Bei den ersten beiden Methoden reagierten 60 Prozent der Frauen mit einem Lächeln, bei der dritten hingegen gab es in 80 Prozent der Fälle eine Abfuhr. Grundsätzlich kommen die Wissenschaftler also zu dem Ergebnis, dass der Einstieg um so erfolgreicher ist, je harmloser er vorgetragen wird. Daraus lernen wir zumindest eines: Der Erfolg des Flirts hängt maßgeblich von der Strategie ab.

Aus der Sicht von Verführungskünstlern sind die drei genannten Techniken allerdings etwas zu simpel. Nach meiner Erfahrung gibt es im wesentlichen drei unterschiedliche Strategien: Die direkte Methode. Die indirekte Methode, bei der die Frau gar nicht merkt, wie sie verführt wird. Und meine Lieblingsstrategie, eine wunderbare Unterform der indirekten Methode: das Herbeiführen einer zufälligen Situation.

Die direkte Methode

»Ich finde dich attraktiv und möchte dich gerne kennenlernen.«

Mehr braucht die Frau eigentlich nicht zu wissen. Warum sollte ich mich durch die Hintertür schleichen? Warum sollte ich mir Ausreden einfallen lassen? Warum sollte ich nicht gleich ehrlich sein?

Wir müssen uns nicht dafür schämen, wenn wir eine Frau ansprechen. Wir haben den Mut, einer Frau offen zu sagen, dass wir an ihr interessiert sind.

Das sind die grundsätzlichen Überlegungen, die für die direkte Methode sprechen. Als dominanter Mann kann ich jede Frau sofort ansprechen.

Zu den Verfechtern der direkten Methode gehört der kroatische Verführungskünstler Badboy: »Es geht darum, dass man über eine schlüssige Körpersprache verfügt und gleich Dominanz beweist«, lehrt er.

Dass die Fronten gleich klar sind, ist vielleicht der große Vorteil der direkten Methode. Die Frau weiß, um was es geht, und kann gleich signalisieren, wie die Erfolgsaussichten stehen. Der Nachteil dieser Methode ist, dass man versucht, gleich die ersten zehn Türen im Adventskalender auf einmal zu öffnen. Manche Frauen reagieren abweisend darauf, weil sie so konditioniert worden sind, Männer erst mal abzuweisen.

Ich finde, es ist sehr wichtig, die direkte Methode zu üben und anzuwenden, weil man dabei lernt, wie entscheidend die Körpersprache ist und auf wie viele unterschiedliche Arten man den Satz »Hey, ich finde dich sympathisch. Wie heißt du?« aussprechen kann.

Der erste Spruch ist nämlich nicht so wichtig, wie die meisten Männer glauben. Rund 93 Prozent des Erfolgs einer Anmache hängen von Körpersprache, Tonlage und Timing ab. Badboys liebster direkter Spruch ist: »Weißt du, an wen du mich erinnerst? ... *(Pause)* ... An jemanden, den ich kennenlernen möchte.«

Ich selbst mag den Spruch: »Kompliment an deine Mutter.«

Wer Verführungskünstler werden möchte, muss den Mut aufbringen, Frauen direkt und eindeutig anzusprechen. Ich habe schon Männer beobachtet, die dabei den Fehler gemacht haben, dass sie die Frauen auf eine sehr machohafte Art und Weise angebaggert haben. Sie strahlen eine unmittelbar auf die Frau ausgerichtete Sexualität aus, und damit können viele Frauen nicht umgehen. Besser wäre: starke männliche Sexualität ausstrahlen, aber eben nicht zielgerichtet, sondern grundsätzlich. Die ist einfach da. Wie bei James Bond.

Die Übergänge zwischen direkter und indirekter Methode sind fließend. Hier noch ein paar Strategien, die der direkten Methode zuzuordnen sind, weil wir der Frau von Anfang an klarmachen, dass wir mit ihr flirten wollen:

- *Der Wink-Trick:* Wenn ich eine Frau sehe, die mich anschaut, und sei es auch nur kurz oder aus den Augenwinkeln, dann lächle ich zurück oder winke ihr zu, als würden wir uns bereits kennen. Das ist ein wunderbarer Grund, um später (da kann man sich ruhig ein bisschen Zeit lassen) zu ihr zu gehen und mit großer Selbstverständlichkeit zu sagen: »Ich heiße Oliver. Schön, dich kennenzulernen.«

- *Fünf-Ecken-Gruß:* »Hi. Schön, dich zu treffen.« Sie: »Kennen wir uns?« Ich: »Es heißt, dass alle Menschen im westlichen Kulturkreis über höchstens fünf Ecken miteinander verbunden sind. Da ist es doch angebracht zu grüßen.« Dann suche ich mit ihr gemeinsam nach der Verbindung: »Hast du mal Oboe gespielt? Nein. Dann fällt der Oboelehrer als Bindeglied wohl weg … Kannst du surfen?«

- *Die Feierlaune:* »Ich habe eine Million im Lotto gewonnen und suche jemanden, mit dem ich den Gewinn teilen kann.« Der Schwerpunkt dieser Anmache sollte dabei natürlich nicht auf dem Geld, sondern auf der Feierlaune liegen.

- *Ollis Nobelpreis:* »Ich habe den Nobelpreis für meinen Anmachspruch gewonnen, möchtest du ihn gerne hören?« Flüsternd: »Ich sage ihn dir erst später. Ich muss dir 100 Prozent vertrauen können. Wie heißt du denn?«

- *Erfolgsarm, aber lustig:* »Würdest du für tausend Euro mit mir schlafen?« Sie: »Nein!« Ich: »Schade, ich könnte das Geld gut gebrauchen.«

- *Eindeutig frech, aber selbstbewusst:* »Hast du einen Freund?« Sie: »Ja.« Ich: »Willst du einen besseren?«

- *Auch recht forsch:* »Kannst du dir vorstellen, Sex mit einem Fremden zu haben?« Sie: »Nein.« Ich: »Dann würde ich mich gerne vorstellen. Ich heiße Oliver.«

- *Das Kuhnsche Geheimnis:* »Kannst du ein Geheimnis bewahren?« Jede Frau sagt da: »Ja!« Das ist genetisch vorprogrammiert. Jetzt will sie mein Geheimnis wissen. Aber ich verrate es natürlich erst mal nicht. Sie muss sich erst mein Vertrauen erwerben: »Ich glaube, das sage ich dir lieber erst später ...«

• *Jugglers Roboterhandschlag:* Verführungskünstler Juggler hat eine kleine, aber bezaubernde Strategie ersonnen. Man gibt der Frau die Hand, allerdings in so einem eigenartigen Ghetto-Geheimstil. Sie wird fragen: »Was ist denn das?« Darauf entgegne ich: »Das hat meine Schwester erfunden. Sie hat gesagt, wir machen das ab jetzt immer, damit ich merke, wenn sie von einem Außerirdischen entführt und durch ein Roboterreplikat ersetzt werden würde.«

Die indirekte Methode

Bei der indirekten Methode geht es darum, die Aufmerksamkeit der Frau zu gewinnen, ohne die Anmachsituation offensichtlich werden zu lassen. Wir spinnen unser Netz, ohne dass die Frau es überhaupt merkt. Wenn sie die zarten Fäden das erste Mal sieht, hängt sie schon drin.

Mystery hat die indirekte Methode perfektioniert. Sein Ansatz basiert darauf, die Frau mit einer möglichst plausiblen Meinungsfrage anzusprechen, die so wenig als Anmache erkennbar ist, dass die Frau einem unmöglich einen Korb geben kann.

Bei der indirekten Methode achte ich auf eine passive Körpersprache; ich lasse der Frau Platz, ich nähere mich nicht direkt von vorne und signalisiere, dass ich eigentlich gleich wieder gehen möchte. Im Lauf des Gesprächs baue ich dann Attraktivität und emotionale Nähe auf, und ehe sie sichs versieht, hat die Dame sich schon verliebt.

Hier einige überall funktionierende Tricks und Gimmicks für

ein indirektes Vorgehen, mit dem man schnell und zuverlässig die Aufmerksamkeit einer Frau erregen kann:

- *Die Parfum-Anmache:* Der kleine Neil Strauss alias Style hat eine recht nette Anmachstrategie erfunden: »Hey, Mädels, ich hab nur ganz kurz Zeit, aber ich brauche einfach mal 'ne weibliche Meinung. Ich war vorhin bei Douglas und hab mir zwei verschiedene Parfums auf die Handgelenke gesprüht. Ich kann mich einfach nicht entscheiden, welches ich nehmen soll. Was meint ihr?«

Bei dieser wie bei allen anderen Meinungsfragen ist es ganz wichtig, dass man sich wirklich für die Meinung der Frau interessiert. Deshalb versuche ich, immer wieder neue Meinungsfragen zu ersinnen. Viele Männer fragen die Frau nach ihrer Meinung und dann reden sie weiter, ganz egal, was die Frau antwortet. Aber wenn die Frau ohnehin nach den ersten Sekunden merkt, dass sie nur angequatscht wird, dann sollte man lieber gleich die direkte Methoden anwenden.

- *Flirtstudien:* »Zeig mir bitte mal deine Hand. Aha. So bist du also.« Ich nehme ihre Hand und schaue mir die Finger an. »Mein Freund hat mir nämlich gerade von einer Studie erzählt, die herausgefunden hat: Wenn der Zeigefinger länger ist als der Ringfinger, dann ist eine Frau tendenziell untreu. Das liegt an der Menge des in der Kindheit vom Körper ausgeschütteten Testosterons. Da möchte ich doch mal gerne überprüfen, ob das stimmt. Du bist also eher der treue Typ (beziehungsweise der untreue Typ). Und? Hat mein Freund recht?«
- *»Wer lügt mehr?«* Das ist der VW Käfer unter den Sprüchen. Wahrscheinlich ist schon jede Frau zwischen Wuppertal und Wladiwostok von dem amerikanischen Flirtmeister Mad Dash

115

mit diesem Spruch angequatscht worden. Das Thema ist allerdings wirklich gut, denn fast alle Frauen haben etwas dazu zu sagen: »Hey Mädels, ich brauch 'ne weibliche Meinung. Ich habe gerade mit meinem Freund darüber geredet … Was meint ihr, wer lügt mehr: Frauen oder Männer?« Sie antwortet so oder so. Ich frage weiter: »Und wer lügt besser?« Sie sagt wieder etwas, und ich entgegne: »Ich finde, Männer machen kleine Lügen wie: ›Nein, dein Po sieht überhaupt nicht dick aus in dieser Hose.‹ Frauen haben dafür aber die großen Lügen wie: ›Natürlich ist das Kind von dir, Schatz.‹«

- *Die »Wer macht wen an«-Frage:* Ich habe diese Frage oft im Rahmen der Recherchen für dieses Buch gestellt. Mittlerweile finde ich, dass es eine gute Meinungsfrage ist, um ein Gespräch zu beginnen: »Mein Freund und ich, wir diskutieren schon den ganzen Abend: Er glaubt, Männer würden die Frauen verführen. Aber ich glaube: Es sind letztlich die Frauen, die beim Flirten auswählen. Was glaubst du?«
  Sie wird immer sagen: »Du hast recht: Frauen wählen aus.«
  Ich: »Und warum hast du jetzt ausgerechnet mich ausgewählt?«
  Sie: »Aber du hast mich doch angesprochen.«
  Ich: »Ja, aber du hast doch gerade gesagt, dass Frauen die Männer auswählen …«
- *Eine dumme Frage an intelligente Frauen:* »Ich habe mich gerade mit meinem Freund unterhalten. Wir sind am Überlegen, weißt du eigentlich, wie man eine Intuition nennt, die nicht stimmt? Destuition? Antition?«
- *Die Quizfrage:* »Ich habe gerade mit meinem Freund gesprochen, und es will uns beiden einfach nicht mehr einfallen, wie die Tochter von Jack Bauer aus *24* heißt.« (Das ist natürlich nur ein Beispiel für alle möglichen denkbaren Fragen.)
  Sie: »Kimberly.«

Darauf könnte man entgegnen »Wow. Wir brüten schon den ganzen Abend, und du weißt es. Du bist mein Telefonjoker, wenn ich mal bei *Wer wird Millionär* mitmache. Das gefällt mir. Ich heiße Oliver.«

Oder die Frau sagt: »Keine Ahnung.«

Dann könnte man antworten: »Willkommen im Club. Ich mag dich dafür, dass du es auch nicht weißt. Mein Freund tut so, als müsste man das wissen.«

Das Gute an einem solchen Einstieg ist, dass sich die Frau für das Kompliment qualifizieren musste. Ganz unbemerkt kann dann aus dem kurzen Wortwechsel ein richtiges Gespräch werden. Der Trick besteht darin, die Frau in eine Situation zu bringen, in der sie sich beweisen muss, also etwas tun oder sagen muss, das ein Kompliment verdient.

Die Zufallsmethode

Wenn man Frauen fragt, wie sie glauben, ihrem Traumpartner zu begegnen, beschreiben sie in der Regel eine Situation, die ich als das »Traumprinz-Szenario« bezeichne. Der Mann tritt in dieser Vorstellung immer zufällig und völlig überraschend in das Leben der Frau, und die Situation ist gleichermaßen romantisch wie selbstverständlich. Keine Frau hat mir je beschrieben, dass ihr Traummann sie mit einem Anmachspruch im Club anbaggert und anschließend gleich in der ersten Nacht vernascht. Angemacht zu werden rangiert auf der Romantikrangliste der Frauen auf den hinteren Plätzen.

Verführungskünstler baggern Frauen nicht an. Oh, nein. Sie treten durch einen wundersamen Zufall mit ihnen in Kontakt. Vom Schicksal ausgewählt. Mir könnte zum Beispiel etwas runterfallen. Genau vor ihre Füße. Sie würde es aufheben, weil sie ein gut erzogenes Mädchen ist. Ich würde mich bei ihr bedanken. Dabei würde mir etwas auffallen. Ein Schmuckstück. Etwas an ihrer Kleidung oder ihrer Haltung. Wir würden ins Gespräch kommen. Wie in einer Szene, in der Meg Ryan oder Julia Roberts mitspielen.

Morgens, wenn sie in meinem Bett aufwacht, würde ich ein klein wenig in mich hineinlachen und sagen: »Ich glaube, es ist kein Zufall, dass wir uns getroffen haben. Es ist dein Verhängnis.« Und dann würde sie mich küssen …

Beim Flirten ist es nicht wie beim Turmspringen oder beim Dressurreiten. Es geht nicht darum, möglichst große Schwierigkeiten zu meistern, sondern im Gegenteil darum, es sich möglichst einfach zu machen. Das heißt, man muss lediglich versuchen, eine Situation herbeizuführen, in der es möglichst leicht ist, eine Frau anzusprechen. Man braucht nur das Verhalten der Frauen zu antizipieren, damit man sein Set-up danach ausrichten kann. Das ist das ganze Geheimnis.

Was macht die Frau als nächstes? Kauft sie etwas, steigt sie ein oder aus, macht sie einen eiligen oder einen entspannten Eindruck?

Es ist durchaus sinnvoll, wenn man sich für jede Konstellation eine geeignete Strategie zurechtlegt. Wenn man sich erst im letzten Moment etwas überlegt und darauf vertraut, dass man im Zweifel schon spontan genug sein wird, vergeigt man es nach meiner Erfahrung. Der richtige Spruch fällt einem immer erst dann ein, wenn die Frau schon weg ist.

Am besten generiert man natürlich ein Set-up, bei dem die Frauen aktiv werden können. Ich sage nur: Hundewelpen. Keine Frau kann an einem jungen, tapsigen Welpen vorbeigehen, ohne fast schon hysterisch auszurufen: »O mein Gott, ist der süß!«

Sie: »Wie heißt der Kleine denn?«

Ich: »Er heißt Gustav. Aber er ist sehr schüchtern. Er hat eigentlich Angst vor fremden Frauen, deren Namen er nicht kennt. Wie heißt du denn?«

Ich bin früher fürs Tierheim mit Hunden spazierengegangen. Viele Tierheime oder Hundezüchter sind froh, wenn jemand mit ihren Hunden spazieren geht. Da kann man immer mal nachfragen.

Noch besser war natürlich mein Hase. Er hieß Frederic und hatte die längsten Schlappohren der Welt. Ich habe ihn immer bei mir getragen oder ihn an der Leine spazierengeführt. Es gab wirklich keine Frau, die nicht hyperventilierend vor mir stand und meinen Hasen streicheln wollte.

»Frederic und ich, wir sind sehr schüchtern. Wir lassen uns nicht von fremden Frauen streicheln. Wir müssen erst Vertrauen aufbauen. Wie heißt du denn?«

Ein Hase ist mein Playboy-Accessoire schlechthin.

Auf das wirkliche Interesse kommt es an

Es sind die ersten Sekunden, in denen die Frau spürt, ob ich mich wirklich für sie interessiere, ob ich an ihr als Mensch, als Persönlichkeit interessiert bin. Die beste Anmache entsteht aus einer einmaligen Situation und passt nur genau zu diesem einen Moment und dieser einen Frau. Sie gibt ihr das Gefühl, dass dieser Spruch noch nie zuvor gemacht wurde.

Ist es ihr Lächeln oder die Art, wie sie sich bewegt? Wenn ich eine Frau kennenlernen will, dann hat sie etwas Einzigartiges, das ich im Zweifel auch benennen kann. Gemeinhin nehmen Männer in der zwischenmenschlichen Kommunikation oft nur sehr wenig wahr. Sensibilität ist jedoch für Frauen sehr wichtig.

Das erste Kompliment kann bereits das Signal für ein hohes Maß an Sensibilität sein. Die Antwort der Frau sollte sein: »Das hat noch nie ein Mann zu mir gesagt ...« Oder: »Dass dir das aufgefallen ist ...«

Ich habe mal eine Wahrsagerin porträtiert. Sie hat mich gelehrt, dass die Zukunft und die Vergangenheit nicht in einer Glaskugel oder in den Händen zu lesen sind, sondern in den Menschen selbst. »Ich beobachte die Menschen ganz genau, und sie erzählen mir ihre Zukunft. Das wahre Medium ist nicht die Kristallkugel, sondern meine Augen.«

Ich versuche mich in die Frau hineinzuversetzen. Was strahlt sie aus? Ist ihr langweilig oder unterhält sie sich gerade angeregt mit ihrer Freundin? Wie hoch ist ihr Energielevel? Trägt sie einen Ehering? In welchem Verhältnis steht sie zu den anderen Personen in der Gruppe? Wie fühlt sie sich gerade? Wem schenkt sie Aufmerksamkeit? Was sagt ihr Schmuck über sie aus? Was ihre Kleidung? Hat sie die Fingernägel lackiert und ist sie aufwendig geschminkt oder nicht?

Wenn ich mich mit einer Frau unterhalte, forsche ich nach ihren guten Seiten. Ich versuche etwas zu finden, das mir gefällt. Wenn ich fündig werde, übersetze ich es unmittelbar in ein Kompliment. Wenn ich nichts finde, gehe ich wieder. Ich erfinde keine Komplimente. Der Wert eines Kompliments liegt in seiner Wahrhaftigkeit. Es gibt viel zu viele Typen auf der Welt, die Frauen Allerweltskomplimente machen (»Du hast schöne Augen.«). Sie missachten die Kraft des Komplimentes.

Aus der Beobachtung der Frau lassen sich wunderbare Komplimente generieren. Am besten sollte die Wertschätzung einer Handlung entspringen oder sich auf etwas beziehen, das sie gesagt hat: »Ich mag die Art, wie du denkst.« Sie sollte sich das Kompliment also verdient haben.

Aber ich kann natürlich auch aus Äußerlichkeiten eine einzigartige, sehr individuelle Ansprache generieren, um mit der Frau in Kontakt zu treten, etwa:

- »Du hast eine gute Körperspannung, machst du Yoga?«
- »Die Farbe deiner Fingernägel passt zu deinen Lippen. Das gefällt mir.«
- »Ich mag die kleinen braunen Punkte in deiner Iris.«
- »Du hast ein hinreißendes Lächeln.«
- »Du duftest so gut.«
- »Du hast eine schöne Stimme.«
- »Du bewegst dich sehr weiblich.«

Besonders wirkungsvoll sind Komplimente, die etwas loben, das die Frau eigentlich nicht toll findet. Ich suche etwas, das gerade nicht augenfällig ist. Eine Frau mit großen blauen Augen ist wahrscheinlich schon unzählige Male auf ihre wunderschönen Augen angesprochen worden. Ich aber mache ihr ein Kompliment für etwas, das die Frau für ihre Schwachstelle hält. Ich suche jenes Detail an ihr, diese kleine liebenswerte Finesse, die noch nie ein Mann zuvor an ihr entdeckt und beachtet hat. Wenn eine Frau beispielsweise dünnes Haar hat, sage ich ihr, dass ihre Haare schön fallen.

Das Kompliment wirkt stärker, wenn man danach einfach das Thema wechselt und weiterredet. Ein Kompliment sollte nicht allein stehen, weil es sonst wirkt, als hätte ich es gesagt, um selbst eine Bestätigung zu bekommen. Mein Kompliment ist jedoch frei von Hintergedanken. Die Frau speichert das Kompliment mit Sicherheit genau ab. Aber so wirkt es viel beiläufiger.

Um ein Kompliment zu erden, lasse ich häufig gleich noch eine Frage folgen. Etwa so: »Ich mag deine Halskette. Hast du sie selber gemacht?«

Oder sie steht neben mir an der Bar, und ich sage zu ihr: »Ich mag dein Lachen. Wie heißt du?«

Sie: »Elaine.«

Ich: »Ich heiße Oliver.«

Ich halte ihr meine Hand hin. »Du hast zarte Hände. Ist dieses

Cocktailglas das schwerste, was du je im Leben in deiner Hand gehalten hast?«

Jede ihrer Handlungen führt zu einem weiteren Kompliment.

Bei extrem schönen Frauen wähle ich einen anderen Fokus. Sie muss die Gelegenheit bekommen, zu demonstrieren, dass sie eine Person ist, die es verdient, gemocht zu werden. Es gibt nichts Schlimmeres für schöne Menschen, als nur für ihr Aussehen geliebt zu werden. Sie soll dir beweisen, dass sie mehr zu bieten hat als nur ihr Aussehen. Dass sie eine Persönlichkeit besitzt, die einen charismatischen, selbstbewussten, coolen Mann wie dich interessieren könnte. Also sage ich zum Beispiel: »Am Anfang dachte ich, du bist nur sexy, aber man kann sich ja auch ganz nett mit dir unterhalten.«

Die verschiedenen Frauentypen erkennen

Als Verführungskünstler versuche ich der Frau genau das zu geben, was sie sich wünscht. Das ist die grundlegende Strategie. Dafür ist es wichtig, die unterschiedlichen Charaktere der Frauen und ihre Wünsche zu kennen. Ich habe bemerkt, dass ich meine jeweilige Strategie schnell auf die unterschiedlichen Frauentypen einstellen muss. Es gibt nicht den einen Weg, sondern es bedarf einer präzisen Analyse der weiblichen Bedürfnisse, um diese zu befriedigen.

Die Ungezähmte. Sie hat sich ihr Leben ganz anders vorgestellt: Der Job nervt, die Beziehung ist eine Katastrophe, die guten Zeiten scheinen irgendwie vorbei. Doch dann lernt sie einen Mann wie mich kennen.

Ich befreie sie, ich nehme ihr die Fesseln. Im Gespräch komme ich auf ihre Träume und Phantasien zu sprechen. Ich zeige ihr, dass man Träume auch leben kann. Ich bringe ihr die Freiheit, die sie sich immer gewünscht hat. Zum Beispiel bringe ich sie noch nach Hause. Zu Fuß. Dabei stellen wir noch was an. Wir klettern über den Zaun ins Freibad und gehen baden oder wir »leihen« uns nachts ein Ruderboot am See aus. Wir klettern auf einen Kran oder liegen einfach nur im Gras und beobachten die Sterne.

Verhätschelte Göre. Sie wurde immer nur verwöhnt. Sie hat alles erlebt. Sie hat alles, was sie sich wünscht. Sie ist materiell überversorgt. Sie ist immer gelangweilt. Doch sie spürt, dass es da noch etwas gibt. Sie lebt in einer oberflächlichen Welt.

Ich führe sie in die Tiefe. Ich führe sie zu den bislang unbekannten Bereichen ihres Bewusstseins. Mit Psychospielen und Hypnosemustern, mit Nähe und Verbindlichkeit bringe ich sie auf den Weg der Selbständigkeit.

Das Mauerblümchen. Sie wirkt kühl, schüchtern, prüde, vielleicht sogar kalt und emotionslos. Sie versteckt sich und ihre Gefühle hinter einer dicken Mauer. Oft wird ihre Unsicherheit mit Arroganz verwechselt.

Ich lasse mich davon nicht abhalten. Ich reiße die Mauer ein, weil ich weiß, dass diese Frau letztlich nur ein Dampfkochtopf voller schändlicher Lust ist. Solche Frauen muss man sehr ausdauernd und behutsam emotionalisieren. Sie sind wie feuchtes Stroh. Es dauert lang, bis sie sich entzünden, aber dann brennen sie lichterloh.

Die Unschuldige. Sie hat noch nicht so viel erlebt in ihrem Leben. Alles ist neu und intensiv. Sie ist sehr vorsichtig, aber gleichzeitig unheimlich neugierig. Viele Dinge in ihrem Leben, vielleicht auch gerade sexuelle Erfahrungen, hat sie bislang nur in ihrer Phantasie gemacht.

Genau da setze ich an. Mit hypnotischen Suggestionen erobere ich ihre Einbildungskraft. Ich beschreibe sexuelle Dinge, die ich gerne tun würde, aber nicht tun kann. Ich spanne ihre jugendliche Neugier vor die Kutsche, die uns beide später zu mir nach Hause bringen wird.

Das Opfer. Sie hat schlechte Erfahrungen gemacht mit Männern und ist deshalb besonders misstrauisch. Sie muss erst ein hohes Maß an Vertrauen aufbauen.

Sie spricht stark auf das Prinzip der eigenen Offenheit an, das heißt, sie öffnet sich, indem ich mich ihr selbst öffne. Ich bin besonders ehrlich, weil ich möchte, dass sie mich nicht als eine weitere schlechte Erfahrung in ihrem Leben wahrnimmt.

Die Schöne. Das ist natürlich mein Lieblingsopfer. Sie hat überall Aufmerksamkeit. Alle Männerblicke verfolgen sie. Oft leiden aber gerade die Schönen an erstaunlicher Isolation, weil die Männer sich nicht an sie herantrauen. Sie weiß, dass der Zauber ihrer Schönheit eines Tages verschwinden wird, und sie musste ihren Charakter nicht so schulen, wie das weniger attraktive Menschen tun müssen. Sie ist oft passiv, weil sie in ihrem Leben nur selten eigenes Engagement benötigt hat. Sie mag es nicht, dass Männer sie immer nur für ihre Oberfläche lieben, aber andererseits ist sie selbst oberflächlich, denn solche Frauen bekommen nur selten Gelegenheit, ihre Persönlichkeit zu entwickeln.

Da setze ich an. Ich zeige ihr, was in ihr steckt. Was für ein wunderbar smarter Charakter unter der schönen Schale verborgen ist, die mich nicht, aber auch gar nicht interessiert.

Die Helfertante. Ihre Freunde hatten immer Probleme. Sie fühlt sich zu den Schwachen und Hilfsbedürftigen hingezogen. Sie ist Erzieherin oder Lehrerin, und es macht sie traurig, wenn es nichts zum Erziehen gibt.

Da hat sie natürlich bei mir den richtigen gefunden mit all meinen Ängsten, Neurosen, Sorgen, Nöten und meiner Hypochondrie. Schwester, mir ist ganz schwindlig.

Die Zicke. Zicken erkenne ich auf hundert Meter. Es gibt Frauen, die sind einfach zickig. Die leben davon, anderen Menschen die Lebensenergie abzusaugen wie Vampire. Augen auf, Finger weg! Wir müssen nicht alles verführen, was uns über den Weg läuft.

Die Sinnliche. Sie kann wahnsinnig gut tanzen. Sie bewegt sich geschmeidig wie eine Katze. Sie hat ein lockeres Verhältnis zu ihrem Körper. Sie kann gut mit Männern umgehen. Sie hat Selbstbewusstsein. Kurzum: Sie könnte unter Umständen als Partnerin in Frage kommen. Sie ist cool und sie will Spaß. Und sie sucht jemanden, mit dem sie Spaß haben kann. Einen, der mit ihr tanzt und nicht mit dem Bier in der Hand an der Theke versauert. Sie will das volle Programm. Alles, was im Buch steht.

Grundsätzlich gilt: Manche Frauen wirken brav und engelhaft, andere tragen High-heels und geben sich wild. Davon sollten wir uns nicht täuschen lassen. Jede Frau trägt beide Seiten in sich: Luder und Engel. Ich wende mich daher an die nach innen gerichtete Seite der Frauen. Wenn ich ein Luder treffe, versuche ich das Unschuldige an ihr zu entdecken, während ich beim Mauerblümchen nach den verruchten Seiten fahnde.

Die Wahl des Ortes

Diese grundsätzlichen Strategien lassen sich an nahezu jedem Ort umsetzen. Ich persönlich spreche Frauen lieber im öffentlichen

Raum als in einem Club an, weil sie da normalerweise eben gerade nicht angesprochen werden. Andere bevorzugen Clubs oder Bars.

Jeder Ort hat seine Vorteile, und für einen Verführungskünstler gibt es ohnehin keinen Ort, an dem er nicht bereit für das große Spiel ist.

1. Im Club

Nachtclubs sind ein wunderbarer Ort, um Frauen kennenzulernen. Hier ist die Konzentration an schönen Frauen höher als an jedem anderen Ort. Die Frauen haben sich geschminkt, sie haben sich noch mal rasiert, sind stundenlang vor dem Spiegel gestanden, bis sie sich endlich sexy fanden. Sie tragen einen Push-up und Tangaslips. All das hätten sie nicht getan, wenn keine Männer im Club wären. Ich gehe also einfach mal davon aus, dass sie sich für mich so hergerichtet haben. Weil sie mich beeindrucken wollen.

Wenn sie mir gefallen, gebe ich ihnen auch gerne die Gelegenheit, mich kennenzulernen. Frauen gehen in Clubs, um Bestätigung zu bekommen. Das ist mein Job.

Grundsätzlich gehe ich am liebsten in die exklusivsten und edelsten Clubs der Welt. Je strenger die Tür, je schwerer der Zugang, um so besser. Ich mag Türsteher, weil sie mir einen Haufen Vollidioten vom Leib halten. Je strenger die Auswahl, desto entspannter sind die Frauen.

Vor ein paar Jahren stand ich vor der Skybar in Hollywood. Eine Limousine stoppte, acht Models stiegen aus, eines schöner als das andere. Der Türsteher nickte ihnen zu, doch die Tür blieb zu. »Vielleicht morgen, Mädels«, sagte er, und ich wusste, das ist genau der Club, in dem ich feiern möchte.

Ich habe im Mondrian Hotel übernachtet, weil man so durch

den Hintereingang reinkam, und noch heute wache ich manchmal schweißnass auf, wenn ich von dieser Nacht träume.

Das Ansprechen im Club oder in Bars

Leider gibt es unzählige grauenhafte, plumpe, unsensible Typen in Clubs, die schöne Frauen blöd anquatschen, langweilen und nerven: »Hey, Süße. Bist du öfters hier? Magst du einen Drink?«

Darauf reagieren die meisten Frauen zickig. Ich kann das nur zu gut verstehen. Frauen brauchen erst mal etwas Zeit, um den Unterschied zwischen einem Verführungskünstler und einer herkömmlichen Nervensäge zu bemerken. Frauen in Clubs sind wie Crema catalán: außen hart und knusprig und innen weich und süß. Man muss nur durch die Kruste kommen.

Doch die gute Nachricht: Es ist eigentlich gar nicht so schwer, Frauen anzusprechen, weil die meisten anderen Männer ohnehin nur an der Bar oder am Rand der Tanzfläche herumstehen und sich mit ihren Kumpels in niveaulosen Kommentaren ergehen, während sie den Frauen beim Tanzen zusehen. Wie auch immer wir uns in einem Nachtclub verhalten, wir reihen uns niemals ein in diese Riege gelangweilter Lästermäuler.

Wenn ich in einen Club gehe, dann ergreife ich die Initiative. Ich kümmere mich um all die schönen Frauen, die geistreich und charmant unterhalten werden wollen. Ich bin der Gastgeber. Ich bin derjenige, der sich darum kümmern muss, dass alle im Club ihren Spaß haben.

Folgende vier Grundregeln des Flirtens sind im Club besonders wichtig:

Sozialen Status demonstrieren. Wir sind soziale Wesen, und die Einschätzungen von anderen Leuten beeinflussen uns drastisch. Ein Freund von mir hat ein Restaurant an der italienischen Adria. Er sagt: »An manchen Tagen kommen die ersten zehn Gäste zu mir, dann ist mein Restaurant den ganzen Abend voll. Am nächsten Abend kommen die ersten Gäste zu meinem Nachbarn, dann wollen auch wieder alle Leute in das Restaurant, wo schon Leute sitzen, weil sie glauben, wo es voll ist, da schmeckt es auch gut. Dann sitzt bei mir kein einziger Gast.«

So ist es auch bei den Frauen. Wenn es eine andere Frau gibt, die mich interessant findet, dann steigt mein Marktwert wie bei einer Versteigerung. 3-2-1-deins.

Wie ich meinen sozialen Status im Nachtleben unter Beweis stelle? Ganz einfach: Ich rede mit möglichst vielen Leuten. Ich gehe in den Club, als wäre es meiner. Ich begrüße den DJ und den Barkeeper, als wären es meine alten Kumpel, auch wenn ich noch nie in dem Laden war. Wenn ich zum DJ gehe, ihm die Hand hinhalte und sage: »Gute Musik«, dann streckt er mir mit ziemlicher Sicherheit ebenfalls die Hand hin. Spätestens mit folgendem Spruch habe ich den DJ auf meiner Seite: »Kann man dich auch buchen? Ich veranstalte Partys.«

Ich versuche im Club immer eine Konkurrenzsituation zu erzeugen, die meinen Marktwert steigert. Einmal bin ich bei einem Workshop von Robert Bednarek in Zürich in eine Diskothek gekommen. Er hat seinen Studenten erklärt, wie sie sich verhalten sollen, hat sie einzeln an die Hand genommen und ihnen gezeigt, welche Frauen sie ansprechen sollen. Nach einiger Zeit wollten die gelehrigen Schüler, dass er auch eine Frau anspricht: »Zeig uns doch mal, wie das geht.« Daraufhin hat er die vielleicht schönste Frau des Clubs angesprochen, die von allen schon mal vergeblich angesprochen worden war. Sie hat ihm in kürzester Zeit ihre Telefonnummer und einen Kuss zum Abschied gegeben.

Die anderen konnte es nicht glauben. Dabei waren sie es, die ihm das Tor zu ihrem Herz geöffnet hatten. Seine Studenten haben ihm eine Führungsrolle zugewiesen, indem sie um ihn herumstanden, während er dozierte. Sie haben ihn zum Leitwolf des größten Rudels im Club gemacht. Mit so vielen Bewunderern konnte er der Eitelkeit der Frau schmeicheln, denn sie suchte schließlich Bestätigung.

Laut und deutlich sprechen. Gerade in Clubs, wo es sehr laut ist, muss man laut sprechen. Dynamik und Wirkung eines Satzes nehmen dramatisch ab, wenn man ihn wiederholen muss. Es gibt nichts Schlimmeres, als eine Gruppe von Frauen mit einem smarten, zur Situation passenden Spruch zu öffnen, und dann kommt als Antwort: »Wie bitte?«

Das richtige Timing. Es ist wie bei der Welle, das Timing ist entscheidend. Timing kann man sehr gut bei Harald Schmidt lernen. Er hat ein sehr feines Gespür fürs richtige Timing seiner Gags entwickelt. Im ersten Teil des Satzes gibt er eine Information wie: »Forscher haben den höchsten Punkt von Holland entdeckt.« Pause. Die Pause dauert exakt so lange, wie die Leute brauchen, um diese Information zu verarbeiten, und wie nötig ist, damit sich die Spannung aufbaut, mit der die Leute auf die Auflösung warten. »Er liegt auf Linda de Mol.«

Gehen Sie mal an einen Tisch und sagen: »Hallo, ich heiße soundso. Du gefällst mir, ich würde dich gerne kennenlernen.«

Dann machen Sie dasselbe noch einmal und sagen: »Hallo.« Und dann lassen Sie sich so lange Zeit, bis Sie der ganze Tisch still und erwartungsvoll anblickt.

Verführungskünstler haben es nicht eilig.

Eile vortäuschen. Frauen haben grundsätzlich die Sorge, dass man sich dauerhaft zu ihnen gesellt und dann den ganzen Abend dort sitzen bleibt. Diese Bedenken sollte man ihnen nehmen. »Darf ich mich eine Minute zu euch setzen? Ich muss gleich wieder zurück zu meinen Freunden.« Mit dem Sitzen auf der äußersten

Stuhlkante oder einer bereits zum Gehen abgewandten Körperhaltung kann ich diese Aussage noch unterstreichen.

Mystery hat folgende schöne kleine Strategie ersonnen: Er nimmt gerne einen Gegenstand mit in den Club, den er einer Frau geben kann und bei ihr zurücklässt, während er weiterschlendert. Nach einer Weile wird sie dann damit zu ihm kommen, um ihm das Pfandstück zurückzugeben. Geeignet sind etwa eine Federboa, Funkkopfhörer oder eine extravagante Kette.

Tanzen Sie!

Die Tanzfläche ist kein guter Ort, wenn man nicht tanzen kann. Sie sollten tanzen lernen. Da gibt es keine Diskussion. Am besten, Sie melden sich heute noch für einen Kurs an.

Tanzen ist ein kaum chiffriertes Zeichen für Sex. Die Art, wie eine Frau tanzt, ist ein Hinweis darauf, wie leidenschaftlich sie im Bett ist. Auch Frauen beurteilen den Tanzstil der Männer unter diesem Gesichtspunkt. Gerne und gut tanzen zu können heißt ganz einfach, dass man sich in seiner Haut wohl fühlt und mit seinen Körper im Einklang ist.

Ein guter Trick, um Frauen auf der Tanzfläche näherzukommen, ist der sogenannte Lassogriff. Man tanzt neben der Frau, nimmt ihre Hand und dreht sie einmal um die eigene Achse. Dabei blickt man ihr mit einem selbstverständlichen Lächeln ins Gesicht. Das ist eine ebenso einfache wie machtvolle Geste. Nahezu alle Frauen lassen das mit sich geschehen. Es ist ungefähr so, wie wenn man zu jemandem hingeht und die Hand hebt, um »Gib mir fünf« abzuschlagen. Es ist fast ein Reflex, dass der andere seine Hand dann auch hochhebt.

Ich frage: »Kannst du tanzen?« Wenn sie ja sagt, nehme ich sie an der Hand und sage: »Dann beweis das mal.« Wenn sie nein sagt, stelle ich mich auf ein Getränk zu ihr.

Die gemeine Kuppler-Strategie

Es ist nicht schwer zu beobachten, welche Typen neben Frauen stehen und sie angaffen wie Rohölgötzen. Neben jeder gutaussehenden Frau in jedem Club dieser Welt stehen traurige Gesellen, die sich nicht trauen, sie anzusprechen. Ich gehe vorbei und stelle die beiden vor: »Darf ich dir vorstellen: Der Mann, der so unauffällig neben dir steht, heißt … Ich kenne ihn auch noch nicht.« (Es ist wichtig, dass klar wird, dass ich ihn nicht kenne.) Also frage ich ihn: »Wie heißt du?«

Er: »Stefan.«

»Ich glaube, Stefan würde dich gerne kennenlernen. Wie heißt du?«

Sie: »Anna.«

Ich zu ihm: »Komm mal her, Stefan, das ist Anna, die beißt nicht.«

Und ihr flüstere ich ins Ohr: »Wenn er dir ein Getränk ausgibt, möchte ich die Hälfte Provision.«

Dann gehe ich weiter und hole mir ein Getränk oder gehe tanzen, aber ich behalte die beiden im Auge.

Gewöhnlich passiert folgendes: Er quatscht sie voll, sie hasst mich dafür, dass ich ihr diesen Vollidioten auf den Hals gehetzt habe.

Nach einiger Zeit schlendere ich wieder vorbei und sage freudestrahlend: »Ihr scheint euch ja prächtig zu verstehen. Ich hatte gleich so ein gutes Gefühl mit euch beiden. Ihr passt wahnsinnig gut zusammen.«

Dann fahnde ich nach einer Gemeinsamkeit zwischen den beiden: »Ihr habt fast dieselbe Frisur …« Oder: »Eure Outfits passen zusammen, als hättet ihr euch abgesprochen …«

Spätestens da wird die Frau loslachen. Sie wird dankbar sein, sich mit mir zu unterhalten, wenn sie nur nicht mehr mit dem Trottel sprechen muss.

Fuck, Marry, Kill

Hier ist ein nettes Spiel, um es mit Frauen in Clubs zu spielen. Es gibt drei Kategorien, nämlich »Sex haben«, »heiraten« oder »umbringen«. Ich zeige auf irgendwelche Typen, und die Frau soll mir sagen, ob sie, vor die Wahl gestellt, mit demjenigen lieber ins Bett gehen, ihn heiraten oder ihn umbringen möchte. Dann frage ich genau nach, warum sie den Typen so eingeordnet hat. So generiere ich interessante Informationen über ihre Einstellung Männern gegenüber.

Sonderfall Bedienung / Barfrau

In vielen Läden sind die schönsten Frauen die Bedienungen oder die Barfrauen. Deshalb sollten wir ihnen unser besonderes Augenmerk schenken. Wichtig ist, sie aus ihrer Rolle herauszulocken. Ich bin kein gewöhnlicher Kunde, sie muss die Fassade der Bedienung fallen lassen. Sonst komme ich gar nicht an sie heran.

Ein Beispiel. Wenn sie kommt, sage ich noch vor ihr: »Was darf's denn sein?«

Sie wird sagen: »Aber das ist doch mein Spruch.«

Ich: »Ich finde eben, du bist eher der Typ, der verwöhnt werden sollte.«

Dann versuche ich sofort, das Thema von der Arbeit aufs Private zu verschieben. »Was würdest du jetzt gerne machen, wenn du nicht arbeiten müsstest?«

Sie hat es eilig, sie wird nicht lange mit mir reden können. Deshalb schicke ich sie wieder weg: »Kümmere dich um deine Gäste.«

Ich komme doch immer wieder zurück zu ihr, den ganzen Abend lang, ich habe es nicht eilig.

Das Ansprechen von Gruppen

Schöne Frauen sind selten alleine unterwegs, sondern immer in Gruppen. Das ist grundsätzlich kein Problem. Wir brauchen nur eine geeignete Strategie, wie wir eine solche Gruppe aufbrechen können, um schließlich die Frau unserer Wahl aus der Gruppe herauszulösen.

In Gruppen spreche ich immer die Person an, die am offensten und fröhlichsten wirkt. Oft ist das ein Mann. Es ist so einfach, mit einem Mann zu reden. Fußball, Frauen, Fernsehen. Männer sind wunderbare Wesen. Sie sind nicht zickig, sie denken genauso wie man selbst.

Auch wenn es nur einen Mann in einer Gruppe mit mehreren Frauen gibt, spreche ich meistens den Mann an. Oft habe ich das Gefühl, dass ein Typ, der mit mehreren schönen Frauen unterwegs ist, geradezu froh ist, wenn er sich zur Abwechslung mal mit einem Mann unterhalten kann. Wichtig ist, sich gleich mit dem Mann zu solidarisieren. Er ist die Eintrittskarte zu den Frauen.

Wenn es gut läuft, wird er mich seinen hübschen Freundinnen präsentieren: »Darf ich euch meinen neuen Kumpel vorstellen!« Wenn die Frauen dann mit mir reden, darf ich nicht den Fehler machen, meinem neuen Freund bei der ersten Gelegenheit den Rücken zuzudrehen und mich nur noch mit den Frauen zu unterhalten. Früher habe ich das oft gemacht. Aber Frauen bewerten immer auch das soziale Verhalten.

Eine Gruppe aus zwei Frauen ist eine heikle Konstellation, weil ich im Gespräch immer eine der beiden Frauen vernachlässigen muss. Ist eine Frau nur mit einer Freundin unterwegs, empfiehlt es sich immer, einen Freund mitzunehmen, der sich im Zweifel märtyrerhaft um die Freundin kümmert.

Wenn ich eine Frau oder eine Gruppe von Frauen anspreche, ist es Ehrensache, dass mir mein Freund hilft und nicht meine Zielfrau angräbt, wenn ich ihm das nicht ausdrücklich erlaube. Bei einer größeren Gruppe ist es seine Aufgabe, sich um die weniger hübschen Freundinnen zu kümmern, damit ich in Ruhe mit der

Hübschen sprechen kann. Mein Freund verschafft mir soziales Prestige, weil er wie ich ein cooler Typ ist.

Grundsätzlich gilt: Niemals eine Gruppe von Frauen zu zweit ansprechen. Das wirkt wie ein Angriff. Mein Freund wartet, bis ich mich in die Gruppe integriert habe. Dann kommt er, ich stelle ihn vor, und er sagt so etwas wie: »Über was redet ihr gerade?«

Wenn mein Freund derjenige ist, der die Frauen anspricht, dann sagt er: »Darf ich euch vorstellen, das ist Oliver. Er hat lange als Sexguru in Indien gelebt und ist gerade mit seinem neuen Bestsellerroman auf Lesereise durch Europa.«

Wenn ich das selber sagen würde, wäre ich ein Angeber. Aber mein Freund darf das.

Die soziale Dynamik der Gruppe ermitteln. Um mir die soziale Dynamik in der Gruppe zunutze zu machen, frage ich sofort: »Woher kennt ihr euch alle?« Oder: »Mit wem bist du da?« Im besten Fall werden sie mich dann den anderen vorstellen. Der Königsweg, eine Frau kennenzulernen, ist, von ihrer Freundin vorgestellt zu werden: »Das ist Oliver, er ist ein Sexguru.«

Durch diese harmlosen Fragen erschließen sich mir eine ganze Reihe von sehr wertvollen Informationen darüber, woher sich die Leute kennen. Wenn es etwa Arbeitskollegen sind, muss ich sehr diskret vorgehen. Die wenigsten Frauen lassen sich vor ihren Kollegen von jemandem berühren oder küssen. Oder gibt es vielleicht ein Pärchen in der Gruppe? Auch das lässt sich leicht mit einer harmlosen Frage abklären: »Wer ist deine Freundin? Nicht, dass ich versehentlich mit ihr flirte.« Der Mann darf auf keinen Fall das Gefühl haben, dass ich ihm in den Rücken falle.

Die Gruppe erobern. Mein eigentliches Zielobjekt ist meist die schönste Frau in der Gruppe. Die anderen, sowohl Männer als auch Frauen, sind strenggenommen Hindernisse. Trotzdem darf ich nicht den Fehler machen, die schöne Frau anzusprechen und dabei die anderen zu ignorieren. Wenn sich in der Gruppe jemand missachtet oder schlecht behandelt fühlt, wird das Hindernis versuchen, mir meine Traumfrau zu entziehen (»Komm, Katja, wir gehen ...«).

Ich muss davon ausgehen, dass die anderen Leute, mit denen meine Traumfrau unterwegs ist, mehr Einfluss auf sie haben, als ich mir in zehn Minuten aufbauen kann. Deshalb bemühe ich mich, mit den anderen in der Gruppe besonders verbindlich zu sein. Ich bin charmant und bringe sie zum Lachen. Die weniger gutaussehenden Frauen kennen das Gefühl, dass sie angesprochen und dann einfach stehengelassen werden. So eine Frau kann mich später von hinten meucheln und ihre Freundin anstacheln, mir eine Abfuhr zu erteilen. Ich freunde mich daher ganz einfach mit ihren Freunden an, so kann ich sicher sein, dass mir niemand in den Rücken fällt, wenn ich mich schließlich der Frau zuwende.

Die Frau erobern. Die eigentliche Strategie der schönen Frau gegenüber, für die ich mich interessiere, ist folgende: Ich ignoriere sie so lange und intensiv wie möglich, während ich mich um ihre Freunde kümmere. Ich stelle demonstrativ meinen sozialen Status unter Beweis. Ich bin charmant und witzig. Ich unterhalte die Gruppe, bringe ihre Freundinnen zum Lachen, flüstere ihrer Nachbarin etwas ins Ohr. Jede schöne Frau ist es gewöhnt, dass alle Aufmerksamkeit ihr geschenkt wird. Immer wenn ein Mann in die Gruppe kommt, wendet er sich mehr oder weniger unmittelbar der schönen Frau zu. Ich mache genau das Gegenteil.

Die Frau isolieren. Wenn ich mich dreißig Minuten mit einer schönen Frau unterhalten habe, sage ich: »Komm mal mit. Wir gehen wohin, wo es ruhiger ist oder wir uns hinsetzen können.« Ich versuche im Club den Ort zu wechseln. Das ist für eine Frau ein ganz klares Statement, auch gegenüber ihren Freundinnen. Zu denen sage ich: »Darf ich euch xy mal entführen?«

Ein anderer plausibler Grund für einen Ortswechsel: »Ich würde dich gerne meinen Freunden vorstellen.«

Wenn ich die Frau isoliert habe, fallen für sie auch soziale Hemmungen weg. Viele Frauen wollen nicht so offensichtlich vor ihren Freunden angeflirtet, angefasst oder sogar geküsst werden.

2. U-Bahn und Bus

Ich liebe es, in öffentlichen Verkehrsmitteln zu flirten. Jeden Tag sitzen in Deutschland Hunderttausende Frauen da und warten auf U-Bahnen und Busse. Sie sitzen da und haben nichts zu tun. Dann sitzen sie im Zug und haben nichts zu tun. Und dann komme ich und mache sie glücklich.

Folgende Strategien haben sich bewährt:

- *Etwas fallen lassen:* Ich lasse etwas fallen, so dass die Frau es aufheben muss. Dann sage ich: »Ich mag Frauen, die gut erzogen sind. Danke.« Und dann so etwas wie: »Wow, das ist eine lässige Tasche. Wo hast du die gekauft?«
- *Kreuzworträtseln in der U-Bahn:* Ich habe immer ein Kreuzworträtsel in der Tasche. Das ist ein wunderbares Instrument, um mit einer Frau ins Gespräch zu kommen: »Weißt du einen afrikanischen Fluss mit drei Buchstaben?«
- *Reisekatalog durchlesen:* »Ich kann mich nicht entscheiden. Ich fahre mit meinem Bruder in Urlaub. Welches Hotel gefällt dir besser?« Das ist eine hübsche Anmache, weil es die Frauen gleich in eine sehr schöne Stimmung versetzt. Die allermeisten sagen: »Oh, nimm mich doch mit …«
- *Die Bücher-Anmache:* Kann man mit jedem Buch machen, das

man gerade liest. »Kennst du dieses Buch? Ich versuche das jetzt schon seit zwei Monaten zu lesen. Wenn ich abends nach Hause komme, lese ich eine Seite und schlafe dann sofort ein. Und wenn ich tags darauf weiterlese, kann ich mich nicht mehr erinnern, was drin stand. Geht dir das auch manchmal so?«

- Oder die Kurzform: »Jetzt lese ich diese Seite schon zum dritten Mal und weiß immer noch nicht, was drin steht. Kennst du das?«

- Mit Sicherheit antwortet sie: »Ja, das kenne ich, das geht mir genauso.«

- *Die Shopping-Anmache:* »Mir gefällt dein Style. Wo kaufst du deine Klamotten ein? Ich gehe meistens mit meinen Kumpels einkaufen, und die wollen immer nur zu H&M. Ich suche eine Frau, die mit mir einkaufen geht …«

- *Wenn mir wirklich gar nichts anderes einfällt:* »Fährst du auch in Richtung … (die Richtung, in die der Zug fährt)? Das kann doch eigentlich kein Zufall sein, dass wir beide gleichzeitig in dieselbe Richtung fahren.«

3. Auf der Straße

Immer wenn ich durch die Fußgängerzone laufe, sehe ich unglaublich schöne Frauen. Abends in der Bar und im Club sind die Schönheiten dann verschwunden. Deshalb habe ich mich intensiv mit Techniken und Tricks beschäftigt, um Frauen im öffentlichen Raum anzusprechen.

Die Straße ist ein schwieriges Terrain. Frauen sind es gewohnt, von Bettlern und anderen Nervensägen angequatscht zu werden, und reagieren entsprechend abweisend. Um dem vorzubeugen, gehe ich so vor:

- Ich trage einen Anzug, um hohes soziales Prestige zu demonstrieren.

- Ich setze ein entwaffnendes Lachen auf. Meine Körpersprache ist defensiv.

- Ich überlege mir einen plausiblen Grund, um die Frau anzusprechen, zum Beispiel: »Wo geht es zum xy?«, »Wie findest du dieses Kleidungsstück?«. Oder: »Wo kann man hier abends gut ausgehen?«

Ich suche nach Situationen, in denen ich die Frau nicht stoppen muss. Es ist immer schwierig, wenn die Frau in Bewegung ist. Deshalb mag ich Ampeln (»Wollen wir mal was ganz Verrücktes tun und bei Rot über die Straße gehen?«) oder Schaufenster (»Gibt es einen Menschen auf der Welt, der so eine Figur hat wie eine Schaufensterpuppe?« Oder: »Ich glaube, du bist die einzige in dieser Stadt, die es gerade nicht eilig hat.«).

4. Vor der Bar oder dem Restaurant

Ein neuer Flirttrend dürfte wohl bald auch Deutschland erreichen: »Smirting«, die Kombination aus »Smoking« und »Flirten«. Wer in der Bar sieht, dass ein Objekt der Begierde Anstalten macht, zum Rauchen zu verschwinden, der geht wie zufällig mit – und kann draußen mit dem Klassiker »Hast du mal Feuer?« gleich anbandeln. Vor irischen Kneipen bilden sich bereits »Smirt«-Trauben.

Früher gab es die Zigarette nach dem Sex. Jetzt gibt es auch die davor.

5. In Boutiquen

Je teurer und edler die Boutique, um so schöner die Frauen. In den angesagten Boutiquen laufen wunderschöne Frauen in sirupartiger Konzentration herum.

Es geht ganz einfach: »Wie findest du diesen Hut?«

Sie: »Schrecklich.«

Darauf ich: »Vielen Dank für deine Ehrlichkeit. Ich mag ehrliche Frauen. Wie heißt du?«

Die Frage nach dem Namen ist der erste wichtige Schritt zum Aufbau einer persönlichen Beziehung.

Oder eine andere Variation: »Ich möchte einen Pullover für meine Schwester kaufen. Du hast so eine ähnliche Figur. Kannst du den mal kurz anziehen?«

Sie: »Klar. Gerne.«

Später: »Würde er dir gefallen?« Und: »Das ist nett von dir. Ich mag hilfsbereite Frauen. Wie heißt du?«

Für die schönen Verkäuferinnen gilt die gleiche Strategie wie für Barfrauen (siehe S. 132). Wir müssen es schaffen, nicht in die Rolle des gewöhnlichen Kunden zu fallen. Auch hier mein Lieblingsspruch: »Kann ich Ihnen helfen?« Sie wird sagen: »Das sollte doch eigentlich ich sagen.« Und schon ist man im Gespräch.

Den Satz sage ich auch manchmal zu einer Kundin, wenn gerade keine Verkäuferin da ist. Wenn dann die Verkäuferin kommt, sage ich: »Ich habe nie behauptet, dass ich Verkäufer bin, ich habe nur gefragt, ob ich helfen kann.« Aber gerade im H&M oder bei Zara sind ohnehin fast nie Verkäuferinnen in der Nähe.

6. Im Supermarkt

Ich fahre gemütlich mit meinem Einkaufswagen durch den Supermarkt und treffe eine Frau, die gerade was auch immer einkauft. Ich frage sie: »Findest du es nicht auch nervig, dass Stars wie du und ich im Supermarkt einkaufen müssen wie ganz normale Leute?«

Es ist interessant, dass die meisten Frauen nicht etwa antworten: »Ja, das stimmt, ich hätte auch viel lieber einen Butler, der das für mich erledigt.« Die meisten Frauen lachen und sagen: »Ach, ich kaufe doch ganz gerne ein …« Letztlich sind die Frauen doch ganz glücklich in ihrer Rolle.

Wenn man schon auf so einer albernen Anmachspur ist, kann man den Small talk prima so ausbauen: »Ich habe da von einer ganz neuen Geschäftsidee gehört, da kann man reingehen, sich hinsetzen und dann kommt jemand, der fragt einen, was man gerne essen möchte, und – halt dich fest – dann dauert es gar nicht lange, und das fertige Essen wird einem auch noch an den Tisch gebracht. Das Ganze nennt man Restaurant. Stell dir vor, da muss man gar nicht mehr zum Einkaufen gehen. Ist das nicht eine unglaublich gute Idee? Hast du davon schon mal was gehört?«

Die Frau wird lachen. Wenn eine Frau da nicht lacht, sollte man sie gleich mit dem Einkaufswagen über den Haufen fahren. Wenn sie lacht, dann sage ich, ich müsste ihr so ein Restaurant unbedingt mal zeigen, das würde ihr bestimmt gefallen.

7. Im Buchladen

Ich spaziere auf die schöne Frau am Buchregal zu und frage: »Kennst du dich nur mit Frauenliteratur aus oder kannst du mir auch ein wirklich lustiges Buch empfehlen?«

Wenn die Frau »ja« sagt und ins Regal greift, sage ich (egal, welches Buch sie empfiehlt): »Nein, nicht dieses.«

Dann drehe ich den Spieß um: »Du bist eher der Typ für dieses hier, oder? Du siehst aus, als dürfte es nicht sehr anspruchsvoll sein.« Das sage ich natürlich immer mit einem humorvollen Unterton.

Ein netter Nebeneffekt des Flirts in einem Buchladen ist, dass sich gewisse Rückschlüsse ziehen lassen, je nachdem, in welcher Abteilung der Buchhandlung sich die Frau gerade aufhält. Finger weg von Frauen in der Lebenshilfeabteilung!

6 Phase II: Das Gespräch

Die Interaktion zwischen Mann und Frau ist eine Kunstform. Es wird auch in Zukunft keinen Computer geben, der ein gutes Gespräch simulieren kann. Immer wieder wurden Programme geschrieben, die auf einer rationalen Ebene perfekte Antworten gaben, und dennoch hatten die Versuchsteilnehmer stets sehr schnell den Eindruck, es würde keine Gesprächsdynamik entstehen.

Ein guter Verführungskünstlers führt ein Gespräch so, dass es immer zu einer psychischen und physischen Annäherung der beiden Gesprächspartner kommt. Hier will ich zunächst einige grundsätzliche Techniken vorstellen, bevor wir uns dann als erste Stufe der erfolgreichen Annäherung im Gespräch mit der Steigerung der Attraktivität beschäftigen.

Wie funktioniert ein Gespräch?

Um wirklich verstehen zu können, was bei einem Gespräch passiert, ist es sinnvoll, sich die Erkenntnisse der Kommunikationswissenschaft zunutze zu machen. Kommunikationswissenschaftler unterscheiden eine ganze Reihe von Kriterien, wenn sie Unterhaltungen als soziale Handlung untersuchen. Mir hat es sehr geholfen, mich mit diesen Kriterien theoretisch zu beschäftigen, denn dabei wurde mir klar, welche Faktoren für den Verlauf eines Gesprächs wichtig sind:

Zahl der Kommunikationsteilnehmer. Am besten bin ich freilich im Selbstgespräch. Ein Gespräch verändert sich dramatisch, ob ich mit einer Frau, mehreren Frauen oder mit einer gemischten Gruppe spreche. Wenn ich mit größeren Gruppen spreche, geht es mir mehr darum zu unterhalten, im Zweiergespräch geht es um die Annäherung.

Verhältnis der Teilnehmer zueinander. Immer die erste Frage: Woher kennt ihr euch? Ich versuche den Grad der Vertrautheit zu verstehen. Wie sind die Körperhaltungen und die Orientierungswinkel zueinander? Wie groß ist der Körperabstand, wie beobachten oder berühren sie sich? Je vertrauter die anderen untereinander sind, um so größer ist deren Einfluss.

Rang und Status. Wer ist der Chef der Gruppe? Wer entscheidet darüber, ob ich von der Gruppe akzeptiert werde? Jede Gruppe hat gewöhnlich einen Alphaführer, das gilt auch für reine Frauengruppen. Häufig ist es diese Person, die entscheidet, ob ich integriert werde oder nicht. Aber auch wenn die Frau allein ist, ist das ein sehr wichtiger Aspekt: Welchen Status hat sie? Wie schätzt sie meinen Status ein? Wie kann ich meinen sozialen Rang erhöhen?

Thematik. Welche Themen sind angebracht? Was interessiert sie? Wie kann ich den Grad an Intimität erhöhen?

Themenbehandlung. Ich spreche nie argumentativ, also problematisierend oder argumentierend, sondern nur assoziativ und deskriptiv. Ich beschreibe und lasse sie an meinen Gefühlen teilhaben.

Art der Themenfixierung. Wie kommen wir auf das Thema? Wer setzt das Thema? Natürlich ich, indem ich ihr Interesse ködere.

Öffentlichkeitsgrad. Wie verhalten sich meine Wortwahl und meine Stimme, wenn unsere Themen persönlicher werden? Wie kann ich die Gesprächssituation intimer werden lassen? Von der Bar übers Sofa ins Bett.

Subjektive Situation. Wie vertraut und zufrieden ist die Frau mit der Gesprächssituation? Wie kann ich ihre Zufriedenheit noch weiter erhöhen?

Allgemeine Gesprächsgrundlagen

Der Perspektivenwechsel

Die meisten Männer denken nicht nach, bevor sie reden. Sie sprechen einfach aus, was ihnen in den Sinn kommt. Man sagt, ihnen fehle die psychologische Probebühne, die es Frauen ermöglicht, ihr Handeln und Reden zuvor einer inneren Kontrollinstanz zu unterwerfen.

Das Ergebnis ist: Das, was uns als erstes in den Kopf kommt, hat meistens mit uns selbst zu tun. Es reflektiert gemeinhin unsere eigenen Gefühle. Wir reden von und über uns selbst.

Der Verführungskünstler dagegen versucht sich in die Frau hineinzuversetzen und sie psychologisch zu durchdringen. Ich ändere meine Perspektive radikal. Ich sehe mich durch ihre Augen. Ich verschmelze mit ihr, bis ich diesen knuffigen Typen mit der großen Nase und der Brille verführt habe.

Die subjektive Situation der Frau

Ein erfolgreiches Gespräch hängt ganz wesentlich von der subjektiven Situation der Frau ab. Drei Konzepte bestimmen dabei ihr Verhalten, und keines davon darf ich unterschätzen:

• Subjektive Lebensqualität: zum Beispiel Gefühlslage, Versorgtheit.

- Umweltkonzept: ihre Einstellung zu anderen Personen ihrer Gruppe, ihr Sozialverständnis.
- Selbstkonzept: Selbstvertrauen, Stellung zum eigenen Ich.

Mein Weg ist folgender: Erst versuche ich die subjektive Lebensqualität der Frau zu verbessern. Gute Laune ist der erste Schritt in Richtung Liebe. Dann integriere ich ihre Umwelt, um mich schließlich im dritten Schritt an ihr Selbstkonzept wenden zu können.

Die Frau spiegeln

Wissen Sie, wie man eine Lerche fängt? Der Jäger stellt mitten auf dem Feld einen Spiegel auf und wartet, bis die Lerche hinfliegt. Sie blickt selbstverliebt in den Spiegel und lässt sich ohne Gegenwehr einfangen.

Letztlich interessiert sich jeder Mensch und erst recht jede Frau nur für eines: sich selbst. Sie will sich selbst in ein gutes Licht rücken. Sie will ihre besten Geschichten erzählen. Sie will lachen. Sie will Bestätigung.

Glück, physisch also die Ausschüttung von Serotonin, ist die Antriebsfeder aller Menschen. Wir können der Frau dieses Gefühl verschaffen, wenn wir ihr vermitteln, dass sie bestätigt und angenommen wird. Frauen wollen verstanden werden. Warum verstehen wir sie dann nicht einfach?

Eine erste Übung besteht darin, das, was sie sagt, umzuformulieren und an sie zurückzugeben. Sie sagt beispielsweise: »Ich mag es, wenn ich ganz allein auf dem Sofa sitze, und es regnet draußen.« Daraufhin sage ich: »Ja, genau. Wenn der Regen ans Fenster prasselt und ich mich ganz tief in die Decken kuschle und das Gefühl habe, dass es keinen schöneren Platz auf der Welt gibt als das eigene Sofa.«

Ich nehme also Worte der Frau, paraphrasiere sie und gebe ihr ihre Meinung als meine Meinung zurück. Das ist die einfachste Form der emotionalen Verbindung: einer Meinung sein. Zustimmen. Loben. Das ist eine wunderbare Form der Gemeinsamkeit.

Das eigene Gesprächsverhalten reflektieren

Wir Männer denken ja gerne, wir wären eben so, wie wir sind, und unser Verhalten wäre geradezu genetisch vorprogrammiert. Tatsächlich aber verhalte ich mich gemäß den Erwartungen, die andere an mich und mein Verhalten richten. Ich habe meine Rolle und die Frau hat ihre. Und es ist uns nahezu unmöglich, aus unserer Rolle auszubrechen.

Ihre Rolle ist es typischerweise, sich gegenüber Männern zu verteidigen. Also muss ich es schaffen, dass sie aus dieser Rolle ausbricht.

Natürlich ist mein Verhalten auch durch mein Selbstbild bestimmt: die Frau, glaube ich, nimmt mich so wahr, wie ich denke, dass ich auf sie wirke (also entsprechend meinem Selbstbild). Die Frau wiederum verhält sich so, wie sie glaubt, dass ich sie wahrnehmen würde (entsprechend ihrem Selbstbild). Klingt kompliziert, meint aber vor allem eines: Gespräche sind Ausdruck sozialen Verhaltens. Ich kann also weder ihr noch mein Verhalten als isolierten Prozess verstehen.

Ein Beispiel: Früher habe ich die Informationen, die mir eine Frau im Gespräch gegeben hat, eindimensional wahrgenommen. Männlich, analytisch eben. Sie heißt Uschi, sie hat zwei Geschwister, die in einer anderen Stadt leben. Sie mag Tauchen und Wandern. Heute denke ich: »Wie ist es für sie, dass die Familie so auseinandergerissen ist? Wer gibt ihr Geborgenheit, wenn nicht die Familie? Was sagen die Hobbys über ihre Persönlichkeit aus?«

Seit ich Gespräche so reflektiere, kann ich mich Frauen wesentlich schneller emotional annähern. Es ist, als hätte ich eine weitere Dimension des Gesprächs entdeckt.

Zuhören können

Ich bin *Playboy*-Reporter und habe alle spannenden Geschichten dieser Erde erlebt. Früher habe ich Frauen erzählt, wie ich mit Tom Cruise beim Essen war, wie es sich anfühlt, in einem Jahr vierzig unterschiedliche Länder zu bereisen, und dass ich neulich erst einen neuen Länderpunkt für Madagaskar und für Kiribati bekommen habe. Dann habe ich bemerkt, dass es viel erfolgversprechender ist, wenn ich ihr die Möglichkeit gebe zu glänzen. Ich bin nur der Spiegel ihrer Attraktivität.

»Was ist die Liebe anderes als eine Art Neugier«, sagte Giacomo Casanova, der wohl größte Verführer aller Zeiten. Das Ziel der Interaktion ist nicht, dass man die Frau dazu bringt, ihr Interesse zu signalisieren. Viel interessanter ist es, etwas über die Frau zu erfahren, damit ich ihr mein Interesse zeigen kann. Es kommt nicht darauf an, möglichst interessant zu sein, sondern möglich interessiert zu sein.

Wie bringt man aber eine Frau dazu, sich zu öffnen? Die Antwort ist faszinierend einfach: durch Zuhören. Es ist eine fast verlorene Kunst, die ohnehin wenigen Männer in die Wiege gelegt ist. Dem Mann muss es gelingen, ein Vakuum zu erzeugen, das die Frau mit ihren Geschichten füllen kann. Bauen Sie eine Spannung auf, die sie nur dadurch abbauen kann, indem sie sich Ihnen öffnet. Frauen lieben Männer, die ähnlich ticken wie sie selbst.

Der Grund ist denkbar einfach. Wenn man ihr ähnlich ist, dann teilt man ihre Ansichten über die Welt. Das bestätigt die Frau in ihrer Sicht der Dinge. Sie hält einen für klug, intelligent, gewitzt, weil sie sich selbst für klug, intelligent, gewitzt hält. Ich kann den Spruch »Gegensätze ziehen sich an« nicht bestätigen. Allenfalls Einzigartigkeit zieht an.

Das Geheimnis des Verführungskünstlers sind daher nicht die auswendiggelernten Anmachsprüche, sondern es ist die Fähigkeit, eine Frau auf den Moment zu fokussieren. Dazu bedarf es der gegenseitigen Öffnung. Um eine Frau dazu zu bringen, dass sie sich mir gegenüber öffnet, muss ich mich also erst ihr öffnen. Ich öffne mich, indem ich ein Geheimnis, eine Sehnsucht oder eine emotionale Wunde offenbare. Damit sie mir ein Geheimnis erzählt, muss ich ein Geheimnis mit ihr teilen. Um eine offene, emotionale, interessante Kommunikation herzustellen, muss ich mich offen, emotional und interessiert mit ihr unterhalten.

Grundlegende Gesprächstechniken

Blickkontakt herstellen

Wenn ich mit einer Frau spreche, blicke ich ihr fest in die Augen. Erst kurz vor dem Kuss wechsle ich mit dem Blick zwischen ihren beiden Augen hin und her, das erhöht die emotionale Spannung zusätzlich. Ich nutze den Blickkontakt im Gespräch, um die Frau zu konditionieren. Der Blickkontakt wird um so tiefer und intensiver, je emotionaler und bedeutsamer unser Gespräch wird. Wenn wir über etwas Negatives sprechen, blicke ich weg. Auf diese Weise soll sie »Wegschauen« nach und nach mit »schlechten Gefühlen« verbinden. Und Hinschauen mit guten.

Körpersprache einsetzen

Ich achte auf die Körperhaltung der Frau zu Beginn des Gesprächs. Ich drehe mich zu ihr, wenn sie sich mir öffnet. Ist die Frau anfänglich schüchtern, deute ich an, dass ich gleich weitergehen will. Dazu mache ich beispielsweise einen ersten Schritt weg von ihr, damit sie das Gefühl hat, ich würde gleich wieder gehen. Oder ich setze mich auf die äußerste Stuhlkante.

Viele Männer halten die Hände höher, so dass sie eine Art Barriere zwischen sich und der Frau bilden. Das ist eine ganz natürliche Schutzhaltung, die ich mir abgewöhnt habe.

Wenn ich mit einer Frau rede, versuche ich mich so zu positionieren, dass ich im Mittelpunkt stehe. An der Bar in einem Club achte ich zum Beispiel darauf, dass ich derjenige bin, der auf dem Hocker sitzt. Sie soll zu mir sprechen. Manche Typen stellen sich stundenlang neben eine Frau oder beugen sich zu ihr herunter, so dass sich alle im Club denken: Oh, da baggert wieder einer dieser aussichtslosen Gesellen.

Im weiteren Verlauf des Gesprächs setze ich auf eine dominante Körpersprache und lehne mich zurück. Selbst wenn die Frau nicht bewusst wahrnimmt, dass ich mich vorher zu ihr hin gedreht habe und mich jetzt zurücklehne, ist es dennoch ein kraftvolles, unterbewusstes Signal.

Die Rollen festlegen

Letztlich handelt es sich beim Flirt um ein Bewerbungsgespräch. Die Frau bewirbt sich um den Job als Assistentin der Geschäftsführung. Ich bin der Chef. Ich wähle sie aus. Das bedeutet nicht, dass ich ihr nicht zeigen sollte, dass ich ein guter, fürsorglicher und cooler Chef bin. Nur: Ich bin der Chef. Wenn ich nur den geringsten Zweifel daran hege, dass die Frau nicht an mir oder daran interessiert sein könnte, was ich zu sagen habe, wird sie auch nicht interessiert sein. Frauen können Unsicherheit riechen wie Drogenhunde Heroinplatten.

Ein Thema anbieten

Ich biete der Frau ein Thema an. Etwa: »Was war dein schönstes Erlebnis in diesem Jahr?«

Sie: »Ich hatte eine wundervolle Woche beim Spanischkurs in Mexiko.«

Dann gehe ich auf ihre Antwort ein: »O mein Gott, ich will schon seit Jahren einen Spanischkurs machen. Ich habe mich mal unsterblich in eine Kubanerin verliebt, wir saßen tagelang nur am

Strand und haben Händchen gehalten. Ich Idiot konnte kein Wort sagen. Ich glaube, man kann in keiner Sprache so wunderbar eine Liebeserklärung machen wie auf spanisch. Hast du im Kurs viel gelernt?«

Das ist die einfachste Struktur: Ich biete der Frau ein Thema an. Damit ködere ich sie und achte darauf, wie stark sie emotional reagiert. Wenn sie einsteigt, also meinen Köder schluckt, dann versuche ich, mich über das Thema mit ihr zu verbinden. Es ist also eigentlich nur die Frage, bei welchem Köder sie anbeißt. Den richtigen Köder auszuwählen ist dem Feingefühl des Anglers überlassen.

Einige Themen, die ich immer wieder gerne im Gespräch aufgreife:

- »Warum lieben sich Menschen?«
- »Warum gibt es zwei Geschlechter?«
- »Können wir unser Denken selbst bestimmen?«
- »Ich habe eine Ausbildung in ayurvedischer Massage gemacht.« (Eigentlich alle Frauen wollen gerne massiert werden.)
- »Wenn du dich in ein anderes Zeitalter versetzen könntest, wohin würdest du dich wünschen und wer würdest du gern sein?«

Das letzte Beispiel ist eine Frage, bei der ich erwarten kann, dass sie, nachdem sie sie beantwortet hat, fragt: »Und du?«

Dann könnte ich entgegnen: »Ich wäre gerne ein magischer Verführer wie Don Juan, der die Frauen verrückt macht.«

Jeder sollte sich seinen eigenen Köder überlegen. Meine Köder sind nicht zufällig gewählt, es sind Geschichten über Dinge, die ich erlebt habe oder mit denen ich mich wirklich intensiv beschäftigt habe. Es hilft ungemein, wenn ich dazu eine gute Geschichte erzählen kann. Ich kenne unzählige Verse von Molières *Don Juan*, und ich weiß, dass es sehr gut läuft, wenn das Gespräch auf historische Frauenhelden kommt. Durch die Wahl des Köders behalte ich die Kontrolle über das Gespräch.

Die richtigen Fragen stellen

Hier eine Liste von Fragen, die man einer Frau stellen kann und die sie dazu bringen werden, einem eine ganze Palette ihrer Norm- und Wertvorstellungen zu präsentieren. Damit werden Sie eine ganze Menge von Aussagen zu ihrer Persönlichkeit erhalten, die Ihnen wiederum strategische Vorteile im Gespräch sichern.

- »Was macht dich glücklich?«
- »Wie sehen dich deine Freunde?«
- »Welchen Eindruck hast du von mir?«
- »Eine besonders schöne Erfahrung aus deiner Schulzeit?«
- »Wann in deinem Leben hast du dich besonders gut gefühlt?«
- »Erinnerst du dich daran, wie du dich das erste Mal richtig verliebt hast? Wie fühlte sich das an?«
- »Wen würdest du gerne in einem Film spielen? Warum?«
- »Wie gut kennst du dich selbst?«
- »Welche deiner Eigenschaften kennen die wenigsten Leute?«
- »Was hast du noch nie jemandem verraten?«
- »Was an dir nervt dich am meisten?«
- »Was ist das Peinlichste, das dir jemals bei einem Date passiert ist?«

Das Thema wechseln

Manchmal gibt es fürchterliche Gesprächsthemen, die sich ziehen wie der Käse auf der Pizza. Sie erzählt über ihre Erlebnisse in der Volkshochschule oder über ihre doofe Freundin Renate. Und ich möchte das Thema wechseln. Was tun? Wussten Sie, dass der

Cappuccino so heißt, weil er an die Farbe der Kleidung von Kapuzinermönchen erinnert?

Ich ändere einfach das Thema. Radikal. Das Hirn ist so schnell, dass alte Gesprächsthemen augenblicklich vergessen sind.

Mit Komplimenten steuern

Mit einem guten Kompliment kann ich das Gespräch dirigieren. Komplimente sind wichtig, weil sie ein Gespräch auf die nächste Ebene führen können. Deshalb sollten sie in jedem Gespräch ganz automatisch kommen.

Ein Kompliment, das ich in jedem Gespräch verwende: »Du bist interessant. Wie heißt du?« Erst wenn ich ihren Namen kenne, wird unser Gespräch persönlicher.

Ein anderes Strukturkompliment, um einen Schritt weiter zu kommen, kann ein Gespräch beschließen: »Es macht Spaß, sich mit dir zu unterhalten. Wollen wir das Gespräch mal fortsetzen?«

Diese Frage muss nicht erst nach einer Stunde Gespräch kommen. Ich habe auch schon mal eine Frau gefragt, wo die Toiletten sind. Sie hat geantwortet: »Da drüben.«

Darauf ich: »Es macht Spaß, sich mit dir zu unterhalten. Wollen wir die Unterhaltung mal fortsetzen?«

Sie: »Auf dem Klo?«

Ich: »Nein, ich kann nicht reden, während ich … du weißt schon.«

Bildreiche Sprache benutzen

Ein Gespräch kann entweder in die Vergangenheit, in die Gegenwart oder in die Zukunft gerichtet sein. Das verführerische Gespräch spielt in der Zukunft, in ihrer Phantasie. Es ist die Erfüllung ihres Traums von Erotik, Glück und Partnerschaft: »Ich stelle mir gerade vor, wie wir gemeinsam auf einem Boot über den Ozean fahren. Die Gischt spritzt uns ins Gesicht. Die salzige Luft klebt in meinen Haaren. Die Sonne strahlt heiß auf uns herab.« (Ein alter Otto-Witz geht dann so weiter: »Und du sitzt hinter mir und ruderst.«)

Meine Sprache ist immer sehr bildhaft. Ich verwende eine aktive Sprache voller Verben und detailreicher Beschreibungen. Details sind es, die die Dinge vor unserem geistigen Auge wirklich werden lassen.

Fehler in der Gesprächsführung

Themen, die man meiden sollte

Es gibt Themen, über die Sie mit einer Frau besser nicht sprechen. Ziel ist es ja immer, eine positive Grundstimmung zu erzeugen. Auf jeden Fall sollten Sie daher vermeiden:

- *Probleme, Sorgen, lästern, schlecht drauf sein.*
  Manche Männer glauben, sie würden intellektuell oder doch zumindest kritisch wirken, wenn sie an allem etwas auszusetzen haben. Richtig ist: Wer schlecht drauf ist, wird im nächsten Leben als Molch wiedergeboren. Fragen Sie den buddhistischen Mönch ihres Vertrauens.
- *Schlecht über Ihre Exfreundinnen reden.*
  Frauen registrieren sehr genau den Respekt, den man Frauen grundsätzlich entgegenbringt. Der Umgang mit anderen Menschen ist ein wichtiges Kriterium für die Einschätzung Ihrer sozialen Kompetenz.
- *Die Probleme der Frau analysieren.*
  Ein ganz schlimmer, schmerzhafter Anmachspruch ist: »Hey, warum lachst du denn nicht? Bist du schlecht drauf?« Ich habe diesen Spruch sicher schon tausendmal gehört. Ganz übel. Was soll die Frau da sagen, außer »Verpiss dich«?

Nicht zuviel reden

Der häufigste Fehler von Männern ist, dass sie gar nicht mit Frauen reden. Der zweithäufigste Fehler ist, dass sie zuviel reden. Das hat auch der Flirtforscher Karl Grammer von der Universität Wien im Experiment herausgefunden. Hier die Kriterien, die Frauen, laut Grammers Studie, als ausgesprochen langweilig und nervig empfunden haben:

- Passivität.
- Langsames und ermüdendes Erzählen, das nicht auf den Punkt kommt.
- Mangelnde Konzentration.
- Gefühllosigkeit.
- Humorlosigkeit.
- Banalität und Oberflächlichkeit.
- Das Talent, nur über sich selber zu reden.

Dieser Liste möchte ich außerdem noch hinzufügen: Langweiler, Moralapostel, Triebgesteuerte und Labertaschen, vulgäre Männer und solche, die nur reagieren und nicht agieren. Was auch gar nicht gut ankommt, ist, wenn jemand geizig ist und kein Geld ausgeben kann oder will. Geiz ist wie ein Guss kaltes Wasser auf die Glut der Verführung.

Forscher Grammer fand auch heraus, dass die Männer, ohne es zu merken, alles noch viel schlimmer machen, wenn sie sich tatsächlich zu einer Frau hingezogen fühlen. Dann nämlich verwenden sie im Gespräch noch häufiger die erste Person Singular. Also achte ich darauf, wie oft ich über mich spreche und wie oft ich dabei das Wort »ich« einsetze.

Attraktivität aufbauen

Verhaltensforscher haben herausgefunden, dass Frauen auch dann flirten, wenn sie den Mann eigentlich als nicht sonderlich attraktiv einstufen. Das bedeutet, dass Frauen auch denjenigen Männern eine Chance geben, die sie nicht unbedingt attraktiv finden. Flirten ist also ein Test. Wir müssen ihn nur bestehen.

Die Verführungskünstler haben vielfältige Methoden ersonnen, wie man sich einer Frau gegenüber charmant und interessiert zeigt und sich als schillernde Persönlichkeit inszenieren kann, um im zweiten Schritt eine emotionale Nähe zu der Frau aufzubauen. Es ist ganz einfach: Erst muss sie mich attraktiv finden, dann muss sie sich in mich verlieben.

Eine Wohlfühlatmosphäre schaffen

Wann spreche ich gerne mit einem Menschen? Und über welche Themen? Da kann man getrost von sich auf andere schließen, denn das geht jedem Menschen gleich:

- Wenn es mir ein gutes Gefühl gibt. (Komplimente)
- Wenn ich selbst eine gute Geschichte erzählen kann.
- Wenn ich etwas höre, was wirklich spannend ist, weil es von großem Interesse für meine persönliche Lebenswelt ist.

So empfinden Frauen das auch. Ich spreche daher nicht über Gegenstände oder Orte, sondern nur über meine Erlebnisse. Am besten in Form einer ironischen Reflexion dieser Erlebnisse. Die Art und Weise, wie ich das Erlebte darstelle, sollte es der Frau leichtmachen, sich mir emotional anzunähern.

Viele Männer und manche Verführungskünstler glauben, dass

man das Glas mit der Attraktivität erst füllen müsse, bevor einen die Frau toll findet. Ich sehe das anders: Man muss sich so verhalten, als wäre das Glas mit der eigenen Attraktivität ohnehin voll. Deswegen ist man ganz entspannt. Ich muss mich nicht beweisen. Sie muss sich beweisen.

Das soll aber nicht heißen, dass es ausreicht, sich einfach nur vor eine Frau hinzustellen und zu glauben, sie würde einen sogleich für unwiderstehlich halten. Viele Männer beginnen mit der Verführung, noch bevor sie der Frau ihre Attraktivität überhaupt demonstriert haben. Das sind die Jungs, die hingehen und sagen: »Ich find dich geil.«

Das funktioniert im männlichen Hirn, aber nicht im weiblichen. Frauen brauchen Sicherheit, Vertrautheit, sie brauchen eine ausreichende Stimulation in ihrem Hirn, bis die Hormone freigesetzt werden, die dafür sorgen, dass die Frau auch ein weitergehendes Interesse an dem Mann entwickelt.

Gemeinsamkeiten von ihr feststellen lassen

Ich habe die Erfahrung gemacht, dass es nicht sonderlich erfolgversprechend ist, wenn ich im Gespräch mit einer Frau von Anfang an nach Gemeinsamkeiten zu fahnden versuche. Manche Männer glauben, sie wären in der Lage, ihre Attraktivität zu steigern, indem sie mögliche Gemeinsamkeiten hervorheben, etwa nach dem Muster: »Ach, tatsächlich, du reitest? Ich liebe Reiten!« Oder: »Ich war auch in Italien.« Das ist zwar eine mögliche Strategie. Für Anfänger.

Der Profi kann es besser. Ich setze die Gemeinsamkeiten durch die Art meiner Fragen voraus und lasse die Frau feststellen, was wir alles gemeinsam haben: »Für mich war es total schwer, in den Trab zu kommen, ich bin eher der Galoppreiter.«

Und damit sind wir auch schon beim grundlegenden Prinzip des erfolgreichen Gesprächs mit einer Frau: Alles, was unsere Beziehung, unsere Gemeinsamkeiten und unsere Ähnlichkeiten betrifft, wird von ihr festgestellt und kommuniziert und nicht von mir: »Wir sind uns so ähnlich, das ist faszinierend!«

Der wirksamste Weg der Einflussnahme ist es also, wenn die Frau den Schluss selber ziehen kann. Das ist ein machtvolles Geheimnis der Kommunikation. Man zieht zwar die Fäden in ihrem Hirn, aber sie selbst zieht die Schlüsse. Ein kleines Beispiel: Ich möchte emotionalisieren, ich will signalisieren, dass ich kein tumber Macho bin, sondern ein feinfühliger Typ. Achtung, jetzt kommt eine extrem schmierige Geschichte, die ich eigentlich nicht erzählen kann, ohne das Gefühl zu haben, mich als ein vollkommener Idiot zu präsentieren. Aber es geht um das Prinzip. Es kann nicht emotional genug sein: »Es heißt, dass Menschen nur 10 Prozent ihres Gehirns nutzen und 90 Prozent brachliegen. Ich glaube, das ist nicht das Schlimmste. Viel schlimmer ist, dass wir nur 10 Prozent von unserem Herzen benutzen. Der Rest verkümmert, weil wir uns nicht trauen, uns jemandem zu öffnen. Ich kenne fast nur Leute, die sich fürchten, ihre wirklichen Gefühle preiszugeben. Wieviel Zeit verschwenden wir mit oberflächlichem Geplänkel? Ich rede hier von echter Nähe, aber …« (rhetorische Pause) »… wer kann das denn heutzutage noch geben?«

Dann drehe ich mich weg und fange vielleicht schon wieder ein anderes Thema an. Aber nicht, ohne ihr gerade noch die Zeit zu lassen, diese Frage für sich selbst zu beantworten. Die Antwort, die sich dann ganz von allein in ihrem Kopf bildet, wird lauten: »Ich kann noch echte Nähe geben. Ich! Ich! Ich!«

Odysseus war einer der größten Helden der griechischen Sagen-
welt. Er musste seine über alles geliebte Frau Penelope verlassen,
um seinem Volk beim trojanischen Krieg zu helfen. Nach dem
Sieg über Troja, nach zehnjährigem Krieg, begab er sich auf die
endlos lange Heimreise, die Homer in der *Odyssee* beschrieben
hat. Ein Jahr verbrachte Odysseus bei der Zauberin Circe, sieben
Jahre bei der Nymphe Kalypso, er kämpfte gegen Skylla und
Charybdis und verlor schließlich seine Gefährten. Dank der Hilfe der Göttin Athene kam Odysseus endlich doch noch heim.
Liebte Penelope ihn noch? War sie ihm über all die Jahre treu
geblieben?

Er verkleidete sich als Bettler. Keiner erkannte ihn – auch seine
Frau nicht. Wie sollte Penelope nach zwanzig Jahren herausfinden,
ob er wirklich Odysseus war? »Was ist das Geheimnis, das nur wir
beide kennen?« wollte sie von ihm wissen.

»Einer unserer Bettpfosten ist der Stamm eines Olivenbaums«,
sagte Odysseus. Und so hat sie ihren Odysseus wiedererkannt.

Das ist die extrem verkürzte Geschichte von Odysseus. Ist es
nicht wunderbar, wenn es etwas gibt, das man nur mit einem Menschen teilt?

Ich teile auch gerne Geheimnisse mit Frauen: »Ich hätte gern,
dass wir beide uns ein Geheimnis teilen, das wir noch wissen, falls
wir uns erst in dreißig Jahren wiedertreffen.« Manchmal zerreiße
ich einen Geldschein. Gebe ihr eine Hälfte und behalte die andere
Hälfte: »Wenn wir uns wiedertreffen, gehen wir davon zusammen
aus.«

Der perfekte Verführer disqualifiziert sich selbst

Werbung ist eine professionelle Form der Verführung. Welche Werbung merken wir uns, welche nicht? Was gibt uns den Impuls, etwas zu kaufen? Werbepsychologen verfolgen oft genau dasselbe Konzept, das ich im Gespräch mit Frauen einsetze: Wir werden von Sachen verführt, die wir unterschätzen. Wilson Bryan Key hat dieses Konzept in seinem Buch *Subliminal Seduction* sehr treffend beschrieben: »Das alte amerikanische Sprichwort besagt, dass man jemanden, den man betrügen will, erst dazu bringen muss, einem zu vertrauen oder sich wenigstens überlegen zu fühlen (beides ist eng miteinander verwandt), damit er seinen Schutzschild herunterlässt.«

Das erklärt präzise, wie Fernsehwerbung funktioniert. Menschen neigen dazu, allem zu trauen, worüber sie ihrer Meinung nach die Kontrolle haben. Fernsehspots kommen deshalb absichtlich dumm, ungeschickt und ineffektiv daher. Viele Werbeleute werden bestätigen, dass die scheinbar schlechtesten Spots über einen längeren Zeitraum hinweg die besten Verkaufserfolge erzielen. Ein effektiver Fernsehspot ist absichtlich darauf zugeschnitten, die Intelligenz des Betrachters zu beleidigen – und so seinen Schutzschild zu durchdringen. Beispiele: »Willst du viel, spül mit Pril.« – »Geiz ist geil« – »Sind wir nicht alle ein bisschen Bluna?«

Die Kunst, ein selbstkritischer Held zu sein

Es ist nahezu unmöglich, der perfekte Mann zu sein. Manchmal hatte ich das Gefühl, ich könne dem weiblichen Wunschbild entsprechen und dieser eine Mr. Right sein. Ich war rhetorisch eloquent. Ich war sensibel und humorvoll. Ich war Kosmopolit, Rennfahrer, ich berichtete von meiner Liebe zu Heliskiing und Luxushotels. Und doch schien mir der Weg zum perfekten Mann verschlossen zu bleiben. Der perfekte Mann ist eine nie endende

Reihe von Fähigkeiten und Eigenschaften. Kein Mann kann das alles in einer Person vereinigen. Deshalb qualifiziere ich mich über meine Schwächen, besser gesagt über den humorvollen, liebevollen und ehrlichen Umgang mit meinen Schwächen.

Auch in Hollywoodfilmen ist es so, dass die Zuschauer nicht mit den Helden sympathisieren, sondern mit den ewigen Losern, den liebevollen Verlieren des Alltags, mit Hugh Grant oder dem Gott aller Disqualifizierten: Woody Allen.

Es gibt einen Film mit Woody Allen, da ist die Hauptperson plötzlich unscharf. Das ist für einen Schauspieler natürlich eine Katastrophe, wenn er plötzlich in jedem Film unscharf ist. Ich liebe diese Szene und erzähle sie oft auch Frauen: »Stell dir vor, man ist Schauspieler und plötzlich unscharf. Nicht auszudenken, so was könnte mir passieren!«

Wenn ich im Gespräch mit einer Frau versucht habe, mich als möglichst fehlerfreie und makellose Person darzustellen, haben mir die Frauen vor allem negative Gefühle entgegengebracht: Neid, Missgunst, Eifersucht. Ganz anders, wenn ich über meine Schwächen spreche. Dann empfinden die Frauen Anteilnahme, Mitgefühl und Sympathie. So habe ich gelernt, meine Schwächen in Stärken zu verwandeln.

Das ist die Taktik der mittelalterlichen Troubadoure: Die Bereitschaft, den Schwachen zu spielen, wird mit der Gunst vergolten, von der Frau geliebt zu werden.

O mein Gott, warum habe ich das erst so spät gemerkt! Sich selbst zu disqualifizieren ist ein geniales Instrument, um die erste Hürde zu nehmen. Es ist ganz einfach. Man signalisiert der Frau: Ich bin keiner von den vielen, die dich nur anmachen, um schnellen Sex mit dir zu haben. Du kannst dich mit mir unterhalten, ohne Angst zu haben. Ich bin ungefährlich. Ich bin nicht an dir interessiert. Deine Schönheit lässt mich kalt. Ich muss mich dir nicht beweisen.

Sie fragt: »Bist du öfter hier?«

Ich antworte: »Das wäre ich gern, aber der Türsteher lässt mich normalerweise nicht rein. Er sagt, meine Frisur und meine Kleidung würden die Stammgäste verschrecken.« Das kommt nur gut, wenn man wirklich ausgezeichnet gekleidet ist und eine gute Frisur hat.

Oder sie fragt: »Tanzt du gerne?«

Ich: »Tanzen kann man das Gewackel gar nicht nennen. Aber ich tanze gerne. Wollen wir tanzen gehen?« Und dann tanze ich richtig ab. Es ist eine gute Strategie, sich auf einem Gebiet zu disqualifizieren, auf dem man gleich anschließend beweisen kann, dass viel mehr in einem steckt.

Schöne Frauen soll man necken

Das Gegenstück zum Disqualifizieren ist das Necken. Ich nehme mich selbst nicht so ernst wie ein herkömmlicher Mann, und gleichzeitig nehme ich die schöne Frau nicht so wichtig, wie sie das gewohnt ist.

Mystery hat mir seine Theorie des Neckens vorgestellt. Gemeint sind leicht abwertende, negative Kommentare, bei denen jedoch immer erkennbar bleibt, dass sie nicht wirklich bösartig gemeint sind, Sätze also, die mein vermeintliches Desinteresse an der Frau unterstreichen und sie gehörig verunsichern. Necken ist ein überaus machtvolles Instrument und erfüllt im Flirtprozess gleich eine ganze Reihe von Funktionen:

- Ich kann mich damit scheinbar selbst disqualifizieren. Gerade schöne Frauen öffnen sich eher gegenüber Männern, von denen sie glauben, dass sie sie nicht anbaggern wollen.
- Das Necken eignet sich, um weibliche Missachtung zu bestrafen. Beim Flirten ist entscheidend, wer der Chef im Ring ist.

- Neckende Kommentare bringen die Frau dazu, den Flirt als Herausforderung zu sehen. Frauen lieben Männer, die eine Herausforderung darstellen.
- Mit Necken kann man sich gut von all den anderen Speichelleckern unterscheiden, die schönen Frauen mit einer demütigen Haltung begegnen.

Wenn ich schöne Frauen mit einem sehr individuellen Kompliment anspreche, lasse ich oft unmittelbar darauf eine humorvolle Kritik folgen. Zum Beispiel: »Ich mag die Art, wie du lachst. Aber nicht, worüber du lachst.« Oder: »Ich mag deine Stimme. Aber nicht, was du sagst.« Oder: »Du wirkst sehr gebildet und klug. Wie schaffst du es, dein wahres Ich so verbergen?«

Der zweite Satz kommt natürlich immer mit einem Lächeln und ist die pointierte Überleitung vom Kompliment zur neckenden Bemerkung. Es entwickelt eine viel größere Kraft, wenn eine Aufwertung und eine kleine Abwertung unmittelbar aufeinandertreffen. Ich liebe diese Form des Flirtens: Ich spiele ein Lied auf der Klaviatur ihrer Emotionen. Sie strahlt schon und denkt, jetzt kommt noch ein Kompliment, doch dann – bumm – kommt die Kritik.

Es gibt unterschiedliche Formen der neckenden Kommentare. Hier einige Beispiele:

- *Der versteckte, hinterhältige Kommentar:* »Deine Schuhe sehen bequem aus.«
- *Das vergiftete Kompliment:* »Ich mag deine Augen, besonders dein linkes schielt etwas.« – »Ich mag die Lachfalten an deinen Augen.« – »Ich mag dein Make-up.«
- *Der neckende Kommentar zu ihrer sozialen Stellung:* »Wie halten dich deine Freunde aus?« Gerne integriere ich auch ihre Freundinnen, indem ich mich direkt an sie wende: »Hat eure Freundin auch einen Ausknopf?«

- *Der freche Kommentar:* »Sind die Fingernägel echt?« – »Tanzt du oder musst du auf die Toilette?« (mein Lieblingsneckspruch)
- *Die scheinbare Disqualifizierung:* »Ich glaube, wir kommen nie miteinander aus.« – »Du bist hübsch, aber nicht mein Typ.«

Sarkasmus und Ironie

Gerade beim Necken ist das richtige Maß entscheidend. Die Grenzen zur Beleidigung sind fließend. Spätestens wenn man eine gescheuert bekommt, hat man zu ambitioniert geneckt. Ich übertreibe gerne und lasse mich dann von entsetzten Schönheiten dafür beschimpfen. Mir hat es großen Spaß bereitet, durch Versuch und Irrtum das richtige Maß für mich zu bestimmen.

Wichtig: Ein neckender Kommentar ist keine Beleidigung, sondern vielmehr eine liebevolle, flirtende Abweisung. Sie wird mit einem Lächeln vorgetragen, nur dann ist sie erfolgreich. Das Necken darf also niemals bösartig erscheinen. Der ironische Kommentar lässt immer durchblicken, dass ich die Dinge tiefgründiger betrachte, als es scheint.

Ich habe keine guten Erfahrungen mit dem Necken gemacht, wenn sich der Kommentar auf die Figur der Frau bezieht. Frauen, auch wenn sie noch so modelmäßige Körper haben, fühlen sich grundsätzlich zu dick. Also Finger weg von: »Ich mag die kleinen Röllchen an deinem Bauch.«

Necken wirkt nur bei außergewöhnlich gut aussehenden Frauen, die es gewohnt sind, dass Männer ihnen üblicherweise nur ihre Verehrung und Huldigung entgegenbringen. Grundsätzlich gilt: Je mehr Supermodel, um so hemmungsloser darf man necken.

Bei Frauen, die jeden Tag erleben, dass sie die gesamte Aufmerksamkeit auf sich lenken, ist eine erste, sehr machtvolle Form des Neckens das Ignorieren: Sie fällt mir gar nicht auf. Ich schaue ihr nicht hinterher. Ich werde trotz ihrer Schönheit nicht nervös. Ich spreche mit ihren Freundinnen. Sie langweilt mich.

Zwar bringe auch ich der Frau eine gewisse Aufmerksamkeit entgegen, aber eben nicht, um ihr ein bewunderndes Kompliment zu machen, sondern um sie ein wenig zu verunsichern. Ich gebe mich charmant, aber nicht interessiert. Und genau das unterscheidet mich von all den zahllosen Bewunderern, die sich sonst um sie scharen. Die Frau denkt sich: Der hat einen verdammt exklusiven Geschmack.

Ein Beispiel: Sie ist ein Fotomodell. Groß. Schlank. Blond. Aber eben nicht echt blond, sondern blondiert (das erkennt man oft an den dunkleren Augenbrauen oder den Wimpern). Ich sage zu ihr: »Ich liebe Blondinen. Wenn sie echt sind.«

Sie muss einräumen, dass ihre Haare nicht echt blond sind.

»Na ja, trotzdem ganz hübsch.«

Sie ist schön, aber nicht gut genug für mich.

Der humorvolle Ansatz

Schon Jerry Lewis hat gesagt: »Die meisten Frauen lachen gerne, bevor sie anfangen zu küssen.« Humorvoll sein ist ein von fast allen Frauen positiv besetztes Attribut.

Menschen sind die einzigen Lebewesen, die Humor zeigen, aber niemand weiß, warum Menschen lachen. Biologisch macht Humor eigentlich wenig Sinn. Einer Theorie zufolge ist das Zeigen der gebleckten Zähne beim Lachen eine Form der ritualisierten Aggression. Das Wesen oder die Funktion des Humors sind damit jedoch nicht erklärt. Humor besteht aus Pointen, und Pointen sind letztlich nichts anderes als Erwartungshaltungen, die sich in nichts auflösen. Die Überraschung, der erstaunliche Paradigmenwechsel, das plötzliche Umschlagen der Erwartungshaltung führen reflexartig zum Lachen. Dabei ist durchaus Intelligenz vonnöten, um ein Hirn absichtlich auf die falsche Fährte zu führen. Vielleicht deshalb ist die Eigenschaft »humorvoll« eine der wichtigsten Eigenschaften, die Frauen von einem Mann erwarten. Humor ist ein kodierter Beweis für hohe Intelligenz.

Ich mag Humor, weil es die wunderbarste Form der Manipulation ist. Ich setze einen Rahmen, ich baue eine Erwartungshaltung auf und breche sie ganz überraschend. Jeder Witz ist im Prinzip eine kleine Verführung. Frauen lachen, fragen sich aber nie, warum sie lachen. Humor ist ein unerklärliches Mysterium.

Lachen über Stereotype

Stereotypen sind Gemeinsamkeiten, die fast alle Menschen teilen, deshalb eignen sie sich ideal als Gesprächseinstieg. Die Frauen kennen das Gefühl, von dem ich ihnen berichte. Sie haben es selbst schon erlebt. Das schafft von vornherein eine emotionale Verbindung. Wenn die Geschichte noch dazu von meinem eigenen Scheitern handelt, dann bezeugt das noch etwas anderes: Ich kann über mich selbst lachen. Dabei disqualifiziere ich mich selbst. Das riecht nicht nach Anmache.

Ein Beispiel für eine Geschichte, die auf einer stereotypen Erfahrung fußt: »Ich kaufe mir jeden Tag einen neuen Labello, und abends ist er verschwunden. Ich glaube, ich brauche hundert Labellos im Jahr. Letztens habe ich einen unter der Fußmatte des Beifahrersitzes gefunden. Ich glaube, Labellos leben und können sich verstecken.« Oder: »O Mann, bin ich wütend. Gerade hat mich so ein Idiot am Fußgängerübergang fast umgefahren und mir dann auch noch den Vogel gezeigt. Wenn mir so was passiert, dann brauche ich immer ein paar Minuten, bis mir die richtige Antwort einfällt. Kennst du dieses Gefühl, dass dir immer erst dann die richtige Retourkutsche einfällt, wenn es schon zu spät ist? Ich wäre so gerne schlagfertiger.«

Die meisten Frauen werden sagen: »Ja, genauso geht es mir auch immer.«

Rollenspiele

Eine wunderbare Humortechnik ist das Rollenspiel. Ich spiele ganz bewusst eine bestimmte Rolle, die nichts mit meiner wirklichen Person zu tun hat. Ich lerne zum Beispiel eine Frau gerade erst kennen, verhalte mich aber, als wären wir schon lange ein Paar und als würde ich keine Zukunft mehr in der Beziehung sehen. Immer wenn sie etwas macht, was mir nicht gefällt, drohe ich, unsere Beziehung zu beenden: »Also nein, so geht das mit uns echt nicht weiter. Ich glaube, ich mache Schluss.«

Ein solches Rollenspiel simuliert in humorvoller Weise eine spätere Beziehung und ermöglicht dabei gleich drei Dinge auf einmal:

- *Erstens:* Ich kann signalisieren, wie sehr ich in einer möglichen Beziehung dominieren würde, und klarmachen, dass alles nach meinen Vorstellungen zu laufen hätte. Darauf steht, wie wir wissen, (fast) jede noch so emanzipierte Frau. Gleichzeitig wirkt es aber eben nicht chauvinistisch, weil ich es in einer ironisch-humorvollen Brechung darstelle.
- *Zweitens* thematisiere ich unsere zukünftige Beziehung. Damit mache ich gleich klar, in welche Richtung der Zug fährt.
- *Drittens* eignen sich Rollenspiele sehr gut als Rahmen für Humor. Es hat ein sehr komisches Potential, wenn man sich nur kurz kennt und sich wie ein altes Ehepaar verhält.

Wir könnten auch die Geschlechter tauschen. Meist sage ich dann so etwas wie: »Ich lese gerade ein Buch über Geschlechterrollen. Unser Verhalten ist so sehr von unserem Geschlecht geprägt, das ist unglaublich. Die Kommunikation ist völlig anders. Wir machen mal ein Spiel: Du bist ab jetzt der Mann, und ich bin die Frau.« Dann wird es immer sehr lustig. Sie fängt an, mich zu betatschen, ich verführe sie mit scheuen Blicken und lasse mir noch ein paar Drinks spendieren. Sie versucht mich ins Bett zu bekommen, ich will aber keine Schlampe sein: »Könntest du aufhören, mir die ganze Zeit auf meine Muskeln zu starren!« Oder ich sage: »Alle Frauen sind immer nur hinter meinem Körper her ...« Oder: »Glaub ja nicht, dass ich heute abend mit dir nach Hause gehe, bloß weil du mir ein Getränk bezahlt hast ...« Und: »Also mit so einem Spruch kannst du mich nicht aufreißen. Da musst du dir schon was Besseres einfallen lassen.«

Wenn sie mir erzählt, dass sie beruflich erfolgreich ist, erwidere ich: »Lass uns heiraten. Kannst du uns beide mit deinem Gehalt durchbringen? Ich bin eher der Typ, der daheim bleibt und sich um den Fernseher kümmert. Ich bin sehr emanzipiert, weißt du?«

Das macht Spaß und ist ausgesprochen lehrreich, denn es trägt dazu bei, die Geschlechterrollen tatsächlich zu verstehen. Es ist erstaunlich: Wenn ich die Rolle einer Frau gespielt habe, habe ich mich geziert, bin grundlos zickig und genervt weggegangen, ich habe mich von ihr verwöhnen lassen und trotzdem signalisiert, dass mir nichts gut genug ist. Kurzum: Ich habe alles richtig gemacht. Und was ist passiert? Die Frau (die als Mann versucht hat, mich anzubaggern) hat sich in mich verliebt.

Weitere Rollenspielvariationen und Humorstrategien:

- Ich sage genau das Gegenteil dessen, was eine Frau erwarten würde. Wenn sie extrem hübsch ist, sage ich: »Du bist wahrscheinlich ziemlich schüchtern, weil sich Männer nicht so für dich interessieren.«
- Wenn die Frau gerade in ihrem Handy herumschreibt, was leider viele gelangweilte Frauen machen, sage ich: »Ich liebe Frauen, die SMS schreiben können. Ist das eigentlich sehr schwierig? Kann ich das auch lernen?«
- Wenn eine Frau betont gelangweilt in der Ecke sitzt und ihre Fingernägel anschaut: »Könntest du aufhören, mich die ganze

Zeit so zweideutig anzuschauen. Meine Freunde machen sich schon über uns lustig. Wow, du hast schöne Fingernägel. Sind die neu?«

- Ich behandle sie wie meine kleine Schwester. »Stell dich mal ordentlich hin.« – »Finger aus der Nase ...«
- Ich versuche die Erwartungshaltung der Frau komplett umzudrehen: Sie ist der Aufreißer. Sie will nur mich haben. Sie ist schon zu alt für mich. Wenn sie mich etwa bittet, ihr Alter zu schätzen, dann schätze ich sie mindestens fünfzehn Jahre älter. Ich glaube ihr das wirkliche Alter nicht und behaupte, dass sie zu alt für mich sei, auch wenn sie in Wirklichkeit zehn Jahre jünger ist als ich.

Gemeinsamkeit durch Lästern

Frauen lieben es zu lästern. Ich schaffe Gemeinsamkeit, indem wir gemeinsam über andere Leute lästern. Damit mache ich sie zu meiner Komplizin. Beispielsweise imitiere ich jemanden, den wir gerade gemeinsam beobachten. »Der schaut aus wie ein Frosch, der in zwei Scheinwerfer blickt, kurz bevor er überfahren wird.« Pseudo-coole Typen, die ihr Bier wie Napoleon vor der Brust halten, können brüllend komisch sein.

Die Strategie des arroganten Humors

Der amerikanische Verführungskünstler David DeAngelo entwickelte die Strategie des arroganten, anzüglichen Humors: »Man nehme eine Portion Arroganz, etwas Anzüglichkeit und füge Humor hinzu«, so sein Rezept. Diese »Cocky & Funny« genannte Humorstrategie wirkt deshalb so attraktiv auf Frauen, weil sich darin eine ganz bestimmte Haltung manifestiert: Arroganz suggeriert Dominanz, Humor beweist Intelligenz. »Ich gebe der Frau das Gefühl, sie wäre die größte Null, die ich in meinem ganzen Leben getroffen habe«, sagt DeAngelo.

Dabei improvisiert er und misst sich mit ihr in einer Art rhetorischem Wettkampf. Wir wollen die Frau ja nur ein bisschen herausfordern, reizen, provozieren. Eigentlich geht es also nur darum: Wer hat die pfiffigere Antwort? Kann sie bestehen?

Wenn ich der Kassiererin im Supermarkt das Geld gebe, sage ich zum Beispiel: »Wieviel von meinem Geld darfst du behalten?«

Sie wird lachen und sagen: »Nichts ... Ich wünschte, ich könnte etwas behalten.«

Darauf ich: »Ich dachte, du behältst 20 Prozent und wärst reich und könntest mich unterstützen. Aber so bin ich nicht mehr interessiert. Du bist süß, aber ich suche ein reiches Mädchen.«

Das ist ein typisches Beispiel für eine Haltung des dominanten Humors: Ich frage Frauen, ob sie reich, erfolgreich oder berühmt sind, um ihnen dann, wenn sie verneinen, zu erklären, dass sie als Partnerin nicht in Frage kommen. Gleichzeitig demonstriere ich wie selbstverständlich, dass sie als Partnerin für mich zur Verfügung stehen würden, wenn sie nur meinen Ansprüchen genügen könnten. Wenn sie es nur nicht die ganz Zeit vermasseln würden.

DeAngelo fügt noch einen sexuellen Unterton bei. Zum Beispiel sagt er: »Kannst du dich überhaupt noch zurückhalten, wenn du so nah neben mir sitzt?.« Er wartet ihre Antwort aber gar nicht ab, sondern spricht einfach weiter, als wäre das eine selbstverständliche, beiläufige Bemerkung. Er entschuldigt sich nicht. Sein Hintergedanke ist, dass die Frau, wenn sie keine Gelegenheit bekommt, dem anzüglichen Kommentar zu widersprechen, diesen Kommentar dann unterbewusst akzeptiert.

Grundsätzlich versuche ich, die entstehende Spannung nicht freizugeben, indem ich sage: »War nur ein Witz.« Humor wirkt um so intensiver, je ernster man dabei bleibt. Ich lache nie über meine eigenen Witze, auch wenn das mitunter gar nicht so einfach ist. Ein Teil des Wettstreits besteht ja darin, dass die Frau sich nicht sicher ist, ob ich es ernst meine oder nicht. Das macht mich mysteriös.

Großartig war hier natürlich der Auftritt von Borat (alias Sacha Baron Cohen) vor der feministischen Gruppe, als er die Emanzen mit den übelsten chauvinistischen Sprüchen befeuert hat, ohne zu lachen. Wenn die alten Damen eine Clique Supermodels gewesen wären, sie hätten sich alle in Borat verliebt.

Dass die »Cocky & Funny«-Strategie nicht ganz ungefährlich ist, werden Sie sich schon gedacht haben. Auch ich habe schon ein Glas Weißwein ins Gesicht geschüttet bekommen und so manche zartbesaitete Frau verscheucht. Trotzdem hat es mir geholfen, in der Rolle des arrogant sexistischen Mieslings eine sehr dominante Haltung anzunehmen und so einen spürbaren Bruch mit meinen bisherigen Verhaltensweisen zu vollziehen.

Die Eskalation der Emotionen

Während unserer Unterhaltung muss ich einer Frau irgendwann klarmachen, dass ich an ihr interessiert bin. Dieses Statement meiner Zuneigung sollte sie sich verdient haben. Deshalb sollte es einen Grund geben, weshalb ich im Verlauf des Gesprächs zu dieser Haltung gekommen bin. Manchmal sage ich: »Erst dachte ich, dass du nur eine dieser typischen blonden Partyfrauen bist, aber du hast eine interessante Persönlichkeit.« Dann wieder: »Ich mag die Art, wie du die Welt siehst.« Oder auch: »Ich kann gar nicht glauben, dass wir uns getroffen haben. Und ausgerechnet in einem Nachtclub.«

Es gibt im Gespräch mit einer Frau den Moment, in dem ich ihr klar signalisieren muss, dass ich an ihr interessiert bin. Das ist nicht für mich wichtig, sondern für sie.

Die Eskalation der Berührungen

Wie kann ich eine Frau berühren, die ich noch nicht lange kenne? Viele Männer machen den Fehler, die Frau lange nicht zu berühren, so dass es dann immer schwieriger wird, plötzlich eine Berührung zu initiieren.

Der erste Schritt sind die flüchtigen, scheinbar zufälligen Berührungen. Das ist ein entscheidender Test. Und es sind vor allem Männer, die daran scheitern. Weil sie meist zu schnell zu weit gehen.

Ich bin sehr sensibel, was die Eskalation der Berührungen angeht. Schon in den ersten Minuten des Gesprächs versuche ich die Frau zu berühren. Ich gebe ihr die Hand, wenn ich mich vorstelle, und halte sie dann etwas länger. Ich bewundere einen Ring, ich lese ihr aus der Hand. Ich schleiche gewissermaßen auf leisen Sohlen die Treppe hinauf und versuche zu testen, ob die Frau bereit ist für den nächsten Schritt.

Wenn ich ihre Hand nehme und wieder loslasse, greift sie dann wieder nach meiner Hand? Berührt sie mich, wenn ich sie berühre? Durch die Berührung werden bei der Frau Hormone freigesetzt, und ich brauche ihre Hormone, damit meine Verführung gelingt.

Wenn sie die Hand zurückzieht, ist das ein eindeutiges Zeichen. Kein Problem. Viele Frauen sind so konditioniert, dass sie sich schnell von Männern bedrängt fühlen und sofort die Rolle der Zurückweisenden einnehmen. Ich gehe sehr behutsam vor.

Die Eheringstrategie

Badboy hat mir eine nette Strategie beigebracht, um Frauen früh zu berühren. Die Eheringstrategie geht so: Ich nehme ihre linke Hand, um einen ihrer Ringe zu loben. »Schöner Ring. Weißt du eigentlich, warum alle Völker dieser Welt den Ehering an der linken Hand tragen? Weil die alten Chinesen geglaubt haben, dass es nur ein einziges Blutgefäß im menschlichen Körper gibt, das von der Hand direkt ins Herz führt.«

Während ich das sage, fahre ich zart mit dem Finger von ihrem Ringfinger den Innenarm entlang über die Achsel bis zu ihrem Herz hinauf. Die Frauen kriegen eine Gänsehaut, aber ich rede einfach weiter, wie seltsam es war, als man noch nicht wusste, dass die Erde rund ist und was in unserem Körper eigentlich wie funktioniert.

Der Lippentrick

Der amerikanische Verführungskünstler Juggler hat einen netten Dreh ersonnen, um zu prognostizieren, ob die Frau Interesse an mehr hat. Mitten in einer Unterhaltung verwendet er einen Lippenbalsam und sagt dabei: »Falls heute abend noch was läuft.« An der Reaktion der Frau kann er ziemlich genau ablesen, ob es sich noch lohnt, in das Dinner zu investieren oder nicht.

Übers Herz ins Bett

Ich entschuldige mich nicht für meine sexuellen Bedürfnisse und mein Verlangen. Ich führe Gespräche zuerst auf eine emotionale und dann auf eine erotische Ebene. So lange, bis sie mit mir schlafen möchte, um ihre emotionale Spannung zu entladen.

Es ist übrigens nicht so, dass man Frauen nicht gleich am ersten Abend ins Bett kriegen kann. Das klappt oft. Es ist nur so, dass die Wahrscheinlichkeit, mit ihr Sex zu haben, größer wird, wenn die Frau nicht den Eindruck hat, dass es nur um Sex geht. Viele Frauen sind so erzogen, dass sie es moralisch verwerflich finden, mit einem Mann gleich Sex zu haben. Und sie halten sich auch dann daran, wenn sie eigentlich gerne würden.

Für einen Verführungskünstler macht es keinen Sinn, zu versuchen, eine Frau unbedingt ins Bett zu bekommen, auf die Gefahr hin, sie dadurch zu verlieren. Zumal er immer ein halbes Dutzend Frauen hat, die zu Hause auf seinen Anruf warten.

Mystery behauptet, es würde im Durchschnitt sieben Stunden dauern vom ersten Ansprechen bis zum Sex. Das ist ein guter Wert. Es ist aber erfolgversprechender, diese sieben Stunden auf mehrere Treffen aufzuteilen, als gleich am ersten Abend auf den schnellen Erfolg zu drängen.

Zurückweisung zuvorkommen

Und wenn es schiefläuft? Ich versuche die Situation so sensibel zu erfühlen, dass ich den Moment ihrer Zurückweisung abpassen kann und ihr zuvorkomme, indem ich derjenige bin, der sie zurückweist. Ich lege beispielsweise ihre Hand auf mein Knie und sage dann: »Nicht so schnell, ich bin kein Mann für eine Nacht.«

Aber auch dann, wenn wir uns problemlos annähern, versuche ich immer, irgendwann zu bremsen: »Mir geht das zu schnell.« Das soll zweierlei Funktionen übernehmen. Erstens nehme ich ihr damit die Bedenken, ich wollte ihr nur so schnell wie möglich an die Wäsche. Zweitens entfacht das ihren Jagdinstinkt. Es ist erstaunlich, wie dieser kleine Satz das Verhalten der Frauen verändert. Dieser Satz ist einer der machtvollsten emotionalen Katalysatoren, die ich kenne.

Wenn sie einen Korb verteilt

Schon Ovid hat in seinem Buch *Liebeskunst* geschrieben: »Liebe ist eine Art Kriegskunst. Hinweg mit euch Faulen, ängstliche Leute dürfen nicht unter dieser Standarte kämpfen. Nacht und Sturm, weite Wege, grausame Schmerzen und Mühsal aller Art gehören zu diesem weichlichen Feldlager.«

Bis heute gehört es zu dem Spiel dazu, dass sich die Angebetete ziert und erst durch intensive Verführungskünste den Galan erhört. Eine Frau, die beim ersten Ansprechen keinen amtlichen Korb verteilt hat, galt als Luder. Und wer will schon ein Luder. Für mich als moderner Don Juan ist eine ablehnende Haltung immer auch Ansporn, noch besser zu werden.

Desinteresse rechtzeitig erkennen

Wenn eine Frau nicht adäquat auf mich reagiert, gehe ich und nehme mir die nächste. Frauen, die nicht nett, höflich und offen sind, genügen meinen Ansprüchen nicht. Ich bin sehr froh, dass viele Frauen in der Regel schon in den ersten Minuten zeigen, dass sie zickig sind und ich das nicht erst viel später herausfinden muss.

Im Verlauf des Flirts muss irgendwann einmal der Moment kommen, in dem die Frau mir ihr Interesse signalisiert. Wenn ich das Gespräch immer wieder initiieren muss, läuft irgendwas falsch. Gibt sie mir also kein Zeichen ihres Interesses, obwohl ich die Frau eine ganze Weile angeregt unterhalten habe, dann gehe ich: »War nett, dich kennengelernt zu haben, aber die Nacht ist noch jung.«

Ich bin ja auf ihre Gesellschaft nicht angewiesen. Ich habe ihr eine Chance gegeben. Sie hat es verbummelt, damit muss sie leben.

Flirt-Altmeister Ross Jeffries sieht das Flirten wie einen Angeltrip: Man ist daran interessiert, einen schnellen Fang zu machen, schwimmt aber nicht jedem einzelnen Fisch hinterher.

Selbst die größten Meister der Verführungskunst kassieren hin und wieder einen Korb. Das ist auch gut so. Sonst wäre das Spiel doch langweilig. Wenn ich flirte, ist das Schlimmste, was passieren kann, dass die Frau den Mann ihres Lebens vergrault.

Eine typische Situation: Ich spreche zwei Frauen an. Die eine sagt pampig: »Hör mal, wir versuchen gerade, uns zu unterhalten.«

Darauf ich: »Das ist ja ein Zufall. Mir geht es genauso.« Breites Grinsen.

Ich freue mich, wenn die Frauen ein bisschen zicken. Keine Katze will eine Maus fangen, die brav den Hintern hinstreckt. Eine meiner Lieblingsantworten, wenn mir eine Frau dumm kommt, ist: »Ich mag selbstbewusste Frauen.«

Ich habe es oft erlebt, dass ich erst mal abgeblitzt bin und dann doch noch ein sehr erfolgreicher Flirt entstand. Bei schlimmen Körben rette ich mich in den Humor: »Ich finde, dieser Flirt läuft immer noch wesentlich besser als normalerweise. Immerhin hast du mich nicht geschlagen.«

Auf jeden Fall zeige ich mich von der Abfuhr völlig unbeeindruckt und gebe mich eher belustigt. Außer mir und der Frau muss niemand den Korb bemerken. Andere Frauen sehen nur, dass ich zu einer Frau gegangen bin und mit ihr gesprochen habe. Es sieht nicht so aus wie ein Korb. Ich verabschiede mich gerne mit einem Witz, zum Beispiel: »Wohin fliegt ein schwuler Adler? Heim zu seinem Horst.« Oder: »Treffen sich zwei Jäger. Beide tot.«

Bei der Kampfsporttechnik Jiu-Jitsu wird die Energie des Gegners für den eigenen Schlag genutzt. Diese Philosophie versuche ich auch beim Flirten einzusetzen. Ich nehme einen Korb nie persönlich. Jeder Korb hilft mir, beim nächsten Mal besser zu werden.

Schwierig ist ein Korb in der Gruppe. Da gehört es zur sportlichen Haltung eines professionellen Verführungskünstlers, die verbrannte Kartoffel noch aus dem Feuer zu holen. Wenn eine Zicke in der Gruppe etwas sagt wie: »Was soll denn das für ein blöder

Spruch sein?«, dann lehne ich mich entspannt zurück, lächle und sage, so dass es alle in der Gruppe hören können: »Findest du das clever, was du gerade gesagt hast?« Oder ich fordere sie auf, es noch mal zu wiederholen. Wenn sie es tatsächlich noch mal wagt, sage ich: »Wie pfiffig. Es freut mich, endlich mal eine Frau zu treffen, die den Mut hat, eine eigene Meinung zu vertreten.« Ich erlaube ihr also, diese Meinung zu vertreten. Dann flüstere ich ihrer Freundin etwas zu. Irgend etwas in der Art wie: »Sag es deiner Freundin nicht, aber ich mag es, wie sie schaut, wenn sie denkt, sie hätte etwas besonders Cleveres gesagt.«

Wenn alles gut läuft, wird die schöne Zicke fragen: »Was hat er gesagt?«

Kommunikation ist so einfach. Man muss nur ein Geheimnis generieren, und schon ist man im Besitz eines Schatzes.

Das Spiel ist erst dann aus, wenn ich keine Lust mehr habe. Nicht vorher.

Sie sagt, sie hat einen Freund

Schöne junge Frauen haben fast immer einen Freund. Aber Frauen sind auch immer offen für einen besseren Freund. Eine hat mal zu mir gesagt: »Ich bin verlobt, wir sind seit zehn Jahren zusammen.« Wir hatten trotzdem einen sehr schönen Abend.

Wenn eine Frau sagt, dass sie einen Freund hat, können damit ganz verschiedene Botschaften gemeint sein. Entweder möchte die Frau keine Beziehung. Oder sie möchte, dass ich danach nicht bei ihr anrufe. Oder sie möchte mich erst einmal prüfen, bevor sie mir signalisiert, ob ich als Partner in Frage komme. Oft ist es auch nur ein Test, ob ich mich wirklich für sie interessiere oder ob sie eine von vielen ist, die ich an diesem Abend anlabere.

Wenn sie mir beichtet, dass sie einen Freund hat, reagiere gelassen: »Hey. Wir haben uns gerade erst getroffen. Und schon erzählst du mir von deinen Problemen.« Oder ich sage: »Ich habe auch einen Freund. Er hat gesagt, ich soll heute abend Spaß haben, wenn ich eine aufregende Person kennenlerne. Ich finde, es ist wunderbar, dass er so offen und locker ist, was meinst du?«

Ich spreche darüber, wie stark sich die Erotik in der Beziehung verändert. Psychologen sprechen von erotischer Ermüdung, wenn die betörende Kraft der Hormone nachlässt. Die Stärke des Orgasmus nimmt um 40 Prozent ab. (Solche Zitate, Zahlen und Statistiken erfinde ich gerne mal im Gespräch.)

Ich halte es wie Molières Don Juan, als ihm seine Angebetete Charlotte verkündete, dass sie bald heiraten werde: »Wie? Ein Mädchen wie Sie soll die Frau eines einfachen Bauern werden? Nein, nein, das heißt so viel Schönheit entwürdigen! Sie sind nicht geschaffen, im Dorf zu leben. Sie verdienen unbedingt ein besseres Los, und der Himmel, der das wohl weiß, hat mich eigens hierhergesandt, um diese Ehe zu verhindern und Ihren Reizen Gerechtigkeit widerfahren zu lassen.«

Früher, als ich noch meine poetische Phase hatte, habe ich genau diese Worte rezitiert, wenn mir eine Frau gesagt hat, dass sie einen Freund hat.

Eine andere Strategie ist es, ihre Beziehung grundsätzlich in Frage zu stellen: »Kennst du das Gefühl, dass du plötzlich nicht mehr sicher bist, ob die Beziehung Sinn macht und wo das Ganze hinführt? Bist du wirklich uneingeschränkt glücklich in deiner Beziehung?«

Welche Frau ist schon uneingeschränkt glücklich? Keine.

Was kann ich tun, wenn die Frau mit ihrem Freund da ist? Ich bin dann besonders höflich und unverbindlich. Am besten verbinde ich mich mit ihr auf eine sehr zarte, fröhliche und positive Art. Und wenn sie (oder er) dann auf die Toilette geht, gebe ich ihr meine Telefonnummer und sage: »Ich wollte dich nicht vor all deinen Freunden ansprechen. Du gefällst mir, ich hab das Gefühl, wir würden gut zusammenpassen. Das ist meine Telefonnummer. Ruf mich an, wenn du Lust hast, dass wir uns mal wiedertreffen.«

Fehler analysieren

Im Idealfall sollte es gar nicht zu einer Abfuhr kommen. Was auch immer dazu geführt hat – sei es ein niveauloser Spruch, die völlig unvermittelte Annäherung oder eine schlechte Gesprächsdynamik –, ich analysiere jeden Flirt. Besonders, wenn es nicht geklappt hat. Schließlich ist es mein Bestreben, dass sich die Frau richtig gut fühlt, besser, als sie sich je in ihrem Leben gefühlt hat. Das ist der Stoff, aus dem das weibliche Verlangen gesponnen wird.

Jede Frau ist eine wichtige Frau

Ich habe schon mit vielen Frauen gesprochen, die in einer glücklichen Beziehung waren oder die mich nicht attraktiv fanden oder aus irgendwelchen anderen Gründen gerade keinen Partner gesucht haben. In den meisten Fällen haben wir uns sehr nett unterhalten, wir haben gelacht und uns freundlich verabschiedet. Mit manchen davon bin ich immer noch befreundet. Auch wenn ich bei einer Frau auf sexuelles Desinteresse stoße, versuche ich sie als Freundin zu gewinnen. Wenn es sonst keinen Grund dafür gäbe, dann doch zumindest diesen einen: Sie wird mir all ihre wunderhübschen Freundinnen vorstellen.

7 Phase III: Vertiefung der emotionalen Beziehung

Das Ziel jeder Interaktion mit einer Frau ist der Aufbau einer emotionalen Beziehung. Ich will die Frau so beeinflussen, dass sie neben einem allgemeinen Interesse an mir (durch den Aufbau von Attraktivität) zunehmend auch romantische Gefühle und sexuelles Interesse entwickelt. Viele Verführungskünstler verwenden hier eine ganze Reihe von eingeübten Gesprächsstrategien und andere suggestive Gesprächselemente, um die Interaktion mit der Frau auf die gewünschte Ebene zu bringen.

Sobald die Frau mir gezeigt hat, dass in ihr eine kleine Flamme des Interesses für mich glimmt, schütte ich Spiritus ins Feuer. In dieser Phase ist es nicht mehr wichtig, ihr durch mein (scheinbares) Desinteresse zu demonstrieren, dass ich nicht jede Frau anbaggere. Wenn sie mir bereits gezeigt hat, dass sie mich mag, dann will sie auch hören, dass ich sie ebenfalls mag.

Zum Aufwärmen: Emotionale Geschichten

Was ist eine gute Geschichte? Sie berührt mich. Sie reißt mich vom ersten Moment an mit. Ich will unbedingt die Auflösung kennen.

Was berührt Frauen? Themen, die sie selbst beschäftigen, und vor allem solche, die mit Emotionen verbunden sind. Themen wie:

- »Was ist Liebe?«
- »Was ist der Sinn des Lebens?«

- »Kommt das Beste in meinem Leben noch, oder war's das schon?«
- »Warum ist es so schwierig, den Richtigen zu finden?«
- »Warum hat meine Kollegin ausgerechnet dieselben Manolo-Blahnik-Schuhe gekauft wie ich?«

Um ein emotionales Gespräch mit einer Frau zu führen, muss ich eine eigene, möglichst spannende, möglichst emotionale und möglichst intime Geschichte erzählen und dann eine offene, emotionale Frage stellen, bei der sich die Frau revanchieren kann.

Eine gute Geschichte muss mit einem Knaller anfangen:

- »Ich wäre vorhin fast gestorben ...«
- »Was diese Frau da draußen gemacht hat, war alles andere als jugendfrei ...«
- »Ich habe noch nie in meinem Leben so eine unglaubliche Sauerei gesehen wie im Schlafzimmer von ...«

So gewinne ich ihre Aufmerksamkeit. Die anschließende Geschichte sollte Spannung aufbauen und im besten Fall in einer Pointe enden, die ich nicht gleich enthülle. Eine Geschichte, die ich gerne erzähle, weil sie zu Herzen geht: »Ich habe einen angefahrenen Hund auf der Straße gefunden und ihn ins Tierkrankenhaus gebracht. Die dachten, das wäre meiner, und wollten, dass ich dreihundert Euro für die Operation bezahle. Dann habe ich ihn noch gepflegt. Ich musste ihn zwei Wochen lang zum Gassigehen tragen, weil er nicht gehen konnte. Dann meldete sich der Besitzer. Ihr glaubt nicht, wer es war!«

Es gibt nichts, was die Gefühle einer Frau so bewegt wie eine traurige Tiergeschichte. Und ein Held.

Frauen nehmen Geschichten grundsätzlich anders wahr als

Männer. Sie folgen nicht unbedingt dem Plot der Geschichte, sie folgen der Sub-Kommunikation. Welche Botschaft steckt hinter der Geschichte?

»Als ich gestern zusammen mit meiner Großmutter beim Birnenpflücken war, ist meine Cousine von der Leiter gefallen und hat sich die Hüfte gebrochen. Ich war bis heute morgen im Krankenhaus.« Für einen Mann sagt die Geschichte: »Schlimm. Da ist 'ne Frau von der Leiter gefallen.« Eine Frau dechiffriert die Geschichte völlig anders, viel emotionaler: Er hat offensichtlich eine große Familie. Sie sind sehr naturverbunden. Sie helfen sich gegenseitig. Und so weiter.

Ich achte darauf, welche Botschaften ich mit meinen Geschichten vermittle (Familie, Freunde, Erfolg, über mich selbst lachen können …).

Noch mehr Gesprächsstoff: Wissen für den erfolgreichen Small talk

Alles schön und gut, aber was soll ich nur erzählen?

Es gibt viele lustige kleine Geschichten über die merkwürdigen Dinge auf der Welt, die ich immer wieder gern erzähle. Natürlich handelt es sich dabei eigentlich um unnützes Wissen, aber Frauen lieben Männer, die ihnen spannende Sachen erzählen können. Ich habe ein paar Beispiele gesammelt, die ich bei Gelegenheit im Gespräch anbringe:

- Sämtliche Schwäne in England sind Eigentum der Königin.
- Kein noch so großes oder dünnes Stück Papier kann mehr als siebenmal auf die Hälfte gefaltet werden.
- Das längste deutsche Wort, in dem sich kein Buchstabe wiederholt, ist Heizölrückstoßabdämpfung.

- Die Auster kann ihr Geschlecht während ihres Lebens mehrmals ändern. (»Das würde ich auch gerne können. Und du?«)

- Es gibt auf der Welt mehr Hühner als Menschen.

- Die erste Bombe der Alliierten, die im Zweiten Weltkrieg über Berlin abgeworfen wurde, tötete den einzigen Elefanten im Berliner Zoo.

- Frauen zwinkern ungefähr doppelt so oft wie Männer.

- Buzz Aldrin war der erste Mensch, der auf dem Mond Stuhlgang hatte.

- Beim Niesen setzen alle Körperfunktionen aus, sogar das Herz.

- Die Schnecke paart sich nur einmal in ihrem ganzen Leben. (»Dies ist die traurigste Geschichte der Welt ...«)

- In Albanien bedeutet Kopfnicken »nein« und Kopfschütteln »ja«. (»Wenn du eine Albanerin wärst, und ich würde dich fragen, ob du mich küssen willst, wie würdest du dann deinen Kopf bewegen?«)

- Im alten China wurden Ärzte nur bezahlt, wenn der Patient gesund wurde.

- Menschen und Bonobos sind die einzigen Lebewesen, die Sex zum Vergnügen machen. (»Aber nicht miteinander.«)

- Gottesanbeterinnen reißen ihren Männchen beim Geschlechtsakt den Kopf ab, weil dadurch der Spermienausstoß vermehrt wird. (»Möchtest du das auch mal ausprobieren?«)

- Eau de Cologne wurde ursprünglich als Mittel gegen die Pest erfunden. (»Ich finde, deins riecht auch so komisch.«)

- Der Orgasmus eines Schweins dauert eine halbe Stunde. (»Hast du mich gerade Schwein genannt?«)

- Schweine geben bei einer einzigen Paarung bis zu einem halben Liter Samenflüssigkeit ab. (»Die arme Sau, die auf dem Fleck auf der Matratze schlafen muss.«)

- Der Furz war im alten Ägypten eine Gottheit, dargestellt als hockendes Kind.

- Weltweit 23 Prozent aller Schäden an Fotokopierern werden von Leuten erzeugt, die sich draufsetzen, um ihren Hintern zu kopieren.

Und führe sie in Versuchung

Frauen gehen nicht unbedingt aus, um einen Mann kennenzulernen. Sie denken nicht dauernd an Sex wie wir Männer. Manchmal muss man das Bedürfnis bei der Frau erst wecken, um es schließlich befriedigen zu können. Zufriedenheit ist der Feind der Verführung. Ich schüre also ihre Unzufriedenheit.

Ideal ist hier natürlich der Doppelschritt: Unzufriedenheit erzeugen und gleichzeitig die Dame in Versuchung führen. Wenn ich meinen amourösen Pfeil abschieße, spürt die Frau einen Schmerz. Erst dann kommt die Lust. Und es kostet mehr Kraft, der Versuchung zu widerstehen, als sich ihr hinzugeben.

Vorbild: Apfel

Die Mutter aller Versuchungen war die Schlange im Paradies. Sie hat eigentlich alles richtig gemacht, um die gute Eva total aus der Fassung zu bringen. Wie heißt es im Alten Testament: »Eva: ›Von den Früchten der Bäume im Garten dürfen wir essen, nur von den Früchten des Baumes, der in der Mitte des Gartens steht, hat Gott gesagt: ‚Davon dürft ihr nicht essen, und daran dürft ihr nicht rühren, sonst werdet ihr sterben.'‹ Darauf sagte die Schlange: ›Nein, ihr werdet nicht sterben. Gott weiß vielmehr: ‚Sobald ihr davon esst, gehen euch die Augen auf; ihr werdet wie Gott und erkennt Gut und Böse.'‹ Da sah die Frau, dass es köstlich wäre, von dem Baum zu essen, dass der Baum eine Augenweide war und dazu verlockte, klug zu werden. Sie nahm von seinen Früchten und aß.«

Und die Schlange hatte recht: Endlich gingen Eva die Augen auf.

Die Atmosphäre der Verführung

»Charme bedeutet die Möglichkeit, ein Ja als Antwort zu bekommen, ohne zuvor eine Frage gestellt zu haben«, sagte einst Albert Camus. Der Charme ist die vergnügliche Atmosphäre der Verführung. Es ist die Kunst zu gefallen. So gesehen sind Charmeure stets Parasiten, die sich von der Eitelkeit und der Egozentrik ihrer Opfer ernähren. Aber Frauen merken es nicht, wenn man so ihren Geist durchdringt. Sie sind zu sehr mit ihrer Eitelkeit beschäftigt. Die Welt ist voll von Menschen, die sich nur mit sich selbst beschäftigen.

Wenn es mir gelingt, das Selbstwertgefühl der Frau zu heben, wird sie mich dafür lieben. Wenn ich das Gespräch auf ihre Persönlichkeit, auf ihre Bedürfnisse, Ängste und Gefühle bringe, wird sie mir Gehör schenken. Ich bin der Ofen, an dem sie sich wärmen kann. Ich bin die Bühne, auf der sie sich darstellt.

Dabei ist es für den Anfang gar nicht so wichtig, welche Emotion ich erzeuge. Wichtig ist, dass ich die Frau emotionalisiere. Ich kann sie traurig oder nachdenklich machen, wütend oder aufgeregt. Jede Art von Gefühlsbewegung macht sie nur empfänglicher für meine Komplimente.

»Oliver, du bist ein alter Charmeur.« Wie oft habe ich diesen Satz schon gehört. Meist sagen das Frauen, die innerlich aufgewühlt sind, rosige Wangen und stark durchblutete Ohren haben.

Ich lehne mich zurück und lasse sie reden. Ich fahnde weiter nach ihren heimlichen und unterdrückten Wünschen und Sehnsüchten. Ich muss nur erkennen, wonach es sie verlangt. Sehnt sie sich nach einem behüteten Haus mit vielen Kindern, wo man draußen die Schaukel quietschen hört? Oder will sie eher ein »Ich bring dich ganz groß raus, Babe« hören? Dann sage ich: »Du solltest Sängerin werden mit deiner Stimme. Es ist nicht zu glauben, dass so eine Frau in einem Büro arbeitet. Du machst Millionen Menschen unglücklich, die dich nicht singen hören.«

Oder will sie die Welt des Luxus und der Sinnlichkeit erobern: »Ich kenne ein Hotel in Indien, da kannst du in Blütenblättern baden und da werden für dich aus vierzig Blumensorten diejenigen ausgewählt, die für dich am besten sind. Ich glaube, du bist ein Rosen-Orchideen-Typ.«

Ich schneidere ihr ein Kompliment passgenau auf Leib und Seele. Schon Schopenhauer wusste: »Höflichkeit macht Menschen so biegsam und gefällig wie die Wärme das Wachs.« Wenn ich schließlich die Illusion erschaffen kann, dass die Frau mit mir ihre Träume ausleben kann, habe ich sie gewonnen.

Bedürfnisse und Ideale

Frauen haben eine Idealvorstellung davon, wie ihr Partner sein sollte. Oft stammen diese Vorstellungen noch aus der Kindheit, als sie sich einen tapferen Prinzen gewünscht haben, der sie aus dem beklemmend langweiligen Alltag herausholt. Frauen wünschen sich in der Regel gerade das, was sie in ihrem Leben nicht bekommen: Behütete Frauen sehnen sich nach dem Ausbruch, Frauen aus chaotischen Verhältnissen sehnen sich nach einer starken Schulter zum Anlehnen. Viele Frauen fühlen sich oft eingeschränkt und eingesperrt in ihrer Lebensrealität. Ich versuche Frauen aus dem Käfig ihres Alltags zu befreien. In der Wildnis gibt es keine Regeln und keine Moral. Da zählen nur das Überleben und das Glück.

Ein Gespräch darüber, was sich eine Frau unter ihrem potentiellen Partner vorstellt und was sie sich von ihm erwartet, eröffnet uns die Möglichkeit, mehr über die Bedürfnisse und Idealvorstellungen einer Frau in Erfahrung zu bringen. So gewinne ich eine Vorstellung von ihrem Traumpartner, um dann ihren Bedürfnissen und Erwartungen entsprechen zu können.

Dabei geht es nicht darum, in die Rolle des Traummanns zu schlüpfen, sondern eher darum, herauszufinden, was sich hinter ihrer Idealvorstellung verbirgt. Wenn die Frau beispielsweise sagt, sie wünsche sich einen reichen Mann, dann verspürt sie eigentlich ein Bedürfnis nach Sicherheit und Geborgenheit. Dieses Bedürfnis kann ich befriedigen. Es kommt nicht darauf an, ob ich reich bin oder nicht, sondern allein darauf, ob ich in der Lage bin, ihr dieses ersehnte Gefühl zu vermitteln.

Wenn ich weiß, welche Vorstellungen die Frau von einem idealen Partner hat, kann ich die Facetten meiner Persönlichkeit hervorheben, die mit diesen Vorstellungen übereinstimmen. Ich erfinde meine Identität nicht neu, sondern ich betone nur bestimmte Eigenschaften. Das sind keine Lügen, das ist Marketing.

Ein geeignetes Produkt schaffen

Ich versuche nicht, einen Markt für mein Produkt zu schaffen, nur weil ich denke, dass es ein gutes Produkt ist. Ich schaffe vielmehr ein Produkt, das auf dem Markt gesucht wird. Damit werde ich erfolgreich sein. Ich fülle eine Marktlücke.

Ich beginne damit, gemeinsam mit der Frau über verschiedenste Gefühlslagen zu reden, aus denen sich solche Bedürfnisse und Ideale ablesen lassen. Ich rede über Dinge, die Frauen bewegen, über das Gefühl von Geborgenheit und die emotionale Verbindung zu anderen Menschen. Entscheidend daran ist nicht nur, was sie tatsächlich sagt (»Ich suche einen reichen Mann«), sondern, dass sie dabei in eine ganz bestimmte Gefühlslage versetzt wird. Wenn ich derjenige bin, der diese Gefühle aus einer Frau hervorlocken kann, dann bin ich es auch, den sie damit in Verbindung bringen wird.

Ihr Geheimnis entdecken

Ich spiegele nicht nur die Geisteshaltung der Frau. Das ist ein wichtiger Grundsatz meiner Philosophie: Ich bin nur scheinbar das Spiegelbild der Frau. In Wahrheit bin ich viel mehr: Ich suche das, was hinter ihrem Spiegelbild verborgen liegt, und zeige es ihr. Ich führe sie an einen Ort, wo sie nie zuvor hinschauen konnte: hinter die Oberfläche ihres Spiegelbilds. Ich öffne eine Schublade ihrer Persönlichkeit, die sie ohne mich nicht öffnen kann. Deshalb führt das Gespräch immer in zwei Richtungen: Emotional führt es uns zueinander, und inhaltlich führt es in die Tiefe.

Spätestens, wenn es darum geht, emotionale Nähe zu einer Frau aufzubauen, suche ich nach tiefen Gesprächsthemen. Hier eine Auswahl möglicher Themen:

- »Was ich immer von meinem Vater hören wollte, aber nie gesagt bekommen habe.«
- »Wie meine Kindheit mich geprägt hat.«
- »Warum es so schwierig ist, mal eine Sekunde lang nichts zu denken.«

Die meisten Frauen haben keinen Zugang zu ihrem Unterbewusstsein und unterdrücken deshalb ihre wahren Bedürfnisse. Ich bohre mich wie ein Holzwurm tief in ihre Persönlichkeit hinein. Das darf aber auf keinen Fall sozialpädagogisch oder hobbypsychologisch rüberkommen. Bei mir ist immer alles ganz leicht und locker.

Ich war letztens bei einer Meditationsveranstaltung. Ich sollte eine Minute lang an nichts denken. Aber ich habe es keine zwei Sekunden geschafft. Da ist mir klar geworden, dass ich mein Hirn eigentlich gar nicht im Griff habe. Ich kann nicht mal vorhersagen, welche Gedanken mir als nächstes in den Sinn kommen. Das frage ich auch gerne die Frau: »Hast du eigentlich deine Gedanken im Griff? Versuche mal an etwas anderes zu denken als an den Moment, an dem deine Lippen ganz zart meine Lippen berühren.«

Es ist wirklich erstaunlich, dass wir kaum vorhersagen können, was unser Hirn ausheckt. Viele Gedanken und Bedürfnisse tauchen ziemlich überraschend auf.

Irgendwann sage ich dann: »Bei mir ist gerade so ein Gedanke entstanden, ich kann gar nichts dafür. Hat mein Hirn einfach so produziert.« Und dann küsse ich sie.

Der Weg in ihre Kindheit

Sigmund Freud hat während des Studiums der Psyche seiner Patienten eine interessante Beobachtung gemacht: Die meisten seiner Patientinnen hatten sich in ihn verliebt. Warum? Weil die Patientin während der Therapiegespräche in ihre Kindheit eintauchte, über ihren Vater und ihre Mutter sprach, über ihre frühesten Erinnerungen an Liebe, Wut und Verlorenheit. Dieser Vorgang löst bei den Frauen sehr starke Gefühle aus.

Wenn ich versuche, mich an die intensivsten Momente meines Lebens zu erinnern, denke ich automatisch auch an meine Kindheit und Jugend. Die Angst nach der Sendung *Aktenzeichen XY* oder die Furcht davor, allein in den dunklen Keller des Hauses zu gehen. Die unendliche Liebe zu meiner ersten Freundin und der grenzenlose Liebeskummer, als sie nach nur drei Tagen mit mir Schluss gemacht hat.

Ich versuche das Gespräch mit einer Frau auf ihre Kindheit zu bringen. In der Psychoanalyse nennt man den Rückgriff auf kindliche Verhaltensmuster Regression. Ich erzähle beispielsweise: »Ich habe letztens wieder *Aktenzeichen XY* gesehen und habe mich an die Angst erinnert, die ich als Kind nach diesen Sendungen hatte. Kennst du das auch?«

Ein anderes Beispiel wäre: »Ich war so sauer vorhin, als mein Fahrrad kaputtgegangen ist. Aber dann musste ich daran denken, wie sich das früher angefühlt hat, als ich noch einer kleiner Junge war und unendliche Wutattacken hatte, bloß weil meine Mutter mir keine Schokolade mitgebracht hatte oder mein Fahrrad einen Platten hatte. Kannst du dich daran auch noch erinnern?«

Oft haben Frauen eine Person aus der Jugend oder Kindheit, die sie romantisieren. Etwa den liebevollen Großvater. Die Erinnerung an ihn ruft schöne Gefühle hervor. Die Intensität der Gefühle bringt eine große Nähe. Wenn sie mir davon erzählt, hat sie etwas Intimes mit mir geteilt, wir haben eine Bindung aufgebaut. Ich muss mich aber auch wirklich dafür interessieren, was die Frau in der Vergangenheit geprägt hat, sonst wirkt eine solche Annäherung hohl und verlogen.

Mein Ziel ist, dass die Frau die Gefühle ihrer Kindheit wieder hervorholt und von neuem erlebt. Die Psychologen unterscheiden hier zwischen ödipaler Regression (Emotionen, die mit dem ödipalen Dreieck aus Mutter, Vater und Kind zusammenhängen), der infantilen Regression (die enge Bindung zwischen Mutter und Säugling) und der juvenilen Regression (der Rückfall hinter die Erkenntnis, dass wir unsere jugendlichen Ideale nicht ausleben können, sondern alles nur ein Kompromiss ist). Bei solchen

Gesprächen nehme ich fast die Haltung eines Therapeuten ein und höre mehr zu, als selbst etwas zu sagen.

Alle Frauen haben Enttäuschungen hinter sich, die mit der ersten Liebe und ihren frühen Liebschaften zu tun haben. Sie haben ihr Ideal von der hemmungslosen Liebe längst verdrängt oder vergraben. Aber der Samen ist noch tief in ihnen. Ich muss ihn nur sachte gießen und damit einen Traum züchten.

Sexuelle Spannung aufbauen

Die nächste Stufe erzeugt die sexuelle Spannung. Mein Charme ist ein Teppich aus Rosen, der zu meinem Bett führt. Aber die Frau sieht und riecht nur die Rosen. Sie ahnt gar nicht, wo der Weg hinführt.

Wie bekomme ich das Gespräch auf eine sexuelle Ebene?

Ganz einfach, indem ich über Sex, Gefühle, Erotik rede. Aber eben auch wieder nicht. Ich rede über die Dinge, die ich gerne mit einer Frau machen würde, aber natürlich nicht machen werde. Sie werden nicht passieren. Höchstens in ihrem Kopf.

Sexuelle Annäherung: »Ich würde jetzt gerne mit dir Sex haben.«

Disqualifizierung: »Aber bei mir läuft das nicht so schnell.«

Sexuelle Annäherung: »Ich würde dich gerne am ganzen Körper küssen.«

Disqualifizierung: »Aber ich will dich lieber erst mal richtig kennenlernen.«

Ich liebe die Kunst der Andeutung. Ein sexuelles Statement, gefolgt von einem Dementi. Ein belangloser Satz mit einem verführerischen Blick. Ein verführerischer Satz mitten in einer belanglosen Erzählung …

Die eigentliche Verführung passiert im Kopf der Frau. Im besten

Fall ist die Andeutung so subtil, dass sich die Frau bewusst gar nicht mehr daran erinnern kann. Zum Beispiel baue ich so eine Andeutung mitten in die Geschichte über die Fahrradpanne ein: kurz ihre Hand berühren, ein zartes »Du verzauberst mich« flüstern und dann einfach völlig ungerührt weiterreden über den kaputten Schlauch. Nach drei Minuten wird sie das »Du verzauberst mich« vielleicht nicht mehr im Sinn haben. Aber dennoch entfaltet es seine Wirkung. Zu viele Männer sagen zu genau, was sie denken und fühlen.

Eine Geschichte, die ich gerne erzähle: »Ich habe mal als Recherche für eine Geschichte für das *Geo*-Magazin zwei Monate bei dem führenden indischen Sexguru Sri Baba gelebt und studiert. Er konnte durch yogaähnliche Entspannungsübungen und eine bestimmte Massagetechnik jede Frau zum multiplen Orgasmus führen.«

Wichtig ist, dass ich nicht sage, ich könne das, sondern es als grundsätzliche Behauptung in den Raum stelle.

Jede Frau fragt daraufhin: »Und, geht das?«

Dann antworte ich nicht anzüglich, sondern sachlich: »Das war faszinierend. Da sind Hunderte Frauen aus der ganzen Welt gekommen. Wir haben nicht etwa selber Hand angelegt, sondern wir lehrten die Pärchen, wie es prinzipiell funktioniert. Ich fand sehr erstaunlich, wie wenig sich die Leute mit ihrer Sexualität beschäftigen. Gerade Frauen haben mir gesagt, dass sie das Gefühl haben, sie hätten zuvor wohl nie wirklich befriedigenden Sex gehabt.«

Sie: »Wie geht denn das?«

Ich: »Das System basiert auf der Kontrolle der Energiezentren. Es hat sehr viel mit Entspannung, Körperbewusstsein und Konzentration zu tun. Kannst du dir vorstellen, einen Orgasmus zu haben, der fast zehn Minuten lang dauert? Ich kann das jetzt nicht so genau erklären. Egal. Vergiss es einfach …«

Das Sexkino muss in ihrem Kopf stattfinden.

Ich tausche mich mit Frauen oft schon nach einer halben Stunde über ihre geheimsten Phantasien und sexuellen Erlebnisse aus. Viele Frauen haben mir schon gesagt, dass sie mir Dinge verraten hätten, die sonst niemand von ihnen wisse, obwohl ich sie erst seit einer Stunde kenne. Wenn ich schließlich auf etwas stoße, von dem ich meine, dass es die Stimmung der Frau erotisiert, dann hake ich genau an dieser Stelle weiter nach. So kann ich die Richtung vorgeben, in die nicht nur das Gespräch, sondern auch die Stimmung der Frau verlaufen soll.

Körperliche Spiegelung

Flirtforscher beobachten bei Flirtgesprächen, wie sich die Paare einander zuwenden. Die Abfolge ist letztlich immer gleich: Erst wendet jeder den Kopf, dann die Schultern und schließlich den Rumpf, bis beide Körper einander zugewandt sind. Im Lauf des Flirts stimmen Mann und Frau dann die Bewegungen immer harmonischer aufeinander ab – es findet eine Art körperlicher Spiegelung statt.

Nun ja, wir Menschen sind eben auch nicht wesentlich komplizierter als die Bienen mit ihrem komplexen Schwänzeltanz. Ich habe schon viele Flirts beobachtet und kann diese Ergebnisse nur bestätigen. Es ist sehr hilfreich, während des Flirts selbst darauf zu achten, ob der Flirt in Richtung Synchronizität verläuft. So erhalten wir zuverlässige Informationen darüber, wie erfolgreich die Annäherung tatsächlich ist.

Bei der Spiegelung geht es nicht darum, die Frau zu kopieren. Es geht um eine emotionale und körperliche Annäherung. Deshalb sollte die körperliche Spiegelung sehr dezent eingesetzt werden und der Frau nicht auffallen.

Unbewusst habe ich diese Art der Spiegelung schon immer gemacht. Als ich sie dann jedoch bewusst eingesetzt habe, dachte ich immer: Das muss der Frau doch auffallen. Aber es wird ihr nicht auffallen. Das ist wirklich erstaunlich: Es fällt keiner Frau auf.

Ich versuche die Frau zu spiegeln und dabei ihren inneren Takt zu erspüren. Ist sie schnell? Ist sie hektisch? In welchem Rhythmus bewegt sie sich? Besonderes Augenmerk lege ich dabei auf folgende Details:

- Körperhaltung
- Gesten
- Stimme (Höhe, Rhythmus, Tonalität)
- Schlüsselwörter der Kommunikation
- Blinzelfrequenz
- Gesichtsausdruck
- Atemfrequenz

Emotionale und körperliche Synchronizität

Wenn ich einen gewissen Grad an Übereinstimmung feststelle, beginne ich zu führen. Nun passiert nämlich plötzlich etwas sehr Faszinierendes: Die Frau folgt mir. Wenn ich zum Glas greife, wird sie ebenfalls zum Glas greifen. Ich kratze mich am Ellbogen. Sie kratzt sich ebenfalls.

Für eine Studie der Boston University School of Medicine wurden Hunderte Flirtpaare gefilmt und mit Elektroden verkabelt. Das Ergebnis: Nicht nur die Körpersprache wurde zunehmend synchroner, sondern auch die Hirnwellen, die plötzlich in den gleichen Momenten relevante Ausschläge verzeichneten. Positive (aber leider auch negative) Gefühle werden dabei wie Infektionen von Mensch zu Mensch weitergegeben. »Emotionale

Ansteckung erfolgt innerhalb von Millisekunden«, sagt Elaine Hatfield von der Universität Hawaii.

Der unsichtbare Gefühlsaustausch beruht auf einem Urprinzip der Kommunikation. Menschen neigen während eines Gesprächs dazu, die Körpersprache des anderen zu imitieren. Je ausdrucksstärker und aufrichtiger ein Gesprächspartner ist, um so eher imitiert man ihn. Erfolgreiches Flirten kann also wissenschaftlich auf folgendes Ergebnis reduziert werden: Im Gespräch muss es darum gehen, einen möglichst hohen Grad an emotionaler, empathischer und körperlicher Synchronizität mit dem anderen Menschen herzustellen. Erst dann ist ein Gespräch wirklich intensiv.

NLP-Techniken

Über unsere Sinnesorgane nehmen wir die Welt um uns herum wahr. Wir erleben von außen kommende Reize mit all unseren Sinnen: Sehen, Hören, Fühlen, Riechen und Schmecken. Die Anhänger des Neurolinguistischen Programmierens (NLP) glauben, dass die meisten Menschen sich einem bestimmten Wahrnehmungstyp zuordnen lassen. Demnach bevorzugt jeder Mensch einen der Wahrnehmungskanäle: Ein visueller Wahrnehmungstyp nimmt die Welt mehr als andere durch seine Augen wahr, ein auditiver Typ reagiert stärker auf Klänge, Stimmen und Geräusche, der olfaktorische Typ nimmt überdurchschnittlich viel mit dem Geruchssinn wahr, der kinästhetische Typ vertraut seinem Gefühl und handelt »aus dem Bauch heraus«.

Unterschiedliche Wahrnehmungstypen
Die unterschiedlichen Sinneseindrücke werden im Hirn verarbeitet. Der Mensch kleidet seine Gedanken und Sinneserfahrungen

in Worte. Mit der Sprache erschaffen wir unsere subjektive Wirklichkeit, unsere persönliche Sicht der Welt.

Visuelle Typen verwenden visuelle Worte: Sie brauchen den »Durchblick«, sprechen von einer »glänzenden Idee« oder »sehen schwarz«.

Für auditive Typen muss eine Idee »gut klingen«, sie »schlagen den richtigen Ton an«, oder sie »hören die Zwischentöne«.

Für den Gefühlstyp muss es sich »gut anfühlen«, er will die Probleme »in den Griff bekommen« und eine Idee »begreifen«.

Dem olfaktorischen Typ »stinkt es« oder »er verduftet«.

Ich bin ein visueller Typ. Ich »sehe etwas vor mir«, ich benutze Ausdrücke wie »stell dir das vor« oder »du musst das von einem anderen Standpunkt aus sehen«.

Es hilft bei der emotionalen Annäherung, wenn man erkennt, zu welcher Kategorie die Frau gehört und wie man sich auf ihrer Sinnesebene mit ihr verbinden und synchronisieren kann. Auch hier geht es um Sensibilität. Ich achte im Gespräch darauf, welcher Wahrnehmungstyp die Frau ist. Die meisten Frauen sind immer wieder erstaunt, wenn ich ihnen nach einem kurzen Gespräch sage, welche Sinne ihre Wahrnehmung dominieren.

Erst dann kann ich meine Strategie genau auf diese Frau zuschneiden, etwa durch die Wahl der Worte, die ich in meine Unterhaltung einfließen lasse. Ich spiegele somit nicht nur ihr Denken, sondern auch ihre Wortwahl.

Gefühlslagen verändern

Die Grundidee des NLP besteht darin, dass wir erkennen, wie die Muster und Prägungen, die wir im Lauf des Lebens erlernt haben, unsere Verhaltensweisen wesentlich bestimmen. Jeder Mensch hat Denk- und Verhaltensgewohnheiten, die ihn dazu bringen, so und nicht anders zu handeln. Manchmal stehen wir uns mit diesen »Programmen« selbst im Weg.

Mit Hilfe von NLP können wir allerdings lernen, diese Muster zu ändern. Eine einfache Übung dazu ist die Ankertechnik: Positive Gefühle sind fest in unserem Hirn verankert. Ich kann mich jederzeit in einen guten Zustand versetzen, indem ich mir beispielsweise ein schönes Urlaubsfoto anschaue. Was passiert? Meine Stimmung ändert sich. Oder ich höre mir meine Lieblingsmusik an. Oder ich denke an die schönsten Momente meines Lebens.

Mit Konditionierungen arbeiten

Der russische Verhaltensforscher Iwan Pawlow hat Hunde so konditioniert, dass sie speicheln, wenn eine Klingel ertönt. Pawlow hat die Tiere immer gleichzeitig mit dem Klingeln gefüttert. Nach einiger Zeit haben die Tiere das akustische Signal mit Essen verbunden und allein vom Klingeln angefangen zu speicheln. Solche Konditionierungen bestimmen nicht nur die Erziehung von Tieren und Menschen, sondern auch unser Liebesleben.

Die meisten Gefühle sind mit Erlebnissen verbunden. Wer einmal von einem Hund gebissen wurde, wird für immer schreckhaft sein, wenn er einem Hund begegnet. Manche Lieder, die man im Moment größter Verliebtheit gehört hat, lösen oft Jahre später noch ein Gefühl tiefer Verbundenheit aus.

Verführungskünstler nutzen diese Verbindung von Gefühlen mit Situationen. Gleich beim ersten Ansprechen geht es darum, in der Frau positive Emotionen hervorzurufen und diese guten Gefühle mit uns zu verbinden. Das ist das Grundprinzip. Ohne positive Gefühle gibt es keine emotionale Annäherung.

Wenn man das als Versuchsanordnung in einem Psycholabor gestalten würde, würde die Fragestellung lauten: »Wenn ein Mann bei einer Frau positive Gefühle auslöst, wie lange dauert es dann, bis die Frau die positiven Gefühle mit dem Mann verbindet?« Das ist das Ziel der Übung.

Um das zu erreichen, stelle ich ihr Fragen, die sie mit positiven Erlebnissen verbindet:

- Eine Frage, die gegen Ende des Jahres sogar als wunderbare erste Frage dienen kann: »Was war dein schönstes Erlebnis in diesem Jahr?«
- Ich rede mit Frauen gerne über die Macht von Liedern: »Gibt es ein Lied, bei dem du dieses wunderbare Gefühl im Bauch bekommst?«
- Oder Gerüche: »Riechst du das auch? Es riecht hier wie ...«

Hypnosemuster erzeugen

Die Techniken des NLP stehen im Zentrum der verschiedenen Hypnosemethoden, die der amerikanischen Verführungskünstler Ross Jeffries zu seiner »Speed Seduction«®-Technik weiterentwickelte. Die Methode wirkt teilweise etwas plump, ist aber überaus wirkungsvoll. Im wesentlichen geht es dabei um die Generierung bestimmter Hypnosemuster, mit denen man Frauen in eine gewünschte Gefühlslage versetzen kann, um sie zu verführen. Durch Hypnosemuster erstellen wir ein Bild im Kopf der Frau, mit dem sie unterschiedliche Emotionen verbindet. Wir leiten sie dahin, dass sie genau das fühlt, was wir möchten.

Ich verwende diese Techniken nur sehr selten, weil sie auf sehr umfangreichen auswendig gelernten Texten beruhen. Dennoch finde ich das Konzept sehr faszinierend.

Positive Gefühle abrufen

Unter Hypnosemustern versteht man die Rekapitulation positiver Erlebnisse oder Erfahrungen, die nicht unbedingt etwas mit den beteiligten Personen zu tun haben, sondern allgemein bei vielen Menschen positive Gefühle hervorrufen. Typische Beispiele für ein solches Hypnosemuster sind etwa die Fragen: »Kennst du das Gefühl, wenn plötzlich dein Lieblingssong im Radio läuft?« oder »Kannst du dich erinnern, wie das war, wenn du im Sommer als Kind Eis essen gegangen bist?«.

Ziel solcher Beschreibungen ist es, die damit verbundenen positiven Gefühle der Frau abzurufen.

Der Einsatz von Trancewörtern

Der Verführungskünstler beschreibt positive Gefühlszustände, eingebettet in irgendeine Geschichte, und versucht bei der Frau die damit verbundenen positiven Emotionen an bestimmte Begriffe (sogenannte Trancewörter) zu koppeln. Hilfreich ist hier natürlich, wenn ich weiß, welcher Wahrnehmungstyp die Frau ist und auf welche Formulierungen sie besonders anspricht. Die häufige Verwendung dieser Begriffe ermöglicht es schließlich, eine Frau im Gespräch emotional zu berühren und somit auf ihr Unterbewusstsein einzuwirken. Durch den Einsatz solcher Hypnosemuster zaubert man der Frau gleichsam ein positives Gefühl.

Ross Jeffries empfiehlt, bei der Erwähnung der Trancewörter immer wieder auf sich selbst zu deuten, um das positive Gefühl mit der eigenen Person zu verknüpfen. Es reicht allerdings völlig aus, wenn man im Gespräch mit der Frau derjenige ist, der all diese positiven Emotionen beschreibt, während die Frau die damit assoziierten Gefühle rekapituliert.

Hypnosemuster können im besten Fall aus dem Gespräch selbst generiert werden. Dazu bedarf es aber einer gewissen Übung. Ross Jeffries rät seinen Studenten deshalb, sie vorher einzustudieren und sich verschiedene Szenarien auszudenken, in denen solche vorbereiteten Muster verwendet werden können.

Das Achterbahnmuster

Dies ist mein Lieblingshypnosemuster. Es ist vielleicht das prägnanteste überhaupt. Vielen Dank an den Verführungskünstler Pimpstylez.

Das Muster geht so:

»Letztens hab ich eine interessante Dokumentation gesehen. Da wurden Leute interviewt, die ihr Geld damit verdienen, sich Attraktionen für Vergnügungsparks wie Disneyland auszudenken. Ist das nicht 'n cooler Job?«

Sie: »Ja, hört sich interessant an.«

»Also, jedenfalls haben sie darüber geredet, was die ideale Attraktion ausmacht.« (Auf sich selbst deuten.) »Es gibt wohl drei Dinge, die eine ideale Attraktion ausmachen. Das erste ist: Wenn du Achterbahn fährst, hast du ein Gefühl von intensiver Erregung. Die ideale Attraktion lässt dein Herz schneller schlagen, dein Atem wird schneller, und du gerätst in diesen wahnsinnigen Rausch. Dann haben sie gesagt, ganz entscheidend sei, dass du so fasziniert davon bist, dass du sofort noch mal fahren willst. Und als letztes meinten sie: Das Wichtigste von allem ist ein Gefühl völliger Sicherheit. Dass du, obwohl die Attraktion ein wenig gefährlich erscheint, sicher sein kannst, dass dir nichts passieren kann. Und genau das erlaubt dir, dich vollkommen frei zu fühlen und loszulassen und diese großartige Erregung immer und immer wieder zu genießen. Kannst du das fühlen?«

Ihre Hand drücken.

Sie: »O ja …«

Wenn die Frau an dieser Stelle so etwas sagt wie: »Hört sich eher nach Sex an«, soll man entgegnen: »Hmm, interessant. Jetzt wo du's sagst. Stell dir vor, wieviel Spaß es macht, mit einer Achterbahn zu fahren. Kennst du dieses Gefühl, wenn die Bahn höher und höher gezogen wird und dein Herz vor Aufregung pocht und du schneller und schneller atmest und fühlst, wie Blut in jeden Teil deines Körpers gepresst wird, während sich die Aufregung und Spannung immer mehr aufbaut. Und wenn du die Spitze der Bahn erreichst und ausgeklinkt wirst, lässt du los und gibst dich diesem Gefühl der Aufregung hin, und manchmal ist es so gut, dass du dabei schreist. Weißt du, nach der Dokumentation hab ich mir gedacht: Passt das nicht als Beschreibung der idealen Verbindung zu einer anderen Person?«

Auf sich selbst zeigen.

»Du weißt schon, wenn es einfach klick macht, und du fühlst dich total zu dieser Person hingezogen …«

Wieder auf sich selbst zeigen.

»…und du fühlst dich gleichzeitig total sicher und angenehm, als würdest du den anderen schon ewig kennen?«

Erneut auf sich zeigen.

Bei diesem Beispiel kann man den Begriff »ideale Verbindung« immer wieder ins Gespräch einfließen lassen, um eine hypnotische Wirkung zu erzielen. Es ist erstaunlich, wie gut solche Hypnosemuster im Gespräch funktionieren.

Wem diese Technik zu manipulativ ist, der sollte zumindest die grundsätzliche Idee im Hinterkopf behalten, dass man positive Emotionen und bestimmte Stimmungen auf sich übertragen kann.

Tests und Psychospiele

Es gibt eine ganze Reihe von kleinen Tests und Spielchen, die ich gerne mit Frauen spiele. Frauen lieben Tests. Wenn ich eine Frau frage: »Würdest du gerne mal einen Test machen?«, dann sagen fast alle ja. Die Tests und Spiele erfüllen gleich eine ganze Reihe von Funktionen:

1. Ich unterhalte die Frau.
2. Sie geben mir einen Grund, die Frau zu berühren.
3. Ich nähere mich ihr emotional an.

Der Leidenschaftstest
(nach einer Idee von Ronny Lilleg)

Ich gebe der Frau zu verstehen, dass ich sehr wählerisch bin. Ich will schließlich später nicht enttäuscht werden. Aber ich habe da was gelesen von einem wissenschaftlich fundierten Leidenschaftstest: »Forscher der Londoner Universität haben bei einer Studie herausgefunden, dass bei besonders leidenschaftlichen Menschen das Herz bei bestimmten Reizwörtern aussetzt. Dieses Aussetzen des Herzens nennt man Orientierungsreaktion. Beim Niesen etwa setzt bei allen Menschen das Herz aus.«

Ich nehme ihre Hand und lege drei Finger auf die Pulsadern. Dann spreche ich verschiedene Wörter aus und messe die Reaktion: »Schokolade, Sonnenschein, Kuss, Weihnachten, Sex, Orgasmus ...« Manchmal lasse ich auch die Frau die Wörter selbst aussprechen. Bei der Auswertung lege ich ihr natürlich nahe, dass sie ein sehr sensibles Wesen ist, das sich nach Zärtlichkeit sehnt.

Selbstverständlich ist der Test totaler Käse, aber er erfüllt seinen Zweck erstaunlich gut.

Interessant sind die Wirkmechanismen: Ich kann die Frau damit an einer sehr verletzlichen Stelle berühren. Ich signalisiere ihr, dass ich sehr leidenschaftlich bin und eine ebensolche Frau suche. Ich kann die Frau damit auch gut separieren: »Lass uns mal woanders hingehen, hier ist es so laut.« Und zuletzt simuliere ich eine Autorität, denn eigentlich messen nur Ärzte den Puls.

Der Rollentausch

»Stell dir vor, eines Tages kommt eine Fee vorbei und verwandelt dich für einen Tag in einen Mann. Was würdest du anstellen?«

Das Flaschenrätsel

Das Flaschenrätsel ist ein prima Rätsel, weil es wesentlich schwieriger ist, als es zunächst den Anschein hat. Daran können Frauen verzweifeln. Großartig eignet es sich auch, um wegzugehen mit dem Spruch: »Das musst du doch sofort wissen. Komm, wenn du die Lösung gefunden hast.«

Und so geht das Rätsel: »Die Flasche kostet 1,10 Euro. Die Flasche kostet einen Euro mehr als der Korken. Wieviel kostet die Flasche und wieviel der Korken?«

Die Lösung: Die Flasche kostet 1,05 Euro. Der Korken 5 Cent.

Die richtige Lösung ist mein Pfand. Ich verrate sie erst, wenn der Kontakt zu der Frau hergestellt ist.

Das Blinzelspiel

Ein uraltes, bewährtes Spiel: Wir schauen uns gegenseitig so lange an, bis einer blinzelt. Wer zuerst blinzelt (oder lachen muss), hat verloren. Es kann ziemlich sexy sein, sich ganz lange in die Augen zu schauen. Wenn sie kleiner ist als ich (und ich bin zwei Meter groß), gewinne ich eigentlich immer, weil die Frau nach oben schauen muss. Außerdem haben wir ja gelernt, dass Frauen doppelt so oft blinzeln.

Der Mentalzaubertrick

Der Trick »erzwungene Wahl« ist eines von vielen wunderbaren Zauberkunststücken auf der DVD *Pick-up Magic von Steven Shadow* (www.dieperfektemasche.de).

Vorbereitung: Ich nehme unauffällig meinen Ring vom Finger und lege ihn in die geschlossene Faust. Dann sage ich zu der Frau:

»Komm, wir machen ein kleines Spiel. Ich habe ein Schmuckstück in der Hand, und ich kann voraussagen, dass du dich genau für dieses Schmuckstück entscheiden wirst. Meine Chancen stehen eins zu drei. Also, wir gehen jetzt gemeinsam im Geist in ein Schmuckgeschäft. Im Schaufenster liegen eine Uhr, ein Ring und eine Kette. Welches davon nimmst du?«

Wenn sie den Ring nimmt, sage ich: »Mal sehen, ob ich mit meiner Prognose recht hatte.« Dann öffne ich die Hand und zeige ihr den Ring.

Wenn sie die Uhr nimmt, dann sage ich: »Also, du hast die Uhr in der linken Hand. Was nimmst du in die rechte Hand?«

Jetzt kann sie sich für Ring oder Kette entscheiden.

Wenn sie die Kette nimmt, sage ich: »Also, du hast die Uhr und die Kette weggenommen. Übriggelassen hast du den Ring. Dann wollen wir mal sehen, ob ich recht habe.«

Wenn sie den Ring wählt, sage ich: »Du hast also die Uhr in der linken Hand und den Ring in der rechten. Was davon gibst du ab?«

Wenn sie die Uhr abgibt, sage ich: »Du hast also von den drei Dingen den Ring behalten. Da wollen wir doch mal sehen …«

Wenn sie mir den Ring gibt, sage ich: »Du gibst mir von den drei Dingen also den Ring. Dann wollen wir mal sehen …«

Der Trick ist ganz leicht. Nur durch die Art der Formulierung erwecke ich den Eindruck, als hätte sie sich selbst für den Ring entschieden.

Ich habe den Trick bestimmt schon bei hundert Frauen gemacht, keine hat ihn durchschaut. Für mich ist der Trick auch deshalb so spannend, weil ich gelernt habe, wie leicht ich Frauen manipulieren kann. Sie glaubt, sie würde wählen, aber sie kann gar nicht wirklich auswählen. Ich simuliere lediglich eine Entscheidung.

Dann sage ich zu ihr: »Warum, glaubst du, hast du den Ring gewählt? Weil du dich zu mir hingezogen fühlst, weil du gerne heiraten würdest? Oder weil du Angst vor der Ehe hast, weil du dich vorher noch sexuell ausleben willst?«

Auch das ist eine manipulative Frage. Sie kann sich frei entscheiden, aber eben nur im Rahmen meiner Antwortmöglichkeiten – und ich kann mit allen drei Antworten gut leben.

Das Interessante am Zaubern sind nicht die Tricks. Die sind meistens ziemlich einfach und öde. Der wirklich magische Effekt entsteht im Kopf der Frau. Als Hobbyzauberer habe ich vor allem eines gelernt: die Aufmerksamkeit des Zuschauers zu steuern. Ich habe gelernt, eine im Mittelpunkt stehende Hauptaktion durchzuführen und gleichzeitig eine Tätigkeit im Hintergrund, die das Publikum weder bemerkt noch bemerken soll. Ich will beispielsweise, dass die Frau auf meine rechte Hand blickt, und ich mache dafür eigentlich nichts anderes, als auf meine rechte Hand zu starren.

Die Steuerung der weiblichen Aufmerksamkeit ist ein machtvolles Instrument, das ich auch im Prozess der Verführung einsetze. Ich berühre zum Beispiel ihre Hand und rede einfach weiter. Der Akt der Berührung ist für sie deshalb nicht wichtig, weil er für mich nicht wichtig ist. Ich gewichte die Bedeutung meiner Handlungen und nicht sie. Ich nenne das die Illusion der Kontrolle.

Die Frau glaubt, sie würde meine Motivation kennen, weil sie sich darauf versteht, meine Worte und meine Handlungen zu beurteilen. Ich jedoch mache mir das Einfühlungvermögen der Frauen zunutze. Frauen dechiffrieren männliches Verhalten, weil wir es ihnen so einfach machen, unsere Interessen und Motivationen zu entschlüsseln. Aber wenn neben meiner scheinbaren Aktivität noch etwas Beiläufiges passiert, bekommt sie es nicht auf den Radar. Meine scheinbar im Mittelpunkt stehenden Aktivitäten dienen dazu, meine Attraktivität und unsere emotionale Verbindung aufzubauen. Die unscheinbare Nebenaktivität dient der körperlichen Annäherung.

Das hat noch einen weiteren Vorteil, denn Frauen haben eine gewisse Hemmung, Berührungen in der Öffentlichkeit zuzulassen. Wenn sie es aber kaum wahrnimmt, nehmen es andere Leute auch nicht wahr. Das ist mein bester Zaubertrick: die sexuelle Levitation aus dem Nichts.

Der Zigarettentrick

Ein anderer schöner Trick von Steven Shadow: die Telekinese einer Zigarette. Ich sage ihr: »Meine Finger sind magnetisch und können eine Zigarette hinter sich herziehen. Achte genau auf meine Finger.«

Dann mache ich ein paar alberne Bewegungen, als wollte ich meine Hände elektrisch laden, und fahre mit den Fingern an der Zigarette entlang. Die Kippe würde sich natürlich nicht bewegen, wenn ich nicht gleichzeitig ganz leicht und zart auf die Zigarette pusten würde. Die Frau bemerkt das nicht, weil sie sich auf meine magnetischen Finger konzentriert. Großartiger Trick, der besonders gut klappt, wenn laute Musik im Hintergrund läuft.

Das Gedankenexperiment

Ich errate nach ein paar unscheinbaren Fragen die Farbe eines Tieres, das sie sich gedacht hat.

»Glaubst du an Magie? Okay, wir machen jetzt ein kleines Gedankenexperiment. Stell dir eine Zahl zwischen eins und zehn vor.«

Sie wählt zum Beispiel die Fünf.

»Jetzt multipliziere diese Zahl mit 9.«

Ergibt fünfundvierzig.

»Ist das Ergebnis zweistellig?«

Ja.

»Dann addiere die beiden Ziffern, so dass eine einstellige Zahl herauskommt.«

Ist die Zahl einstellig, dann gleich weiter mit dem nächsten Schritt.

»Subtrahiere fünf von der Zahl.«

(4 + 5) = 9 − 5 = 4.

Das Ergebnis ist immer vier.

»Stell dir jetzt das Alphabet von A bis Z vor. A ist eins, B ist zwei und so weiter. Und nun wähle den Buchstaben, der deiner Zahl entspricht.«

Vier entspricht D.

»Jetzt kommen wir zur Geographie. Wähle ein Land, das in Europa liegt und mit deinem Buchstaben beginnt.«

D, also Deutschland oder Dänemark.

»Wähle jetzt den zweiten Buchstaben des Namens dieses Landes, wobei Umlaute zu ae, ue, oe werden. Wähle bei Umlauten bitte den dritten Buchstaben.« Deutschland, also E. Genauso Dänemark.

»Stell dir jetzt ein Tier vor, das mit diesem Buchstaben beginnt.«

Mit E beginnen nur sehr wenige Tiere, etwa Elefant, Esel, Emu, Eichhörnchen. Sie wählt fast immer den Elefanten oder den Esel. Also zum Beispiel: Esel.

»Ich sage dir nun, welche Farbe das Tier hat, das du dir gedacht hast. Wenn ich falsch liege, muss ich dir einen Drink ausgeben. Wenn nicht, gibst du mir einen aus. Ist die Farbe des Tieres grau?«

Die Seelenwanderung

Eine wunderbare Methode, die ich von dem legendären amerikanischen Hypnoseguru Steve Piccus gelernt habe, heißt Seelenwanderung. Diese Methode funktioniert dann besonders gut, wenn es mir gelingt, mich mit einer mysteriösen und hypnotischen Ausstrahlung zu umgeben, wenn ich also in irgendeiner Form die Autorität ausstrahle, die Frau zu ihrer wahren Seele zu führen. Sie sollte empfänglich sein für eine spirituelle Aura. Aber das sind die meisten Frauen ohnehin.

Ich bitte die Frau, sich mir frontal gegenüber zu stellen, und dann sage ich: »Gib mir deine linke Hand. Das ist die Hand, die dem Herzen am nächsten ist. Jetzt ist nichts mehr zwischen uns. Schau bitte in mein linkes Auge.«

Nun nehme ich ihre beiden Hände und sage: »Atme ganz tief und entspannt und hebe und senke parallel zum Atmen deine Hände.«

Pause.

»Ich schaue mit meinem linken Auge in dein linkes Auge. Das Tor zur Seele führt durch das Auge. Die Kelten sagen, es gibt nur einen Weg in die Seele, und der führt durch das linke Auge. Weil wir uns gerade erst kennengelernt haben, lade ich dich ein, in meine Seele zu blicken. Blicke in mein linkes Auge. Blicke durch die Pupille und noch tiefer. Wenn du ganz tief in meinen Augen versinkst, wirst du merken, dass sich mein Gesicht verändert. Ich bin ein ganz junger Mann … und nun werde ich langsam älter …, bis ich zu einem ganz alten Mann werde. Jetzt wandern unsere Seelen hin und her.«

Es hilft natürlich ungemein, wenn man dabei aussieht wie Steve Piccus, der an einen indianischen Medizinmann mit langen lockigen Haaren erinnert.

Ich bin kein bisschen esoterisch veranlagt, aber ich kann aus Erfahrung sagen, dass diese Methode ganz erstaunlich auf Frauen wirkt – wenn man nicht plötzlich loslachen muss.

Oft gelingt es mir nicht, den passenden Gesprächsrahmen für die Seelenwanderung zu finden. Deshalb habe ich die Technik stark vereinfacht, aber der Effekt ist geblieben: ein Gefühl intensiver Verbundenheit. In der Kurzversion sage ich zu der Frau: »Ich war letztens bei einem indischen Guru, über den ich eine Reportage geschrieben habe, und der hat mir einen kleinen, aber sehr magischen Trick beigebracht. Schau mir in die Augen und atme dabei ganz tief. So tief einatmen, wie du kannst. *TIEF* atmen. Spürst du es?«

Alle Frauen sagen: »Ja, wow, ich spüre was.«

Die Kunst des Handlesens

Von Metaphysik, Astrologie, Tarotkarten und dergleichen habe ich keine Ahnung. Ob ich daran glaube? Nein. Aber so gut wie jede Frau ist vom Handlesen fasziniert. In unserem Fall geht es dabei nicht um die richtige Prognose, sondern nur darum, der Frau ein positives Gefühl zu vermitteln, ihr Dinge zu sagen, die sie gerne hören möchte. Die Zukunft aus der Hand zu lesen hat also primär die Funktion, eine bestimmte Gefühlslage zu erzeugen und so die Phantasie der Frau anzuregen. Außerdem hat es den Vorteil, dass ich die Frau berühren kann.

Die Grundlagen

Es ist hilfreich, sich mit den Grundzügen des Handlesens vertraut zu machen. Wenn ich ein gewisses Grundwissen erkennen lasse und die Terminologie kenne, verleiht mir das mehr Glaubwürdigkeit.

Beim Lesen der Hand sind drei Hauptlinien zu erkennen, nämlich die Herz-, die Kopf- und die Lebenslinie. An der Herzlinie kann ich ablesen, was sie fühlt, an der Kopflinie, was sie denkt, und an der Lebenslinie lassen sich Aussagen zu ihrem Leben insgesamt deuten. Ich habe wirklich keine Ahnung, welche Linie welche ist, ich zeige einfach auf eine Linie und sage: »Das ist deine Herzlinie.«

Nun gibt es verschiedene Deutungsmöglichkeiten. Eine ausgeprägte Herzlinie lege ich als starkes emotionales Bedürfnis aus.

Grundsätzlich hat sie eine ausgeglichene, besondere Persönlichkeit, weil ihre drei Linien mehr oder weniger gleich lang und stark ausgeprägt sind. Die Harmonie der Linien lässt auf eine harmonische Persönlichkeit schließen. Ist ihre Herzlinie besonders stark ausgeprägt, ist sie sehr emotional. Wenn die Kopflinie stark, die Lebenslinie dagegen nur schwach ausgeprägt ist, bedeutet das, dass sie nicht genügend Energie aufbringen kann, um ihre Ziele im Leben auch zu verwirklichen. Da wird es höchste Zeit, jetzt mal einen großen Schritt zu tun …

Die verschiedenen Linien der Hand

Die Lebenslinie: symbolisiert Lebenskraft und Energie, sagt aber entgegen der verbreiteten Vorstellung nichts über die Lebensdauer eines Menschen aus. Klare und feste Linien bedeuten, dass die Frau sich ins Leben stürzt und viel Energie in ihr Handeln und ihre Beziehungen zu anderen Menschen steckt. Feine Linien bedeuten hingegen, dass sie ihr eigenes Leben eher als Zuschauer betrachtet und weniger Enthusiasmus aufbringen kann. Je nachdem, wo die Lebenslinie verläuft (Handmitte oder nah am Daumen), ist sie mehr oder weniger risikofreudig, abenteuerlustig und aufgeschlossen gegenüber Neuem: »Da sehe ich ein großes Abenteuer!«

Die Kopflinie: Eine gerade und feste Linie zeugt von hoher Intelligenz und klarem Denkvermögen. Nervöse, ängstliche, empfindsame Frauen haben eher dünne und brüchige Linien. Die Länge der Linie sagt etwas darüber aus, ob die Frau eher instinktiv und impulsiv handelt (kurz) oder ob sie sehr genau überlegt und die Dinge erst einmal von allen Seiten betrachtet (lang). Eine gerade Linie bedeutet, sie denkt eher logisch, vernünftig und rational. Zeigt die Linie nach unten, dann ist die Frau besonders einfallsreich, kreativ und empfindsam.

Die Herzlinie: symbolisiert Emotionen und wie diese zum Ausdruck gebracht werden. Je länger die Herzlinie ist, desto stärker die Emotionen. Eine eher gerade Linie haben Frauen, deren Gefühle stark vom Kopf kontrolliert werden und die erst denken, bevor sie sprechen. Eine geschwungene Linie spricht dafür, dass die Frau gefühlvoll, intuitiv und offenherzig ist. Zeigt sich die Herzlinie klar und deutlich, dann ist sie in Einklang mit ihrem Gefühlsleben. Eine brüchige Linie bedeutet, sie ist gestresst, launisch und depressiv.

Ich habe diese Beschreibungen nur zusammengefasst, damit der ungefähre Duktus des Handlesens rüberkommt. Natürlich spielt es eigentlich keine Rolle, wo die Linien verlaufen. Ich beschreibe die Frau so, wie es mir meine erste Intuition sagt:

- Ich versuche Eigenschaften einzubauen, die ich im Gespräch herausgehört habe. (Falls wir uns vorher schon unterhalten haben.)
- Ich sage ihr immer etwas Gutes und Positives voraus.
- Ich halte die ganze Zeit ihre Hand und blicke ihr dabei tief in die Augen.

Und das lese ich aus jeder Frauenhand:

- »Du bist eine sehr leidenschaftliche Person.«
- »Du hast kalte Füße im Bett.«
- »Du hast eine Narbe am rechten Knie.«
- »Du hast das Gefühl, du ziehst unattraktive Typen an.«
- »Du hattest eine lange Beziehung, die nicht funktioniert hat.«
- »Deine Eltern waren überängstlich und haben dich zu sehr behütet.«
- »Du wünschst dir einen Seelenverwandten.«
- »Du bist eine sinnliche Frau, wenn du auf die richtige Art berührt wirst.«

Natürlich kann diese Aufstellung nur eine Anregung sein. Grundsätzlich gilt: Ich versuche auf das Selbstbild der Frau einzugehen und entsprechende Rückschlüsse in ihre Analyse einzubauen. Sie sollte überrascht sein, wie nah die Ergebnisse an ihren eigenen Erwartungen und Vorstellungen liegen.

Die ironische Variante

Handlesen ist eine gute Gelegenheit, um zumindest eines zu tun: ihre Hand zu halten. Wenn ich die einzelnen Linie »lese«, fahre ich ganz zart mit dem Finger darüber. Ich glaube, das Geheimnis des Handlesens ist die zärtliche Berührung. Weil ich Esoterik albern finde und ungern in die Nähe von »spirituellen Spinnern« komme, habe ich eine Art humoristisches Handlesen erfunden. Ich lese in ihrer Hand dann so Sachen wie:

- »Es gibt eine Gegend in der Mitte deines Rückens, die du schlecht erreichst, wo es aber oft juckt.«
- »Manchmal verfällst du mitten beim Steakessen in plötzliche Trauer über den Tod des Rindes.«
- »Du beißt Schokoladenweihnachtsmännern immer zuerst den Kopf ab.«

Wenn ich schon ihre Seele nicht verstehe, dann bin ich doch wenigstens lustig.

Der Psychotest: The Cube

Der Würfel – oder, wie er im Original heißt, »The Cube« – ist für mich eines der faszinierendsten Psychospiele. Dieser Test kann Aufschluss über die Persönlichkeit einer Frau liefern. Alles, was sie dafür braucht, ist viel Vorstellungskraft und die Fähigkeit zu visualisieren.

Die Ergebnisse sind wirklich ganz erstaunlich. Die meisten Frauen, mit denen ich den Würfel gespielt habe, waren total überrascht, dass es mir gelungen ist, ihre Persönlichkeit so präzise zu beschreiben.

Ich setze den Cube erst ein, wenn ich schon mindestens fünfzehn Minuten mit einer Frau gesprochen habe, weil der Test doch relativ lange dauert und eine gewisse Öffnung der Frau voraussetzt. Nachdem ich vorausgeschickt habe, dass der Würfel schon viele Jahrhunderte alt ist, weiterentwickelt wurde und mittlerweile ein auch von Psychologen anerkanntes Instrument der Persönlichkeitsanalyse ist, sage ich zu der Frau: »Stell dir eine Wüstenlandschaft vor. Ganz einfach. Eine Horizontlinie. Sand. Himmel. Alles, was eben zu einer Wüste gehört.«

»Hast du's? Gut. In dieser Wüstenlandschaft befindet sich ein würfelförmiges Gebilde, ein Kubus, ein Würfel. Wie sieht er aus? Beschreibe ihn. Wie groß ist er? Wo befindet er sich? Woraus besteht er?«

Sie beschreibt Aussehen, Größe, Lage und Beschaffenheit des Würfels.

»In dieser Landschaft gibt es außer dem Kubus auch noch eine Leiter. Wie sieht sie aus? Beschreibe ihre Größe, wo sie sich befindet, woraus sie gemacht ist.«

Sie beschreibt Aussehen, Größe, Lage und Beschaffenheit der Leiter.

»Stell dir nun irgendwo in der Wüste Blumen vor. Wie viele sind es? Wo befinden sie sich?«

Sie beschreibt Anzahl, Lage und Aussehen der Blumen.

»Nun stell dir ein Pferd vor. Lass deiner Phantasie freien Lauf. Welche Art Pferd ist es? Wie groß? Welche Farbe? Wo befindet es sich? Was tut es?«

Sie beschreibt Aussehen, Größe, Aufenthaltsort und Tätigkeit des Pferdes.

»So, und nun die letzte Frage, stell dir einen Sturm vor, irgendwo in der Landschaft. Wo ist er? Was für ein Sturm ist es? Was bewirkt er oder auch nicht, auch in bezug auf den Kubus, die Leiter, das Pferd?«

Sie beschreibt den Sturm und seine Auswirkungen.

Das Geheimnis des Spiels liegt in meiner Fähigkeit, ihre Bilder zu deuten. Frauen finden es äußerst faszinierend, wenn ihnen ein Mann, den sie erst kurze Zeit kennen, so tiefe und wahrhaftige Einblicke in ihre Persönlichkeit ermöglicht. Ich gehe sehr sensibel auf ihre Reaktionen ein. Wenn ich spüre, dass sie auf eine bestimmte Deutung positiv reagiert oder nickt, vertiefe ich diese Deutung.

Jedes der fünf Objekte hat zwei Bestandteile, die der Deutung zugänglich sind: das Objekt an sich und seine Beziehung zu den anderen Objekten. Die Deutungen, die ich im folgenden aufführe, sind nicht eng auszulegen und eher eine Möglichkeit, die visuelle Vorstellung der Frau zu interpretieren. So bewahre ich mir die Flexibilität, ihre Vorstellungen in einer Weise zu deuten, die dem Ziel der Verführung dienlich ist. Beispielsweise kann ich mit negativen Deutungen die Frau ein wenig necken, während ich positive Deutungen als Komplimente einsetzen kann.

- »Der Würfel bist du, er ist dein symbolisches Selbstporträt.«
- »Die Leiter repräsentiert deine Freunde und dein Umfeld.«
- »Das Pferd repräsentiert deinen Liebhaber.
- »Der Sturm steht für Schwierigkeiten / Sorgen / Herausforderungen.«
- »Die Blumen sind deine Kinder.«

Der Würfel

Der Würfel repräsentiert die Frau, er ist ihr symbolisches Selbstporträt. Die Adjektive, die sie nennt, um ihn zu beschreiben, spiegeln ihre Auffassung von sich selbst wider.

Größe des Würfels

klein
positiv: ausgeglichen, warm, menschlich, bescheiden, selbstlos, objektiv, realistisch, Selbstrespekt
negativ: ängstlich, Unterschätzung des eigenen Wertes, unscheinbar, Probleme mit der Gesundheit, allgemeine Unsicherheit

groß
positiv: innere Zufriedenheit, Selbstachtung, Großmut, Ehrgeiz, abenteuerlustig

negativ: starkes Geltungsbedürfnis, egozentrisch, dominant

Entfernung des Würfels vom Betrachter

weit entfernt
denkt nach, bevor sie handelt, achtet auf sich selbst, rationales, analytisches Verhalten, handelt nach ihrem Verstand, reserviert, braucht viel Platz für sich, plant langfristig, legt Wert auf Erinnerungen, achtet auf das Gesamtbild

nah
spontan, emotional, impulsiv, cholerisch, intim / zutraulich, kuschelig, kontaktfreudig, mag Gesellschaft, umgibt sich gern mit Leuten, konkretes, pragmatisches Denken, detailorientiert, fasst gern alles an, um es zu verstehen, lebt in der Gegenwart

Beschaffenheit

weich: kümmert sich, kann verzeihen, anpassungsfähig
fest: entschlossen, stur, eigensinnig
massiv: vollgepacktes Leben, vollgepackter Terminkalender
hohl: offen für Anregungen
leicht: nimmt das Leben leicht
schwer: nimmt das Leben ernst
glänzend: anspruchsvoll, ehrgeizig

transparent: offen, hat nichts zu verbergen
lichtdurchlässig: auf attraktive Weise mysteriös, gibt nicht alles von sich preis, zeigt aber Emotionen
dunkel, lichtundurchlässig: schützt ihre Privatsphäre, braucht lange, um sich zu öffnen und etwas von sich preiszugeben

Material

Lehm, Porzellan, Terrakotta: kühl, bodenständig
Kristall: spirituell
Glas: offen, freimütig, sachlich, zerbrechlich
Eis: gelassen, selbstsicher, findig, ruhig in Krisensituationen
Metall: intelligent, unzugänglich

Plastik: anspruchslos, ehrlich, traditionell, demokratisch
Gummi: humorvoll, verspielt, energiegeladen
Stein: bodenständig, verlässlich, prinzipientreu, stur, konservativ
Wasser: emotional, intuitiv
bearbeitetes Holz: kultiviert, einfühlsam
rohes Holz: natürlich, kreativ

Die Leiter

Die Leiter sagt etwas über Freundschaften und Beziehungen der Frau aus. Hier geht es um ihr soziales Umfeld, wie sie andere wahrnimmt und beeinflusst und von ihnen wiederum wahrgenommen und beeinflusst wird.

Beschaffenheit der Leiter

hölzerne Leiter
positiv: warm, loyal, gemütlich, mit ganzem Herzen bei der Sache, bindet sich schnell
negativ: verletzlich, sentimental, gibt zuviel, kann nicht nein sagen

Leiter aus Metall
positiv: trifft gutüberlegte Entscheidungen, verlässt sich auf Freunde, baut eine starke Gemeinschaft um sich auf, wählt verlässliche Freunde, ausgezeichneter Netzwerker

negativ: entscheidet rational, ohne auf Gefühle Rücksicht zu nehmen, benutzt Freunde, nicht mitfühlend, verlangt zuviel, reduziert Menschen auf ihre Leistung

Strickleiter
positiv: lebenslustig, vielseitig, unabhängig, mobil, abenteuerlustig, flexibel
negativ: ruhelos, abgehoben

Position der Leiter

angelehnt an den Würfel: lässt leicht enge Kontakte zu, geselliger Mensch
freistehend, nah beim Würfel: steht den Freunden nah, ist aber unabhängig von ihnen
weit vom Würfel entfernt: wahrt die Distanz, öffnet sich nicht so leicht, selbständig, autark

verbindet einen schwebenden Würfel mit dem Boden: holt einen mit ihren Träumen und Ideen auf den Boden zurück, auf eine gute Art
im Würfel: Vertrautheit, eng verbunden, besitzergreifend
führt in die Tiefe: Lust am Verbotenen, starke unterbewusste Steuerung

Größe der Leiter im Verhältnis zur Größe des Würfels

genauso groß: Gleichheit als Wert oder Prinzip, Gleichberechtigung
höher: Dominanz, Einfluss, führt die Freunde

kürzer: neigt dazu, andere zu bewundern, Bescheidenheit, hilfsbereit, opportunistisch

Das Pferd

Das Pferd repräsentiert den Liebhaber oder Partner. Es kann auch für die wahre Liebe stehen oder für einen Seelenverwandten. Hier versuche ich natürlich mich ins Spiel zu bringen.

Art des Pferdes

braun: warmer, netter Typ
schwarz: dunkelhaariger Mann
grau: cool, erwachsen
weiß: Idealisierung
Araberhengst: elegantes Feuer, romantische Leidenschaft
Esel / Maultier: liebevoll, zärtlich
Springpferd: leistungsorientiert, zielstrebig

Stute: sensibel, temperamentvoll
Pony: süß, Schnuckelchen
Hengst: sehr dominant, bestimmt, abenteuerlustig
Rassepferd, Ross: Konkurrenz
zwei oder mehrere Pferde: hin- und hergerissen zwischen zwei Liebhabern, schaut sich um
Einhorn: verzaubert, rein

Position des Pferdes in Relation zum Würfel

steht beim Würfel: Verpflichtung, Gemeinschaft
an den Würfel gebunden: fest gebunden
umkreist den Würfel: Beschützer, Begleiter

auf dem Würfel: unterstützt, verehrt, dominant, Geisel
leckt am Würfel: liebevoll, demonstrativ nach außen

Der Sturm

Der Sturm steht für Schwierigkeiten im Leben der Frau, für unangenehme Überraschungen, Sorgen oder Herausforderungen. Daher ist es von Bedeutung, um was für einen Sturm es sich handelt, wo er sich in der Wüste befindet und wie er die anderen Dinge in der Wüste beeinflusst.

Art des Sturms

Regen: Trauer, tiefer Schmerz, Entmutigung
Donner: Konflikt, Wut
Blitz: Durchbruch
Tornado: Unvorhersehbarkeit, Gewalt, Trauma
kleine Wirbelstürme: Belästigung, Verärgerung

Sandsturm: schmerzhaft, verwirrend
Schneesturm: Gelegenheit, Chance
Regenbogen: Erleichterung, Hoffnung, Erfolg

Position des Sturms

hinter dem Betrachter oder dem Würfel: in der Vergangenheit
näher kommend: sich nähernde Probleme
hier, im Jetzt: in der Gegenwart, aktuell

im Würfel: innerer Aufruhr
am Horizont: unvermeidlich, aber zur Zeit nicht im Fokus

Auswirkungen des Sturms auf Würfel, Leiter und/oder Pferd

werden unter dem Sand vergraben: überwältigende Schwierigkeiten

Erosion: zermürbende Probleme

Pferd kauert beim Würfel: Partner hängt von ihr ab

Pferd rennt weg: kann sich auf den Partner in Krisen nicht verlassen

Leiter zerbrochen: Freundschaft zerbricht an Schwierigkeiten

Leiter wird umgeworfen: Frau hat keine Hilfe bei Problemen, ihre Freunde müssen zuerst wieder auf die eigenen Füße kommen

Leiter wird vom Würfel geschützt: bei Problemen sucht sie nach Freunden

vom Blitz getroffen: negativ: Schock erlitten; positiv: Geistesblitz

Die Blumen

Die Blumen stehen für ihre Kinder: für wirkliche Kinder, aber auch für alles, was sie im Leben erschaffen hat, also alles, was sie liebt und in das sie ihr Herzblut investiert hat.

Position der Blumen

am Fuß des Würfels: unter ihren Fittichen
oben auf dem Würfel: eng mit ihr verbunden
überall auf dem Würfel: verlassen sich auf sie
im Würfel: Schwangerschaft, gehegt und gepflegt, beschützt
im Vordergrund: am wichtigsten
in einem Garten oder einer Oase: Freiheit, aber mit Sicherheit, gut umsorgt

unter einem Baum: beschützt, aber unabhängig
nahe der Leiter: sieht Freunde manchmal als Kinder
unter dem Pferd: Kinderwunsch mit Partner oder Liebhaber
werden vom Pferd gefressen: anspruchsvoller Partner, Konkurrenzkampf
keine Blumen: kein Kinderwunsch

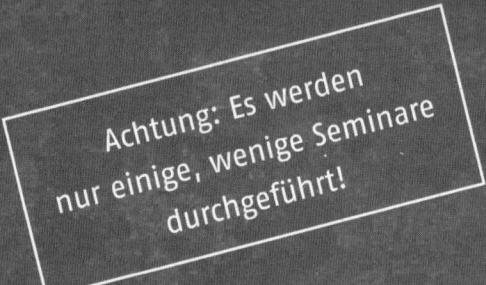

Die perfekte MASCHE

Wie Sie jede Frau verführen

Sie müssen es mit Ihren eigenen Augen sehen: Besuchen Sie einen **exklusiven Workshop** und lernen Sie die Kunst der Verführung von den **Gurus Oliver Kuhn** und **Robert Bednarek höchstpersönlich.**

8 Phase IV: Auf der Zielgeraden

Ein gutes Gespräch mit einer Frau sollte niemals mit den Worten enden: »Tschüs, war nett, dich kennenzulernen.« Das sollte auf gar keinen Fall passieren. Das erste gemeinsame Aufeinandertreffen sollte immer ein konkretes Ergebnis haben, entweder in Form ihrer Telefonnummer, einer Verabredung zu einem weiteren Treffen, einem Kuss oder besser noch: alles zusammen.

Das Gespräch nähert sich dem Ende – und nun?

Das Gespräch zwischen der Frau und mir ist bisher eigentlich ziemlich gut gelaufen. Aber jetzt muss sie weg. Oder ich stelle fest, dass ich mich um meine Jungs kümmern muss, oder ich sehe noch eine hübsche Blondine am anderen Ende des Clubs, die unbedingt meine Anwesenheit erforderlich macht. Was tun?

So kriege ich ihre Telefonnummer

Ich unterhalte mich mit einer Frau immer genau so lange, bis ich das Gefühl habe, dass ich das Niveau des Gesprächs nicht weiter steigern kann. Dann gehe ich. Ich sage ihr: »Es war sehr nett, sich mit dir zu unterhalten, aber ich muss weiter. Ich würde das Gespräch gerne ein anderes Mal weiterführen, vielleicht in einer etwas angenehmeren und ruhigeren Atmosphäre. Gib mir deine Nummer, ich ruf dich an.«

Wenn wir alles so gemacht haben, wie es im Buch für den perfekten Verführer steht, dann kriegen wir ihre Nummer. Garantiert.

Wichtig ist natürlich, dass das Gespräch nach und nach immer intimer und persönlicher wird und ich nicht völlig unvermittelt sage: »Gibst du mir deine Telefonnummer?«

Ich gebe ihr mein Handy und bitte sie, ihre Nummer einzutippen. Dann rufe ich sie an und sage: »Jetzt hast du meine Nummer auch.« Das ist nebenbei auch ein guter Test, ob die Nummer, die sie mir gegeben hat, stimmt.

Hier spricht der automatische Anrufbeantworter

Ich hasse es, auf Anrufbeantworter zu sprechen. Deshalb versuche ich es lieber öfter, bevor ich aufs Band spreche. Wenn es partout nicht anders geht, versuche ich locker zu sein: »Hallo. Hier ist Olli. Ich gehe jetzt zur Pediküre, dann gehe ich zum Oboe-Unterricht, und wenn ich mit den Hunden der Nachbarin spazieren war, melde ich mich so gegen acht Uhr noch mal bei dir.«

Ganz egal, was ich sage, es sollte nicht nach einem ernsthaften Date klingen. Nicht so, als würde man sich in die Hose machen vor diesem Anruf.

Auf jeden Fall nenne ich ihr einen konkreten Termin, wann ich mich wieder melde. Ich bitte nicht um einen Rückruf, denn ich kann es nicht leiden, wenn ich warten muss.

Das Telefongespräch

Ich klinge immer ganz selbstverständlich am Telefon. Bloß nicht groß erklären: »Hallo, Susi, ich bin der Mann, der dich vorgestern am Käsestand beim Tengelmann angesprochen hat.« Einfach locker an die Kennenlernszene anknüpfen: »Hast du noch was von dem Gorgonzola übrig?«

Ich bin kein großer Telefonierer. Ich quatsche nicht. Schließlich habe ich noch andere Dinge zu tun. Manche Frauen wollen am Telefon erst mal eine komplette Bestandsaufnahme machen. Ich aber sage gleich: »Lass uns treffen.«

Ich treffe Frauen gern am frühen Abend in einem Café, vor allem, wenn ich mir nicht sicher bin, ob ich ihnen gleich einen ganzen Abend meines Lebens anbieten will. So ein Abendessen kann verdammt lang sein. Zwei Stunden Hölle.

Das erste Telefongespräch ist schon deshalb sehr wichtig, weil dabei die Rollen verteilt werden. Die Frau muss mich aufreißen. Ich gebe ihr lediglich die Gelegenheit dazu.

»Wie hat der Gorgonzola geschmeckt?«

Sie: »Gut.«

»Ich glaube, man kann die Welt nach Käsetypen unterteilen. Ich bin eher der Parmesan-Camembert-Typ. Mit ganz leichten Hüttenkäse-Anlagen.«

Sie: »Ich sehe mich eher als Streichkäse.«

Was immer sie sagt, es ist eine Möglichkeit, ihr ein Kompliment, eine Belohnung oder auch ein Necken zukommen zu lassen. So steuere ich das Gespräch.

Ich antworte: »Iiiih. Ich mag überhaupt keinen Streichkäse. Meinst du, es macht trotzdem Sinn, dass wir uns treffen?«

Sie: »Du bist verrückt! Ich glaube, ich würde dich schon gerne mal treffen.«

»Morgen abend? Gehen wir zu Maria. Das ist die schönste Wirtin der Stadt. Ich liebe sie.«

Alles, was den Eindruck einer Fixierung auf die Frau zerstreuen kann, ist gut.

Und hier ein typisches Gespräch, das ich nach meiner U-Bahn-Anmache mit dem rosa Schal geführt habe:

»Hallo, Sandra, ich lass mich eigentlich nicht von fremden Frauen in der U-Bahn ansprechen.«

Sie: »Spinnst du? Du hast mich angesprochen, nicht ich dich.«

»Tatsächlich? Ich hab das ganz anders in Erinnerung? Du wolltest unbedingt meinen rosa Schal wiedersehen.«

Sie: »Du hast aber ein schlechtes Gedächtnis. Ich finde den Schal grässlich.«

»Ich hatte gehofft, dass du es dir anders überlegt hast. Meine Oma hat mir verboten, dass wir uns treffen, wenn ich den Schal nicht tragen darf.«

Sie: »Du hast aber eine strenge Oma.«

»Meine Oma schikaniert die ganze Familie. Aber sie macht die besten Vanillekipferl der Welt.

Sie: »Meine Oma auch.«

»Wir können ja ein Vanillekipferlwettessen machen. Dauert aber noch fünf Monate bis Weihnachten. Treffen wir uns morgen, um die Bedingungen festzulegen?«

Egal, was ich sage, wichtig ist in einem Telefongespräch eigentlich nur der Unterton: locker, selbstironisch, selbstsicher. Gerne die Familie einführen. Gerne mal alles in Frage stellen.

So gebe ich ihr einen Kuss

Der Kuss ist ein selbstverständlicher weiterer Schritt in der Eskalation der Berührungen. Viele Männer warten auf einen Kuss, obwohl sie die Frau während des Gesprächs kein einziges Mal berührt haben. Dieser Schritt ist aber einfach zu groß. Besser ist es, wenn ich sie – gemäß der Lehre von der Eskalationen der Berührungen – schon vom ersten Moment an berühre.

Ich touchiere sie scheinbar zufällig während des Gesprächs an der Schulter, ich rieche an ihren Haaren, lege kurz die Hand auf ihre Hand. Ich umarme sie kurz, wenn wir gemeinsam über etwas lachen. Ich komme ihrem Körper so nahe, dass sich eine Art elektrostatische Energie zwischen uns bildet. Aber es ist alles Spaß. Kein großer Deal. Unmerklich gehe ich vom ersten Moment unseres Treffens an langsam und Schritt für Schritt die Treppe der Annäherung nach oben. Ganz oben an der Spitze, im Turmzimmer, ist unser Schlafzimmer. Viele Männer glauben, sie könnten den Lift nehmen. Aber der führt nur in den Keller.

Ein paar Strategien, um eine Frau zu küssen:

Die Kusswette. Ich wette mit der Frau um einen Euro, dass ich sie küssen kann, ohne dabei ihre Lippen zu berühren. Frauen lieben Wetten. »Gut, die Wette gilt. Pass mal auf.« Dann beuge ich mich zu ihr herüber, als ob ich sie küssen würde. Wenn ich mich an dem Punkt befinde, an dem es kein Zurück mehr gibt, gebe ich ihr den absolut süßesten und zartesten Kuss auf die Lippen und sage: »Mist. Hat nicht geklappt. Ich glaube, ich schulde dir einen Euro.«

Die scheinbare Disqualifikation. »Ich würde dich jetzt küssen, wenn ich nicht grundsätzlich keine Frauen küssen würde, die ich erst ein paar Stunden kenne …«

Der Kusstrick. »Soll ich dir einen Zaubertrick zeigen? Schließ die Augen.« Ich küsse sie.

Sie ist empört: »Was war denn das?«

»Ein sehr alter Zaubertrick. Er heißt küssen. Damit kann man ganz tolle Gefühle zaubern. Oder hättest du lieber die öde, alte Nummer mit dem Hasen gehabt?«

Wiedersehen macht Freude – ein neues Treffen

Ich habe die Frau erfolgreich angesprochen. Ich habe ein gutes Gespräch geführt. Wir sind uns emotional nähergekommen und haben die Telefonnummern ausgetauscht. Wir haben telefoniert und uns verabredet. Soweit war alles ganz einfach. Jetzt treffe ich die wunderschöne Traumfrau zum Date. Was tun?

Im Grunde genommen bleiben die Regeln für ein weiteres Treffen die gleichen. Alles, was wir bisher gelernt haben, sollten wir auch beim Date beherzigen. Wichtig ist, dass ich mich genauso verhalte wie beim Kennenlernen und nicht plötzlich völlig anders bin. Beziehungen entwickeln schnell eine gewisse Eigendynamik. Wenn ich erst mal auf der platonischen, freundschaftlichen Ebene angelangt bin, ist es sehr schwierig, auf die sexuelle Schiene zu kommen.

Ich weiß, dass ich mit der Frau, die mir gegenübersitzt, Sex haben werde. Das ist doch klar. Die Frage ist nur, wie wir bis dahin möglichst viel Spaß haben. Ich bin prozess- und nicht ergebnisorientiert. Das Ziel führt zum Weg.

Was macht das perfekte Date aus?

Schon Ovid hat geschrieben, es komme beim Verführen nicht allein auf das Aussehen und das Gespräch an, sondern vor allem auf die äußeren Umstände: »Die Leidenschaft erwacht vor allem an Orten der Aufregung, im Theater, bei Wettrennen rassiger Pferde, simulierten Seeschlachten oder Gladiatorenspielen. Schaut die Arena euch an, die vom warmen Blute befleckt ist, und den Wendepunkt, den glühende Räder umfahren.«

Auch hier hatte Ovid bereits die richtige Ahnung. Denn die Hormonausschüttungen und damit die Liebesbereitschaft der Frau hängen tatsächlich vom Grad ihrer Erregung ab. Frauen und Männer verlieben sich leichter, wenn sie emotional besonders erregt sind. Ob durch Freude, Traurigkeit, Angst, Furcht oder Neugier, der biologische Grund für die erhöhte Liebesbereitschaft ist die Dopaminausschüttung im Hirn. Also muss es mir gelingen, dass der Körper der Frau Dopamin ausschüttet. Dopamin ist der Neurotransmitter der Liebe. Die Chancen, mit einer Frau ins Bett zu kommen, steigen mit ihrem Dopaminspiegel.

Die Bedeutung der Begleitumstände

Zwei Psychologen aus Kanada haben einen spannenden Versuchsaufbau entwickelt, um folgende These zu prüfen: Ein Date ist um so erfolgreicher, je aufregender die äußeren Umstände sind.

Das sogenannte Brückenexperiment gilt unter Flirtforschern längst als Klassiker. Die Hauptrolle dabei spielt die größte Fußgängerhängebrücke der Welt; sie führt über den Capilano Canyon in der Nähe von Vancouver, Kanada. Die Brücke ist nur einen Meter breit, hundertvierzig Meter lang und führt in siebzig Meter Höhe über einen schäumenden Fluss. Das Geländer ist niedrig, die Hängebrücke schaukelt. Die Brücke ist ein aufregender Ort.

Der Versuchsaufbau: Eine hübsche Mitarbeiterin stellt sich mit einem belanglosen Fragebogen einmal auf eine harmlose Holzbrücke und ein anderes Mal auf die nervenaufreibende Capilano-Brücke. Auf beiden Brücken bittet sie jeweils die männlichen Passanten, den Fragebogen auszufüllen, was die meisten Männer auch tun. Sobald die Männer mit dem Bogen durch sind, bietet sie ihnen die Telefonnummer an und bittet mit den Worten: »Wenn mal mehr Zeit dazu ist« um einen Anruf. Das Resultat: 50 Prozent der Männer von der Hängebrücke rufen an, aber nur gut 10 Prozent von der langweiligen Holzbrücke. Die Anziehungskraft eines Menschen hängt also nicht nur von uns ab, sondern auch von den Begleitumständen.

Der Zusammenhang zwischen Aufregung und Erregung

Dem Brückenphänomen liegt eine interessante physiologische Besonderheit zugrunde: Frauen wie Männer können nicht zwischen Aufregung und Erregung unterscheiden. Das Gehirn reagiert auf eine mögliche Gefahr (etwa die schwankende Brücke), indem es den Körper in Alarmbereitschaft versetzt. Der Adrenalinausstoß kann aber auch durch einen attraktiven Partner ausgelöst werden.

Demnach kann das Verliebtsein einer Frau auch das Ergebnis einer Fehlinterpretation des Gehirns sein.

Dasselbe gilt auch für Männer. Ein Psychologe präsentierte Männern eine Nummer des *Playboy*. Zuvor hatte er den Probanden ein Mikro auf die Brust geklebt. So konnten die Männer ihren eigenen Herzschlag hören, zumindest glaubten sie das. In Wahrheit handelte es sich um Tonbandaufnahmen, die ihnen bei bestimmten Bildern einen erhöhten Herzschlag einspielten. Im Anschluss daran bewerteten die Männer genau diese Frauen als besonders attraktiv. Und sie blieben auch noch Monate später bei dieser Meinung. Wir haben also kein Herzklopfen, weil wir uns verliebt haben, sondern wir verlieben uns, weil wir Herzklopfen haben. Unsere Körper und damit auch der Prozess des Verliebens lassen sich offenbar unterbewusst beeinflussen.

Diese Erkenntnisse sind überaus wichtig für die Strategie des perfekten Verführers. Denn sie zeugen davon, dass es bei der Wahl des Partners wesentlich weniger romantisch und selbstbestimmt zugeht, als die meisten Menschen glauben. Flirten ist ein evolutionärer Selektionsprozess mit präzisen, wissenschaftlich nachvollziehbaren Regeln und Prinzipien.

Hormone anregen, Emotionen ernten

Das erfolgreiche Date ist ein Treffen mit dem Ziel, dass sich die Frau in mich verliebt. Ich muss ihre Hormonausschüttung anregen. Ich muss die für Gefühle zuständige Hälfte in ihrem Hirn anregen, und nicht ihre logische Seite. Es führt kein logischer Weg ins Bett.

Die Erkenntnisse der Flirtforschung besagen vor allem folgendes: Je mehr Action beim Date, um so höher ist die Hormonausschüttung der Frau. Ein Date sollte daher schön sein und aufregend, abenteuerlich und romantisch, auf jeden Fall jedoch höchst ungewöhnlich. Es sollte überraschende Wendungen haben. Und große Emotionen wachrufen. Ein ganz wichtige These lautet: Eine Frau sollte danach nicht mehr wissen, ob sie sich in den Tanz oder in den Tänzer verliebt hat. Schon der amerikanische Präsident Harry Truman riet: »Wenn du sie nicht überzeugen kannst, dann verwirr sie.«

Die richtige Erwartungshaltung

Eigentlich mag ich diese Rendezvous-Mentalität nicht. Das erinnert mich immer an eine Art romantisches Bewerbungsgespräch. Wenn ich eine Frau so interessant und spannend finde, dass ich mich mit ihr verabrede, dann will ich mit ihr einen aufregenden Tag verbringen. Ich setze mir kein konkretes Ziel, außer mit ihr einen schönen Tag zu haben. Ich will keinen Sex.

Wenn ich mir vornehme, eine Frau ins Bett zu bringen, klappt es garantiert nicht. Ich verhalte mich aber so, dass bei ihr irgendwann der Schalter umgelegt wird und sie Sex mit mir haben will. Sie muss mich ins Bett jagen. Und sie wird es tun. Normalerweise passiert das beim ersten Date, manchmal beim zweiten, selten beim dritten. Später nie.

Vorschläge für ein gelungenes Date

Die Wahl des Treffpunkts

Als dominanter Mann wähle natürlich ich aus, was wir an unserem ersten Date machen. Frauen mögen keine Männer, die erst mal fragen, wo man hingehen könnte. Entscheidet die Frau, dann wird sie etwas wählen, das sie schon oft gemacht hat. Aber genau das will ich verhindern.

Ich treffe Frauen gerne an irgendeinem Ort in der Stadt, und dann gibt es ein Überraschungsprogramm. Meist gehe ich mit ihr erst mal in ein Café oder ein Eis essen oder so etwas, um die Möglichkeit zu haben, das Date schnell und unproblematisch zu beenden, falls die Frau anders ist, als ich erwarte.

Der richtige Rahmen

Die Gefühle sind immer dann besonders stark, wenn die Frau etwas macht, was sie noch nie zuvor getan hat. Deshalb frage ich sie vorher zum Beispiel: »Warst du schon mal mit dem Ruderboot auf dem See?«

Wenn sie ja sagt, überlege ich mir etwas anderes. Ich versuche die Frau aus ihrem Milieu, aus ihrem bekannten Umfeld, aus ihrem Alltag zu reißen. Mit besonders verwöhnten Damen gehe ich auf wilde Partys in Abrisshäusern, mit Frauen aus einfacheren Verhältnissen entdecke ich die Welt der High-Society.

Ich möchte, dass wir die Welt gemeinsam erobern. Deshalb mache ich möglichst alle Wege mit ihr zu Fuß (auch in einer Großstadt wie München). Wir gehen durch den Park, ich zeige den Frauen, wo sich die Kaninchen verstecken und wie die Blumen heißen. Ich erzähle ihr, welcher Dichter in welchem Haus gewohnt und was er dort geschrieben hat. Wir kaufen eine besondere Praline in meiner Lieblingskonfiserie, ich zeige ihr die alten Bibeln in einem kleinen Antiquariat oder stelle ihr einen ganz besonderen Menschen vor, den ich kenne (zum Beispiel den Wärter vom Wildkatzengehege im Zoo).

Ich suche also nach Situationen, die intensive Lebensgefühle auslösen. Diese vier Emotionen sollte man dabei ansprechen:

* *Den Kitzel des Neuen:* ungewöhnliche Situationen, ungewohntes Verhalten.

- *Angst und Aufregung:* ein Horrorfilm, Bungeejumping, ein steckengebliebener Aufzug (ich bin versehentlich an den Stopknopf gekommen), Angst vor Einsamkeit.
- *Verwirrung und Scham:* ein erotisches Kompliment, das ihre Wangen glühen lässt.
- *Veränderter Bewusstseinszustand:* Hypnose (»Ich habe einen Hypnosekurs gemacht, darf ich dich hypnotisieren?«) oder die Nacht durchmachen (»Dann kommt irgendwann der eigenartige Moment, wo alles lustig wird.«).

Schöne Rendezvouskonzepte

- *Kunstausstellung.* Lästern, klug daherreden, Prosecco trinken.
- *Yoga-Kurs.* »Ich glaube, wir sollten tief in unsere Körper hineinhorchen.«
- *Tandem ausleihen.* Das Prinzip ist klar: Ich lenke, sie strampelt.
- *Picknick unterm Sternenhimmel.* Der große Klassiker: »Siehst du den Stern da? Wir nennen ihn Oli-und-Petra-Stern. Es könnte sein, dass unser Stern schon längst implodiert ist und nur noch das Licht existiert, das Millionen Jahre gebraucht hat, bis es jetzt zu unserer Picknickdecke gekommen ist. Es ist schon erstaunlich, dass der Stern genau über unserer Picknickdecke strahlt, findest du nicht?«
- *Eislaufen.* »Ich glaube, ich muss mich an dir festhalten.«
- *Gokart-Bahn.* Große Emotionen, Unfälle und ein Held.
- *Bungeejumping.* »Okay, Schatz, mit Seil kann es jeder, aber bist du wirklich mutig?« In den Minuten nach dem Sprung ist sie vollgepumpt mit Hormonen.
- *Rafting.* Bungeejumping auf dem Wasser. Da wird jede Frau nass.

Unsere Sinne sind ziemlich abgestumpft. Viele Frauen sind daher begeistert, wenn man mit ihnen gemeinsam die Welt der Sinne erforscht. Ich lasse sie einen Wein probieren, der im Abgang nach Haselnuss schmeckt. Ich frage sie, welche Bestandteile mein Parfum hat (Vanille, Maiglöckchen, Walhoden). Ich lasse sie den Bassbeat erspüren. Das ist eine sehr schöne Strategie für ein erstes Treffen.

Kurz vor dem Ziel

Ich forciere niemals Sex. Im Gegenteil, ich bin der Bremsklotz. Wenn ich nur den leisesten Widerstand spüre, muss unbedingt ich der erste sein, der das Thema anspricht. »Hör mal, ich will keinen Sex heute nacht. Mir geht das zu schnell. Ist das okay für dich?«

Das ist natürlich wieder eine wunderbare Finte. Allein diesen Trick würde ich mir gerne patentieren lassen und dann für eine Milliarde an ein amerikanisches Aufreißerkonsortium verkaufen.

»Ich will keinen Sex. Mir geht das viel zu schnell mit dir. Ich bin kein Mann für eine Nacht. Ich bin so froh, dass wir das geklärt haben. Komm, wir gehen schlafen.«

Um eine abwehrende Haltung zu durchbrechen oder wenn ich das Gefühl habe, dass es ihr im Bett zu schnell geht, hole ich meine Panini-Fußballalben raus, um sie mit ihr durchzuschauen. Frauen haben Sex, weil sie Intimität teilen wollen. Sie suchen das Gefühl der emotionalen Verbundenheit mit einem Mann. Also versuche ich alles zu tun, um diesem Bedürfnis nach Verbundenheit und Zweisamkeit nachzukommen.

Was tun, wenn sie noch nicht soweit ist?

Beim Angeln habe ich gelernt, dass es die Bewegung des Köders ist, die den Fisch dazu bringt anzubeißen. Wer die Angel einfach nur so ins Wasser hält, bei dem wird nie ein wilder Lachs anbeißen.

Genauso ist es bei der Verführung einer Frau. Manche Frauen kriegen allerdings kurz vor dem Sex das Gefühl, sie sollten es lieber doch nicht soweit kommen lassen. Plötzlich haben sie Bedenken, wollen nicht für eine Schlampe gehalten werden. Unsere vermeintlich christlicher Moral verschriebene Gesellschaft hat leider solch ein lustfeindliches Frauenbild konstruiert.

Wenn es so aussieht, als ob die Frau letzte Zweifel hegt, insistiere ich nicht. Ganz im Gegenteil. Ich sage von mir aus: »Wir sollten es besser nicht tun. Wir kennen uns noch nicht gut genug.« Die Botschaft ist klar: Auch ich suche keinen beliebigen Sex, sondern eine Frau, die emotional mit mir verschmilzt.

Ich beende das Date im schönsten Moment. Wenn die Frau mir nicht signalisiert, dass sie mit mir ins Bett gehen will, weiß ich: Sie muss erst für sich selbst diese Entscheidung treffen, und sie wird sie nicht treffen, wenn ich sie dränge. Sie muss sich danach sehnen, mich wiederzusehen. Sie muss abends ihr Kopfkissen küssen und an mich denken.

Am Ziel der Wünsche: Sex!

Der Weg ins Bett führt über die weibliche Erregung. Deshalb versuche ich den Grad der Intimität nach und nach zu steigern. Männer funktionieren wie Mikrowellen. Sie sind von einer Sekunde auf die nächste auf maximaler Betriebstemperatur. Frauen sind anders.

Kleiner Ratschlag von meiner Oma: Man muss den Ofen vorheizen, bevor man einen Kuchen hineinschiebt.

Die Frau gibt das Tempo vor. Ihre sexuelle Erregung, ihre Wollust ist die Lokomotive in Richtung Matratze. Ich bin nur der Waggon und kann nicht schieben, allenfalls bremsen.

Die Rechtfertigung

Viele Frauen plagen Gewissensbisse, wenn sie mit jemandem schlafen, den sie gerade erst kennengelernt haben. Schlimmer noch bei einem Seitensprung. Dieses Schuldgefühl bei Frauen ist ein ernst zu nehmendes Problem, weil eine Frau unter Umständen lieber auf Sex verzichtet, als sich als Flittchen zu fühlen.

In diesem Fall liegt es also an mir, der Frau nicht nur ein eindeutiges Angebot zu machen, sondern ihr gleichzeitig auch noch eine geeignete Ausrede mitzuliefern. Irgend jemand oder irgend etwas muss als Sündenbock dafür herhalten, wenn sie tatsächlich mit mir Sex haben sollte. »Ich will nur noch deine Briefmarkensammlung ansehen. Hmmm, spürst du auch so den Wein …?«

Was auch immer ich mir einfallen lassen, eine Frau braucht diese Rechtfertigung, um am nächsten Tag wieder in den Spiegel sehen zu können.

Der perfekte Sex

Ich dachte immer, es sei wichtig, dass ich mich bemühe, Frauen zu befriedigen. Ich habe mich selbst zurückgenommen, um der Frau die maximale Erfüllung zu bieten.

Inzwischen habe ich meine Meinung geändert: Frauen lieben Männer, die tun, was sie mögen. Sie lieben es, wenn sich ein Mann völlig hingibt. Nichts erregt eine Frau mehr als ein erregter Mann. Erregung ist ansteckend.

Lust auf einen Dreier?

Die Dreierkonstellation ist eine Phantasie, der sich Frauen noch häufiger hingeben als Männer. Manche Frauen bevorzugen zwei Frauen und einen Mann, andere wünschen sich zwei Männer und eine Frau.

Es ist also einfach, Frauen für einen Dreier zu gewinnen. Der einzige Grund, warum ein Mann noch nie einen Dreier hatte, ist dieser: Er hat sich noch nie getraut, danach zu fragen.

Die Frau muss den Männern dafür vertrauen. Ich spreche mit ihr über meine sexuellen Phantasien. Ich mache ihr klar, dass das für mich und meinen Freund etwas ganz Normales und Wunderbares ist. Ich sage ihr, dass wir immer mal gerne mit ihr zusammen ausgehen wollten. Und dann lege ich mich vor das Mauseloch und warte. Sie erlebt die Phantasie erst einmal für sich allein. Eines Tages will sie sie dann ausleben.

Wenn mehr draus wird: Die Beziehung leben

Dies ist kein Beziehungsratgeber. Dennoch glaube ich, dass vieles aus diesem Buch durchaus nützlich sein kann für eine glückliche und zufriedene Beziehung. Es ist eine sehr gute Grundlage für eine Beziehung, wenn ich eine Partnerschaft mit einer Frau beginne, die ich aus hundert Frauen bewusst ausgewählt habe. In zu vielen Beziehungen leben einfach zwei Menschen zusammen, die bloß keinen besseren Partner gefunden haben.

Beziehungen scheitern, weil einer oder beide Partner ihre Bedürfnisse nicht ausreichend befriedigen können. Mögliche Gründe: der Wunsch nach Freiheit. Freunde treffen. Unordnung im Bad. Zuwenig Sex.

Ich möchte ihre Bedürfnisse, Wünsche und Träume verstehen,

um ihre Vorstellungen vom gemeinsamen Leben erfüllen zu können. Ich will aber auch meine Bedürfnisse befriedigen, meine Freunde treffen und auf meinen Lebensstil nicht verzichten. Das sage ich ihr deutlich. Das hilft. Manchmal.

Die Frau weiß, dass mir kein Berg zu hoch und kein Weg zu weit ist, um ihr zu helfen. Sie weiß, dass ich alles tun würde, um sie glücklich zu machen. Sie weiß, dass meine Liebe keinen Kompromiss kennt. Das hilft. Ziemlich.

Liebe ist nicht nur ein Wort

In Hollywoodfilmen ist es ja immer gleich die große Liebe. Unter der Liebe des Lebens und Hugh Grant stehen wir ja gar nicht erst auf. Bloß: In Hollywoodfilmen haben die Protagonisten nur neunzig Minuten Zeit. Im wahren Leben ist Liebe ein Prozess, der sich mittlerweile auch auf physiologischer Ebene, anhand des hormonellen Geschehens, darstellen lässt.

Je mehr Zeit eine Beziehung bekommt, um sich zu entwickeln, um so höher ist das beiderseitige unterbewusste Investment in die Partnerschaft. Das gute Fundament für eine langfristige Beziehung ist eine solide Beziehungsdynamik. Je stärker die emotionale Bindung, je höher der Ausstoß an Hormonen, um so mehr erwarten die Rezeptoren im Hirn eine weitere Hormonausschüttung. Es ist ein bisschen traurig, wie simpel Beziehungen auf einer physiologischen Ebene funktionieren.

Verführungskünstler zeichnen sich nicht nur dadurch aus, dass sie sich mit vielen Frauen verbinden können, sondern auch dadurch, dass sie sich mit der richtigen Frau sehr tief verbinden. Aus evolutionärer Sicht sind beide Strategien sinnvoll.

Erfahrungsbericht:
Online-Dating

Ich liebe Online-Dating. Nirgendwo sonst zeigt sich so eindeutig, wie gut die Konzepte in diesem Buch funktionieren. Online-Dating ist eine wunderbare Simulation des Flirtens. Man hat Zeit. Man kann experimentieren. Man kann den Erfolg quantifizieren. Viele der Techniken für das Online-Dating habe ich mit Erfolg ausprobiert. Einige dieser Techniken stammen von Robert Bednarek, der die einzige deutschsprachige interaktive DVD zum Thema Online-Dating anbietet (www.DieperfekteMasche.de).

Seit ich im Internet nach Frauen fahnde, bin ich etwas eigenartig geworden. Arrogant. Unverschämt. Selbstherrlich. Einer, dem die Frauen hinterherrennen müssen und der trotzdem immer einen Schritt schneller ist. Der König des Internets.

Ich habe alle möglichen Strategien ausprobiert, ich habe zehn unterschiedliche Profile in alle großen Flirtbörsen gesetzt, ich habe Tausende von Mails geschrieben. Ich habe alles ausprobiert auf der Suche nach der perfekten Online-Masche.

Die Bilanz: Es sind mehr schöne Frauen online als in jedem Club dieser Nation. Das Internet ist voller roher Diamanten. Doch es ist ein schmutziger Job, sie in dem ganzen Dreck zu finden. Unser Glück: Die meisten Männer schürfen mit einem kleinen Eimerchen und einer rostigen Schaufel. Ich hingegen habe mir eine Mine gebohrt. Eine solide Mine mit dicken Schächten und einer großen Sprengung jeden Tag.

Als erstes habe ich eine Anzeige aufgegeben als »SuperVanessa« mit dem Bild einer scharfen Blondine – um zu sehen, was die Männer so schreiben. Nach einer Stunde quoll mein Postkasten über mit schmierigen und uninspirierten Mails.

»Hey Süße :-)«, nervt »Georg23«. Sein geistiger Vetter »Werneronline« langweilt mit: »Ich dachte, ich schreib dir mal. :-).« Ein vierzigjähriger Polizist mit Pornobalken im Gesicht schleimt: »Ich habe dein Profil gesehen. Du bist hübsch.« In jeder Zeile ein unsägliches Smiley.

Nach zwei Stunden wurde ich zu Partnertausch, Natursekt, unzähligen One-night-Stands und Parkplatzsex eingeladen. Schlagartig wurde mir klar, warum Online-Studien zu so einem traurigen Ergebnis kommen: 57 Prozent aller Männer erhalten einer US-Umfrage zufolge keine Antwort, über 90 Prozent der Flirter melden sich nach drei Monaten frustriert wieder ab.

Dabei ist das Schöne am Internetflirt, dass man in aller Ruhe eine Strategie ausprobieren kann. Man kann sein Profil und seine Nachrichten erst mal in einer fremden Stadt anmelden und testen, was besser funktioniert: Romantik, Arroganz oder Humor? Stehen die Frauen auf den süßen Softie oder doch auf den Macho, der noch durch die Tastatur nach Testosteron riecht? Nirgends tut ein Korb weniger weh als im Internet. Selbst die schärfste Blondine ist mit einem Tastendruck aus meinem Leben gelöscht.

Stundenlang habe ich mir die Profile der anderen Männer durchgelesen, um Ähnlichkeiten und Stereotype ausfindig zu machen. Und um dann selbst alles anders zu machen. Typen langweilen mit Phrasen wie: »Was soll ich nur über mich schreiben?«, »Ich lese gern« oder, nach dem Verlierer-Motto: »Wer wagt, gewinnt.« Eine Internetbörse ist wie ein riesiger Obststand: Die größten Chancen hat man als blaue Orange.

Deshalb kann hier auch kein Text stehen, der anderen in der Zukunft als Vorlage für die perfekte Anmache dienen kann. Denn spätestens wenn ihn eine Frau zum zweiten Mal liest, hat er seine Faszination verloren. Das einzige, was wir lernen können, ist die Haltung, die zielführende Strategie. Es geht um Liebe auf das erste Bit.

Letztlich ist es wie beim Angeln: Man muss einen guten Köder haben. Man muss im richtigen Moment am richtigen Ort sein. Wenn der Fisch einmal an der Angel hängt, darf er nicht mehr ins Wasser fallen. Fünf Millionen Deutsche sitzen mit ihrer Angel vor dem Computer. Wir nehmen die Harpune.

Ein wichtiger Köder ist das Motto des Online-Profils. Die meisten Männer schreiben Sätze wie: »Netter Widder sucht süße Sie mit gutem Herzen.« Das geht gar nicht. Meine erfolgreichsten Überschriften: »Finde einen Wunsch, den ich nicht erfüllen kann«, »Die Leute verwechseln mich mit Keanu Reeves«, »Das Geheimnis des Glücks liegt im …« Und weil die Mädchen das Glück suchen, klicken sie drauf. Und wo liegt das Glück wohl?

Wenn das Profil gut ist, werden die Frauen antworten. Mit einer einzigen Anzeige habe ich, ohne selbst eine Mail zu schreiben, hundert Nachrichten von Frauen im Monat bekommen. Der Text: »Der schönste Tag meines Lebens begann zweiunddreißig Meter über München in einem Kranhäuschen, als die Sonne auftauchte wie ein goldener Toast. Von den Scheiben tropfte unser Schweiß. Die schöne Susanna schrieb mit ihrem Finger ein Wort auf meinen Bauch: Glück. Ich suche eine Frau, die ich glücklich machen kann. Die Liebe meines Lebens. Um noch schönere Tage mir ihr zu verbringen. Ich bin schlank, groß, abenteuerlich. Ich bin an renommierten Schulen groß geworden und kann trotzdem schmutzige Witze erzählen. Schreib mir, warum ich gerade dich wählen sollte.«

Der Text ist eine Komposition unterschwelliger Botschaften. Die vielleicht wichtigste: Der schönste Tag meines Lebens fängt erst nach dem Sex an. Ich bleibe bei ihr, ich bin erfolgreich bei Frauen, ich bin anders, ich wähle aus. Wenn es Faktoren für den Erfolg von Profilen gibt, dann diese: Einzigartigkeit, Souveränität, selbstsichere Ausstrahlung, Vertrauenswürdigkeit.

Männer müssen nicht schön sein. Ich habe ein uninspiriertes Profil mit dem Bild eines männlichen Models eingerichtet und deutlich weniger Resonanz bekommen als mit einem gut geschriebenen Profil und einem grässlichen Bild von mir. Frauen können sich in Worte verlieben. Sie suchen nach der Erkenntnis hinter den Silben. Sie verlieben sich in ihre eigene Phantasie. In das Bild des Mannes, das sie sich in ihren Gedanken von ihm malen. Man muss nur der virtuelle Abdruck ihrer Wünsche werden, die Illusion ihrer Träume.

Auch als Mann wird man in den Strudel der Online-Emotionen gerissen. Stundenlang glotze ich auf den Bildschirm, bis mir endlich »KeineHeidi« zurückgeschrieben hat. Nach dem Mittagessen stürze ich zurück an meinen Computer. Sind Antworten von »Uschi76« oder »BlueSharon« da?

Das Flirten im Internet ist eine Simulation. Alles ist langsamer. Eindimensionaler. Vielleicht kann man deshalb manches besser verstehen. Wie viele Worte muss man mit einer Frau tauschen, bis man Sex haben wird? Welche Worte bringen einen voran, welche werfen einen zurück? Durch die Kraft von »copy« und »paste« habe ich die Frauen von Buxtehude bis Bayreuth mit Variationen meiner Briefe so lange penetriert, bis ich die Ausbeute optimiert hatte.

Der amerikanische Flirtguru Mystery hat die These aufgestellt, dass man bei Frauen fünfzehn Schalter umlegen muss, bis sie mit einem ins Bett gehen. Im Internet wird das Armaturenbrett der Frauen offengelegt. Nach und nach prüfen sie ihre Agenda durch: Ist der Mann humorvoll? Einfühlsam? Ist er sozial angesehen? Ist er vermögend? Treu? Erst bei genügend vielen Übereinstimmungen rücken sie ihre Telefonnummer heraus.

Frauen wollen übrigens immer treue Männer mit ernsten Absichten, auch wenn es nur auf einen One-night-Stand hinausläuft. So absurd es klingt: Frauen suchen auch für eine schnelle Nacht einen treuen Mann. Für Mädchen ist auch ein One-night-Stand eine Beziehung. Eben eine sehr kurze. So haben auch »Traumperle« und »Seilieb27« nach Treue gefahndet, um sich dann gleich im Auto vernaschen zu lassen.

Wie soll man nur die erste Mail beginnen? Ich mache mich über die Frauen lustig. Ich spotte über Details in ihrem Bild, ich frage, ob die Frisur »so beabsichtigt« ist, ob »der Schrank im Hintergrund allen Ernstes in ihrer Wohnung« steht. Wenn ihr Nickname »Puschlbär« ist, schreibe ich, das klinge »wie eine Wurstfachverkäuferin, die Diddlmäuse sammelt«. Andere Nicks erinnern mich an Luftbefeuchter oder Waschmittel. Einer netten Brünetten namens »Chiaraluna« schrieb ich, ihr Nick klinge wie eine Slipeinlage. Etwas spröde schrieb sie mir zurück: »Meine Tochter heißt Chiaraluna.« Mehr wurde dann auch nicht daraus.

Meine Erkenntnis: Unattraktive Frauen mit schwachem Selbstwertgefühl können mit spielerischen Beleidigungen nicht umgehen. Sie schicken gekränkte Mails zurück. Tolle, schöne Frauen wittern die Herausforderung. Der Graben der Attraktivität führt genau durch diesen Unterschied.

Neil Strauss schrieb in sein Profil: »Wenn ich eine Bekanntschaftsanzeige aufgeben müsste, dann würde ich folgendes schreiben: Ich bin ein gutgebauter, sexuell talentierter Mann, der nach einer verheirateten Frau sucht, die ihren Mann eifersüchtig machen möchte, um noch wertvollere Geschenke von ihm zu bekommen.«

Daneben veröffentlichte er eine Karikatur von sich selbst. Sein Foto mussten sich die Mädchen durch ihre Antworten erst verdienen. Für lustige Nachrichten vergab er Punkte, und erst bei fünfzehn Punkten bekamen sie das Foto und seine Telefonnummer.

Das ist die Haltung, die Frauen anzieht. Sie müssen Angst haben, den Mann zu verlieren. Nicht umgekehrt.

Dave M., ein amerikanischer Internetguru, der in vier Jahren über vierhundert Frauen aus dem Internet persönlich traf, lehrt in seinen Seminaren, welche Haltungen ein Mann einnehmen muss, um die Frauen zu überzeugen: absolute Kontrolle der Kommunikation signalisieren, Zufriedenheit ausstrahlen, Herausforderung bieten, Humor und schließlich Charme beweisen.

Die meisten Frauen lassen sich gern an die Hand nehmen, um durch ihre Träume zu spazieren. Der Geruch von gemähten Sommerwiesen, das Schokominzeis in diesem kleinen Restaurant, das man unbedingt gegessen haben muss, bevor man stirbt. Ich verführe sie mit Details, mit der konkreten Beschreibung dessen, was für tolle Dinge wir gemeinsam erleben werden. Um mich dann gleich wieder über ihre Antwort lustig zu machen.

Langweilige, kalkulierbare Dialoge machen die Mädchen mürbe. Frauen warten auf die wundersame Wendung in ihrem Leben. Ein Mann, der so etwas schaffen will, ist zumindest eines: unberechenbar.

Spätestens in der dritten Mail schreibe ich, dass ich ihre Stimme hören will, dass ich keine Lust habe auf zeitraubende Online-Konversationen. Weil ich ein gefragter, erfolgreicher Mann bin. Wenn sie die Nummer nicht schickt: over. Egal.

Je länger man sich hin- und herschreibt, um so größer wird die Erwartungshaltung. Nach monatelangem Onlineflirt kann das erste Treffen eigentlich nur noch enttäuschen. Viele Frauen ziehen die Phantasie der Wirklichkeit vor. Sie wollen nur eine Cyberbeziehung. Auch deshalb gilt: Mehr als vierhundert Wörter sollte man bis zum ersten Sex eigentlich nicht gewechselt haben.

Ich schicke meine Nummer und will ihre im Gegenzug. Dann rufe ich an. Zehn Minuten Quatschen. Gibt es Hinweise, dass sie eine Irre ist?

»KeineHeidi«, eine vermeintlich adrette Ärztin, erzählt mir mit quengliger Stimme: »Ich hatte kürzlich ein schlimmes Date. Der Typ hat mich mit dem Auto abgeholt und mich dann gebeten, ich soll ihn rückwärts in die Parklücke winken. Dann ist er einfach weggefahren. Mein Schirm war im Auto, und es hat geregnet.« Bei der Geschichte habe auch ich einen Fluchtreflex verspürt und nicht mehr angerufen.

Das Vorspiel ist vorbei, nun soll das Date folgen. Internetinsider spotten: »90 Prozent aller Frauen sehen schlechter aus als auf dem Foto. Der Rest sind Transvestiten.«

Internetprofi Dave M. bekam eine E-Mail von einer attraktiven Blondine namens »Celine«. In ihrer langen Nachricht stand der wunderbare Satz: »Ich weiß besser als jede andere, wie man Männer glücklich macht.« Diese Formulierung hätte Dave stutzig machen sollen. Als er »Celine« traf, stellte sich heraus: Sie war früher mal ein Mann.

Das erste Treffen sollte also lieber an einem Ort stattfinden, wo man in zehn Minuten flüchten kann. Ein ganzer Abend an einem Tisch im Restaurant kann eine psychische Folter sein, vor der sogar die CIA zurückschrecken würde.

Für den ausgebildeten Verführungsexperten dürfte es ein leichtes sein, die Frau rumzukriegen. Spätestens beim zweiten Date. Irgendwann sollte sie kichernd sagen: »Ich kann nicht glauben, dass ich das tue. Ich habe so etwas noch nie getan.«

Wer den Abend optimal plant, legt ein erstes Date auf den frühen Abend und ein zweites auf den späten Abend. So kann man locker auf zweihundert sexuelle Kontakte im Jahr kommen.

Das sind dann aber nicht nur Diamanten. Da sind einige Halbedelsteine dabei und vielleicht sogar ein paar ganz gewöhnliche Kiesel.

Und die Frauen? Überlegungen zur weiblichen Strategie
von Dietlind Tornieporth

Was die Strategie des perfekten Verführers angeht, so sind die wesentlichen Fragen der Männer wohl mittlerweile beantwortet. Doch wie sieht eigentlich die perfekte Verführung aus Sicht der Frauen aus?

Was mir dazu als erstes in den Sinn kommt, ist die Geschichte eines doch eher glücklosen Casanovas, mit dem ich eines Abends zu später Stunde in einer Münchner Bar sitze. Wochen und Monate hatte er sich nun schon um mich bemüht. Irgendwie warte ich gerade an diesem Abend auf einen mutigen Vorstoß, der dem bislang eher zähen Annäherungsversuch endlich ein hoffnungsvolles Ende bereiten würde. Doch was passiert? Völlig unvermittelt kneift mir meine Verabredung mitten im Gespräch freundschaftlich in die Wange. Netter Versuch. Doch was bitte soll ich damit anfangen? Weiche Knie kriegen?

Statt uns irgendwie näherzukommen, wurde mir bei dieser Begebenheit letztlich vor allem eins klar: Frauen brauchen dann doch etwas mehr Hingabe, ein unmissverständliches Signal männlichen Verlangens, den Hauch von Abenteuer, das beherzte und unerschrockene Vorgehen eines Eroberers, das einem den Atem stocken lässt, die Sinne raubt und so das weibliche Herz im Sturm erobert. Aber nichts von alledem.

Begebenheiten wie diese machen deutlich, dass einem das eigentlich so amüsante Katz-und-Maus-Spiel zwischen Mann und Frau hin und wieder auch ziemliche Durststrecken abverlangen kann. Nicht so sehr, was die Aufmerksamkeit des anderen Geschlechts an sich angeht, sondern eher in bezug auf den tatsächlichen Output. Gerade an den Universitäten, so musste ich leider feststellen, tummelt sich eine Unmenge an vergeistigten Männern, die das andere

Geschlecht, durchaus nicht minder intellektuell, an der Richtigkeit ihrer instinktiven Verhaltensweisen völlig verzweifeln lassen können. Wer um ein Uhr nachts nach dem fünften gemeinsamen Bier noch immer über Aristoteles' Prinzipienlehre diskutieren möchte, hat offensichtlich das Spiel nicht ganz begriffen und von irgendwelchen Spielregeln sowieso noch nie etwas gehört.

Die lockende Offerte, der spielerische Flirt und schließlich die machtvolle Verführung – das ist in der Tat eine Kunstform, die nur sehr wenige beherrschen. Und es sind nicht nur die Männer, die daran scheitern. Mancher sehnt sich da vielleicht auch bei uns amerikanische Verhältnisse herbei, in denen nach Date Nummer drei oder vier einfach klar ist, wohin der Hase läuft. Das mag den Männern in den USA entgegenkommen. Den Frauen aber ganz sicher auch.

Ganz ausgeklügelt erscheint so gesehen das japanische System. Schon beim ersten Date werden gleich zu Beginn sämtliche Verwandtschaftsgrade abgeklappert (»Wie geht es eigentlich deiner Oma?«, »Was machen denn deine Geschwister so?«), bis man schließlich zu der alles entscheidenden Frage nach dem Ehemann beziehungsweise derzeitigen Freund gelangt ist. Wird diese Frage von der Frau verneint, gibt es kein Halten mehr.

Das ist doch mal ein Spiel mit klar funktionierenden Regeln. Den verzagten Studenten aus der Münchner Bar hätte das sicher ein Stück weitergebracht.

Der erste Mann, der schließlich aus dieser armseligen Reihe schüchterner und ahnungsloser Intellektueller ausscherte, verfügte über das extrem seltene Talent, sein sehr konkretes Anliegen in äußerst charmante und vor allem witzige Worte zu kleiden. Sein sensationeller Spruch, als wir eines Abends gemeinsam vor meiner Haustür standen: Ob ich denn eine Briefmarkensammlung hätte, er würde sich dafür interessieren. Das führte daraufhin zu mehr. Zu viel mehr.

Im großen und ganzen muss ich jedoch leider feststellen, dass es um das Repertoire der Männer nicht wirklich gut bestellt ist. Den Spruch: »Hey, kennen wir uns nicht von irgendwoher?« halten erschreckend viele Männer offenbar noch immer für ein probates Mittel. Es muss also dringend etwas geschehen.

*

Wie sieht es auf der Seite der Frau aus? Machen wir alles richtig? Brauchen Frauen überhaupt eine Strategie? Wenn Männer eine haben, sollte das ja theoretisch reichen.

Sicherheitshalber habe auch ich mal angefangen, die eigenen Strategien zu überdenken. Ich bin gutaussehend, intelligent, charmant und witzig. Ich bringe also die notwendigen Voraussetzungen mit, um nicht unbedingt als Mauerblümchen zu enden. Aber auch ich muss zugeben, dass ich nicht uneingeschränkt erfolgreich bin. Irgendwas läuft also falsch.

Ich überprüfe mein weibliches Erscheinungsbild. Vielleicht ist es ja mein rundum selbstbewusstes, nahezu forsches Auftreten, das Männer regelmäßig leider nicht um ihren Verstand, sondern eher um ihre souveräne Haltung bringt. Da nützt es auch nicht viel, wenn ich enge Röcke und hohe Schuhe trage. Ich muss also etwas ändern, wenn ich meine Trefferquote erhöhen will. Soviel steht fest.

Bei meinen Streifzügen durch das Münchner Nachtleben treffe ich immer wieder eine Frau, die meinen Überlegungen über eine wirkungsvolle Strategie neue Nahrung gibt. Typ angeschossenes Reh. Eine Frau mit weit aufgerissenen Augen, staksigem Gang, X-Beinen, piepsiger Stimme. Lispelt auch noch. Allein ihre äußere Erscheinung ist eigentlich eine Ohrfeige für jede emanzipierte Frau. Doch soweit ich weiß, kann sich das Reh vor Verehrern kaum retten.

Ich muss also feststellen, dass genau das, was bei mir unwillkürlich Aggressionen auslöst, von Männern offenbar völlig anders gesehen wird. Sicher eine Erklärung dafür, warum Stöckelschuhe so gut ankommen. Mein bester Freund, selbsterklärter Fachmann auf diesem Gebiet, findet eigentlich alles, was keinen Pfennigabsatz hat, orthopädisch. Klar. Es geht beim Schuh ja auch nicht ums Laufen.

Das Reh gibt mir tatsächlich nachhaltig zu denken.

Der Mann hat es hier vergleichsweise einfach. Er muss sich im Prinzip nur auf seine klassische Rolle besinnen: dominant männliches Auftreten, souveränes Lächeln, dazu ein paar hilfreiche Kniffe, und schon läuft der Laden wieder.

Welche Spielregeln gelten jedoch für Frauen? Ich suche ebenfalls nach einer griffigen Formel, muss aber feststellen, dass es gar nicht so einfach ist, hinter ein doch immerhin lang erkämpftes Frauenbild zurückzufallen.

Ich versuche es trotzdem. Schließlich bin ich eine kleine zierliche Blondine und wecke doch zumindest auf den ersten Eindruck männliche Beschützerinstinkte. Das kann ja wohl nicht so schwer sein.

Ich stehe also eines Abends auf einer Party. Meine Laune ist bestens. Meine Ausstrahlung dementsprechend. Mit allen guten Vorsätzen gerüstet, stürze ich mich ins Getümmel. Ich entdecke einen gutaussehenden Mann, der einigermaßen verloren herumsteht, und spreche ihn an. Allerdings mal wieder, ohne auch nur im geringsten mein Set-up vorher zu überdenken. Ich gehe einfach zu ihm hin und frage ihn, allen Ernstes … ob er überhaupt eingeladen sei, er stehe da so alleine rum!? Das war das Erstbeste, das mir gerade so in den Sinn kam. Von überlegter Strategie keine Rede. Kein subtiles Spiel, kein scheuer, aber verheißungsvoller Blickkontakt vorab, kein raffiniertes Feuerwerk weiblichen Charmes, kein eleganter Flirt. Nichts.

Gut. Meine Anmache war zumindest einigermaßen originell. Das Kleid und die roten Lackstiefel, die ich dazu trug, waren auch nicht so schlecht. Der unverblümte Spruch jedoch, das wurde mir noch im selben Moment klar, demonstrierte mal wieder alles andere als weibliche Raffinesse und widersprach nun wirklich *allen* Regeln der Kunst. Es führte trotzdem zu mehr. Aber das lag diesmal an dem Mann und nicht an der perfekten Strategie.

Also wieder nix gelernt. Das Problem zwar theoretisch erkannt, mit der Umsetzung aber haperte es allerdings beträchtlich. Die Trefferquote könnte deutlich besser sein. Es ist eben ein sehr komplexes Spiel, bei dem man mehr Erfolg haben kann, wenn man sich an die geltenden Regeln hält. Das habe auch ich inzwischen begriffen. Ein Spiel ganz ohne Regeln funktioniert nun mal nicht. Und so richtig Freude kommt dabei auch nicht auf.

Es hatte da noch einen Mann gegeben. Interessant, charmant, witzig. Wirkte anfangs äußerst souverän. Genau das gefiel mir. Sympathie auf beiden Seiten. Eigentlich alles prima.

Ich hab es trotzdem ordentlich versemmelt. Das wurde mir erst nach der Lektüre dieses Buches so richtig klar. Aus einer strategischen Perspektive betrachtet, habe ich nämlich so ziemlich alles falsch gemacht, was man falsch machen kann: *ICH* habe ihn angerufen. *ICH* hatte den Plan für einen gemeinsamen Abend. *ICH* habe im Restaurant bestellt, das ich außerdem auch noch ausgesucht hatte. *ICH* kannte Hinz und Kunz.

Im Hinblick auf den sozialen Status eines Mannes demonstrierte das eher Konkurrenz als weibliche Gefolgschaft. Ich bewege mich außerdem in einer Männerdomäne, trinke Bier, kenne mich mit Musik aus, spiele Flipper und habe eine Lieblingsfußballmannschaft. Wenn ich mich in erster Linie für *Gala* und *Sex and the City* interessieren würde, dann könnte man sich als Mann wenigstens ein bisschen lustig machen. Ich aber bin sogar beim Fahrradfahren vorneweg gefahren, statt ihm die Führung zu überlassen.

Diese Liste an weiblichen Verstößen gegen geltende Spielregeln ließe sich beliebig fortführen.

Die Quittung kam prompt und überaus deutlich. Der gefoulte Mitspieler hat sich lieber einem scheu lächelnden Wesen zugewandt, bei dem männliche Führungsinstinkte eindeutiger gefragt sind. Es geht offensichtlich nix über klar verteilte Rollen. Und ich muss einmal mehr feststellen, dass ich dieses Männerklischee einfach nicht bedienen kann. Oder mag.

Fazit: Es schadet wohl grundsätzlich nicht, sich mal wieder ein paar neue Schuhe zuzulegen. Vielleicht komme ich doch auf das Angebot meines Freundes zurück, mir beim Kauf behilflich zu sein. Wenigstens mein Gang würde dann eindeutigere Assoziationen zulassen. Das Reh hat das sicher längst begriffen.

So ein neues Paar Schuhe zeigt ja auch, dass man die ganze Interaktion zwischen Mann und Frau einfach als das betrachtet, was es ist: ein Spiel, bei dem man um so erfolgreicher ist, je mehr man sich darauf einlässt. Das gilt für Männer und Frauen gleichermaßen. Eine gewisse Spielfreude ist nun mal die Voraussetzung für jeden erfolgreichen Flirt.

Wer bei diesem amüsanten Katz-und-Maus-Spiel nicht mit Leib und Seele dabei ist, wird nie erfolgreich sein. Denn im Grunde sind es Enthusiasmus und Leidenschaft, die einem Spiel erst die nötige Dynamik verleihen. Ein halbherziges Vorgehen oder eine zögerliche Haltung hingegen können jede noch so gute Strategie zunichte machen. Das ist beim Fußball kein bisschen anders.

Schlusswort

Es gibt eine wunderbare Szene in *Dumm und Dümmer* mit Jim Carrey. Ich liebe diese Stelle:

> *Jim Carrey:* »So … was denkst du? Wie sind die Chancen für uns beide?«
> *Schöne Frau:* Schweigt.
> *Jim Carrey:* »Eins zu zwei? Eins zu drei …? Eins zu fünf?«
> *Schöne Frau:* »Hm … eher … eins zu eine Million.«
> *Jim Carrey mit einem breiten Lachen:* »So … du sagst also, es gibt eine Chance!«

O ja! Es gibt eine Chance. Wir haben immer eine Chance. Immer. Wir müssen sie nur nutzen.

Literaturhinweise

Andreas, Steve / Faulkner, Charles (Hrsg.): *Praxiskurs NLP. Mit 21-Tage-Trainingsprogramm. Ängste überwinden und neue Überzeugungen entwickeln,* Paderborn 2001

Baker, Robin: *Krieg der Spermien. Weshalb wir lieben und leiden, uns verbinden, trennen und betrügen,* München 2002

Brizendine, Louann: *Das weibliche Gehirn. Warum Frauen anders sind als Männer,* Hamburg 2007

Carnegie, Dale: *Wie man Freunde gewinnt. Die Kunst, beliebt und einflussreich zu werden,* Frankfurt a. M. 2006

Clink, Tony: *So kriegen Sie jede Frau rum. (Ganz egal, wie Sie aussehen oder wie viel Sie verdienen),* München 2006

DeAngelo, David: *Double Your Dating. What Every Man Should Know about how to Be More Successful with Women* (als e-book über www.doubleyourdating.com)

Elise, Wayne (Juggler): *How to Meet and Connect with Women. Having Fun and Choices with Women in Your Life* (als e-book über www.charismaarts.com/products/howtobe)

Fisher, Helen: *Warum wir lieben ... und wie wir besser lieben können,* München 2007

Goleman, Daniel: *Soziale Intelligenz. Wer auf andere zugehen kann, hat mehr vom Leben,* München 2006

Karl Grammer: *Signale der Liebe. Die biologischen Gesetze der Partnerschaft,* München 2005

Greene, Robert: *Die 24 Gesetze der Verführung,* München 2004

Helitzer, Melvin: *Comedy Writing Secrets. How to Think Funny, Write Funny, Act Funny and Get Paid for It,* Cincinnati, Ohio, 2005

Jeffries, Ross: *How to Get the Women You Desire into Bed: A Down and Dirty Guide to Dating and Seduction for the Man Who's Fed Up with Being Mr. Nice Guy,* Culver City, CA, 1992

Kast, Bas: *Die Liebe und wie sich Leidenschaft erklärt,* Frankfurt a. M. 2004

Key, Wilson Bryan: *Subliminal Seduction. Are You Being Sexually Aroused by this Picture? Here Are the Secret Ways Ad-Men Arouse Your Desires to Sell their Products. With an Introduction by Marshall McLuhan and a 16 Page Insert of Revealing Photographic Images,* New York 1974

Lieberman, David J.: *Macht macht Spaß. Wie Sie jede Situation positiv beeinflussen und bestimmen können,* München 2001

Miller, Geoffrey: *Die sexuelle Evolution. Partnerwahl und die Entstehung des Geistes,* Heidelberg 2001

Mystery: *The Venusian Arts Handbook* (als e-book über www.themysterymethod.com/vah.html); deutsche Ausgabe: Mystery (alias Erik von Markovik): *Wie Sie jede Frau rumkriegen, egal wie Sie aussehen. Mit einem Vorwort von Neil Strauss,* München 2007

Pöhm, Matthias: *Nicht auf den Mund gefallen! So werden Sie schlagfertig und erfolgreicher,* München 2004

Ulrich Renz: *Schönheit. Eine Wissenschaft für sich,* Berlin 2006

Robbins, Anthony: *Grenzenlose Energie. Das Power-Prinzip. Wie Sie persönliche Schwächen in positive Energie verwandeln,* Berlin 2004

Robbins, Anthony: *Das Prinzip des geistigen Erfolgs. Der Schlüssel zum Power-Programm,* Berlin 2004

Strauss, Neil: *Die perfekte Masche. Bekenntnisse eines Aufreißers,* Berlin 2006

Weber, Eric: *Wie angelt man sich ein Mädchen? Die einfachsten Regeln zum großen Erfolg,* Bergisch Gladbach 1983

Wilson, Robert Anton: *Der neue Prometheus. Die Evolution unserer Intelligenz,* München 2003